中国金融四十人论坛

CHINA FINANCE 40 FORUM

致力于夯实中国金融学术基础，探究金融界前沿课题，

引领金融理念突破与创新，推动中国金融改革与实践。

Institutional Openness:

Building a New Investment and Financing System for the Belt and Road Initiative

制度型开放

构建"一带一路"投融资新体系

肖 钢◎著

中国金融出版社

责任编辑：张　铁
责任校对：潘　洁
责任印制：裴　刚

图书在版编目（CIP）数据

制度型开放：构建“一带一路”投融资新体系/肖钢著.—北京：中国金融出版社，2019.4
（中国金融四十人论坛书系）
ISBN 978-7-5220-0028-2

Ⅰ.①制…　Ⅱ.①肖…　Ⅲ.①“一带一路”—国际金融体系—投融资体制—研究　Ⅳ.①F831.2

中国版本图书馆CIP数据核字（2019）第049181号

制度型开放：构建“一带一路”投融资新体系
Zhiduxing Kaifang：Goujian “Yidaiyilu” Tourongzi Xin Tixi

出版
发行　中国金融出版社

社址　北京市丰台区益泽路2号
市场开发部　（010）63266347，63805472，63439533（传真）
网上书店　http://www.chinafph.com
（010）63286832，63365686（传真）
读者服务部　（010）66070833，62568380
邮编　100071
经销　新华书店
印刷　北京市松源印刷有限公司
尺寸　170毫米×230毫米
印张　23
字数　302千
版次　2019年4月第1版
印次　2019年10月第2次印刷
定价　68.00元
ISBN 978-7-5220-0028-2
如出现印装错误本社负责调换　联系电话（010）63263947

“中国金融四十人论坛书系”专注于宏观经济和金融领域，着力金融政策研究，力图引领金融理念突破与创新，打造高端、权威、兼具学术品质与政策价值的智库书系品牌。

中国金融四十人论坛是一家非官方、非营利性的专业智库，专注于经济金融领域的政策研究。论坛由40位40岁上下的金融精锐组成，即“40×40俱乐部”。本智库的宗旨是：以前瞻视野和探索精神，致力于夯实中国金融学术基础，研究金融领域前沿课题，推动中国金融业改革与发展。

自2009年以来，“中国金融四十人论坛书系”已出版50余本专著、文集。凭借深入、严谨、前沿的研究成果，该书系已经在金融业内积累了良好口碑，并形成了广泛的影响力。

些问题固然重要，但影响或制约投融资的因素不在这个层面，课题组开始挖掘深层的和潜在的影响因素。课题组与相关部门、金融机构和企业多次进行了深入讨论，黄志强副总经理还利用出访机会在境外进行实地调研。我们发现，影响投融资的因素都在规则层面，并且存在内部的逻辑关系，即现行信贷规则、投资保护和纠纷解决、风险评估和预警、债务违约和救助机制、投融资反腐败和反商业贿赂、投融资信息透明和人民币国际化。后来又提炼出三个“不可行”，即仅靠中国方案行不通、全用西方的方案不可行、现行拖延不决的方式也不行。再往后，要解决三个“不可行”，实际上关系到我们对于投融资的理念与价值观的再认识，必须创新融合思路，才能实现开放共享。构建新的投融资体系，必须更多地关注规则、标准和制度，加强软联通，共建软环境，增强软实力。

2018 年 12 月，中央经济工作会议指出，要推动全方位对外开放，适应新形势、把握新特点，推动由商品和要素流动型开放向规则等制度型开放转变。回顾一年来课题组调研、讨论的相关内容，以及针对“一带一路”建设投融资提出的建议，我们按照中国金融四十人论坛秘书处的提议，以“制度型开放——构建‘一带一路’投融资新体系”为书名出版此研究报告，希望能够为政府相关主管部门、金融机构和企业参与“一带一路”建设提供参考。

感谢中国工商银行原董事长姜建清、中国投资公司总经理屠光绍、交通银行行长任德奇、丝路基金总经理王燕之给予的宝贵意见，感谢中国进出口银行副行长谢平对课题研究的指导，感谢各位评审专家在课题立项阶段和评审过程中给予的评价和建议，感谢参与课题调研的企业和金融机构，它们为本报告提供了第一手素材和翔实的信息。

感谢课题组成员[①]的辛勤付出，他们是来自中国出口信用保险公司的赵旸、李瑞民、王福俭和谢永佳，以及来自中国银行的王家强和廖淑萍。同时，感谢中国金融四十人论坛秘书处金石为和中国金融出版社张铁在成书过程中提供的帮助。

我们深知，对“一带一路”投融资问题的研究还比较浅显，由于时间和能力的限制，书中错误与不足之处在所难免，敬请读者批评指正。

肖钢

2019 年 2 月

① 本书的内容仅代表作者个人观点，不代表所供职机构的观点。

前　言

“一带一路”建设五年来，在共商共建共享原则的指导下，相关工作有序推进，投融资成效显著。五年来，政策沟通平稳顺畅，沿线国家高层互动频繁，130 多个国家和国际组织响应支持。设施联通效果明显，海陆空协调发展；贸易畅通促进沿线国家贸易往来密切频繁，贸易额逐年增长；资金融通作用凸显，投融资服务对相关建设提供了有力支持；沿线国家人文和文化交流广泛，民心相通为“一带一路”奠定了良好的民意基础。

世界银行等机构发布的预测数据显示，沿线国家基础设施及相关投资资金需求大，而资金供给明显不足，需要调动更多的资金参与相关建设；沿线国家政治经济、民族宗教、社会安全等环境复杂，影响投资的积极性；域内金融基础设施差距较大，现行的投融资体制机制还不完善，相关规则、标准软联通不足。这些问题制约投融资的顺利开展，影响“一带一路”建设相关工作的推进。

资金通，则血脉通。资金融通既是“一带一路”建设的重要内容，也是影响整体发展的关键因素，面对当前投融资遇到的各种问题，构建开放共享的投融资新体系，是“一带一路”建设的重要保障。

投融资体系是投融资活动的组织形式、投融资模式和管理方式的总称。具体内容包括投融资主体、投融资政策、投融资资金来源与模式、投融资监管与调控方式等内容。跨境投融资体系还包括投资保护、争端解

决、债务救助、风险与预警等相关内容。

“一带一路”投融资新体系，是在对国际和沿线国家现有投融资相关规则、金融基础设施、金融中介服务的现状进行深入分析的基础上构建的，具有利益风险共担、融资规则透明、体系运行高效、多边沟通顺畅和资金来源多元的特征。建立更高水平的开放共享的“一带一路”投融资新体系，既能提高沿线国家积极性和主动性，也能促进域外金融资源参与“一带一路”建设。

做好“一带一路”投融资的相关工作，应以创新融合、求同存异、分类施策和因地制宜为原则，探索投融资软环境建设。加强政策标准规则研究，完善双多边投资保护机制，加强环保、劳工等投融资软环境建设。建立符合沿线国家实际情况的债务违约救助机制，完善商务纠纷仲裁机制，加强金融监管协调，为投融资新体系提供保障。

在“一带一路”投融资新体系建设中，首先要完善和改革中国现有的投融资（出口信贷）规则，体现中国资金的包容性和开放性，发挥中国金融机构在“一带一路”投融资新体系建设中的引领和示范作用，展示成果和效益，靠商业利益驱动其他金融机构参入“一带一路”中来，形成投融资合力，支持沿线国家经济发展的资金需求。

针对“一带一路”投资保护与纠纷解决机制所面临的问题，沿线国家应该加大多边贸易与投资保护协议谈判力度，签订、修订或重谈双边、多边投资保护协定和各类自由贸易协定。在此基础上，还要针对海外投资建立全面保护框架，建立和完善海外投资保险制度，并通过领事保护、海外安保、司法协助等方式，为企业提供安全、法律等各方面的协助。

沿线国家应该加强“一带一路”投融资风险评估与预警工作，及时分析风险评估与预警存在的问题，构建统筹协调的“一带一路”投融资保障机制，建立沿线国家风险评估预警综合体系，树立全面风险管理意识，充分利用政策性金融机构在风险识别和风险管控方面的优势。

沿线国家需要创新融入全球债务解决机制，与欧美国家形成良性的债务协调。学习和挖掘现有债务解决体系的精髓和价值，强化中国在全球债务解决方面的地位和能力，形成互相包容、中西互鉴的债务协调机制，充分发挥原有债务解决机制的能动性，将中国与沿线国家的债务问题，创新性地纳入全球债务体系中，与国际货币基金组织、巴黎俱乐部等机构形成良性互动。规范和加强对投融资项目的国别适应性和债务可持续性的考察，切实从沿线国家发展的实际出发，既要适应经济发展的客观需要和经济可行性，又要符合发展水平和债务可持续能力。

沿线国家需要构建反腐败和反商业贿赂的联络机制、定期磋商机制与信息交换机制，加强“一带一路”投融资信息透明工作。借鉴世界银行等多边金融机构的做法，建立境外经营合规黑名单制度。同时，金融机构之间共建共享行贿行为黑名单，建立联合制裁机制。

沿线国家需要实现“一带一路”投融资的信息公开透明，及时充分披露政策出台、项目实施过程中的相关信息，增强对各类资源参与“一带一路”建设的吸引力。

我国需要推动人民币国际化，完善人民币国际化政策体系，降低沿线各国资金兑换成本，完善金融市场建设和监管，增强金融风险抵御能力。

“一带一路”建设是世纪工程，既为沿线国家带来切实的利益，也是人类命运共同体的重要载体，构建投融资新体系是实现这一人类伟大目标的重要支撑。投融资体系建设是一个系统工程，作者通过梳理“一带一路”投融资所面临的现实问题，提出了建立“一带一路”投融资新体系的基本原则和总体目标，并对政府部门、金融机构和参建企业提出了相关建议，希望本课题研究的相关成果能够为“一带一路”建设贡献微薄的力量。

全书共十一章，王福俭和谢永佳撰写第一章、第二章和第三章，李瑞民撰写第四章、第五章和第八章，赵旸撰写第六章和第七章，王家强和廖淑萍撰写第九章和第十章，全体成员参与撰写了第十一章。王福俭负责对各章节进行统稿，肖钢、黄志强对全书进行了修改。

“一带一路”投融资新体系研究课题组

2019 年 2 月

目　录

第一章 “一带一路”投融资发展基本情况

2013年9月和10月，习近平主席分别提出建设“丝绸之路经济带”和“21世纪海上丝绸之路”（“一带一路”）战略构想。2017年11月，党的十九大将推进“一带一路”建设写入党章，并要求以“一带一路”建设为重点，坚持引进来和走出去并重，遵循共商共建共享原则，加强创新能力开放合作，形成陆海内外联动、东西双向互济的开放格局。

中国经济经过40多年的快速发展，取得了令人瞩目的成绩，但也面临一系列的问题。在改革开放初的1978年，中国GDP总量为2168亿美元，而2018年将达到13.2万亿美元，40年增长近60倍（见图1-1），

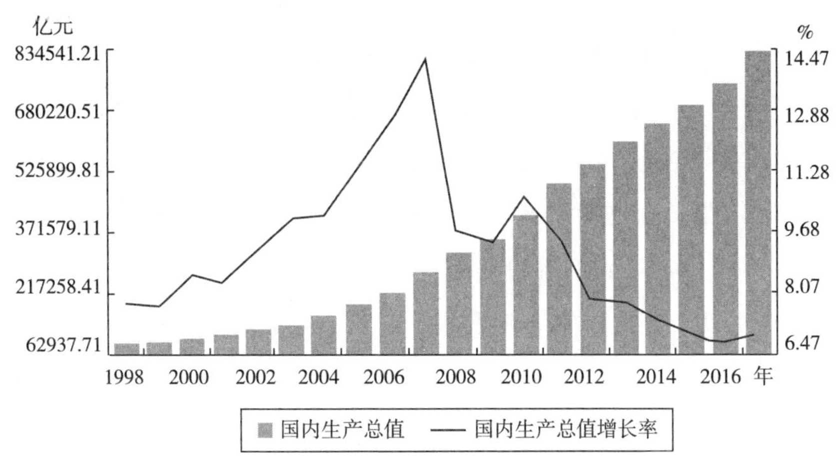

数据来源：国家统计局。

图1-1 我国国内生产总值历年增长情况

其中，2017 年进出口总额达到4.1 万亿美元。经济的快速发展，促进技术进步和产业结构不断升级和调整。在这一过程中，中国的很多行业得到了长足的发展，工业门类齐全，竞争力不断提高，在满足国内市场的同时，纷纷打入国际市场，为经济增长提供了更加持久的动力。随着经济的快速发展，中国的技术和资金优势持续提高，产能不断释放，在经济全球化的背景下，技术、资金和产能优势需要寻求新的市场空间，“一带一路”建设为其提供了有效的途径，也成为我国经济持续发展的必由之路。

共建“一带一路”，是党中央深刻研判国际和地区形势，致力于维护全球贸易体系和开放型经济体系，促进沿线各国加强合作、共克时艰、共谋发展，为构建人类命运共同体提出的战略构想，具有深刻的时代背景和深远的战略意义。

一、“一带一路”投融资发展概况

（一）“一带一路”投融资价值巨大

“一带一路”建设离不开资金支持，投融资服务是实现设施联通、贸易畅通的重要支撑和必要条件。打通“一带一路”金融大动脉，有利于促进“一带一路”金融需求和供给的有效对接，形成稳定、可持续、风险可控的金融保障体系，为“一带一路”建设顺利推进提供金融保障。

1. 支持“一带一路”建设资金需求

“一带一路”沿线国家多为发展中国家，基础设施建设、贸易流通等需要大量的资金，落后的金融市场无法满足需求。五年来，中国通过调动国内外金融资源参与“一带一路”建设的积极性，为基础设施建设、产能合作、产业园区建设和贸易畅通提供资金支持，促进一批重大项目陆续落地。

2. 提升沿线国家金融服务水平

“一带一路”投融资服务有利于提升沿线国家金融服务水平。“一带一路”沿线部分国家金融服务体系尚未完全建立，金融机构规模很小，金融服务水平较低。随着“一带一路”建设的不断深入，各类金融服务将得以更快发展，必将促进投融资服务的进步。同时，也有利于沿线国家完善金融服务体系、提高金融服务效率、汇集金融服务资源、创新金融服务模式。

3. 为我国金融业发展提供机遇

“一带一路”建设既为中国金融业“走出去”开辟广阔的空间，也为金融业创新发展提供了舞台。“一带一路”建设为我国金融机构带来了新市场、新客户、新业务。金融机构面对巨大的“一带一路”建设金融服务需求，应抓住机遇，创新服务，拓展全球业务布局，增强全球资源配置能力，通过参与国际金融合作和竞争，提升中国金融业的核心竞争力。

4. 为推动人民币国际化提供舞台

随着“一带一路”建设的持续推进，区域一体化、贸易自由化进程的深入发展，人民币在沿线国家、地区的使用会越来越广泛，这既有利于我国企业拓展沿线国家市场，也有利于当地经济的快速发展。当前，沿线各国在科技、能源、新技术等众多领域的合作更加广泛，新产业、新业态、新模式的发展也将跨越国界，这种涉及多个国家、多个币种、多种业务的跨境合作将成为常态，对更加高效顺畅的资金清算体系提出了新的要求，而统一结算货币可以有效避免汇率风险，保障区域内投资的稳定性和安全性。因此，积极发挥人民币在“一带一路”建设中的作用，积极使用沿线本国货币有助于有效动员当地储蓄、有利于降低换汇成本、维护金融稳定。

（二）“一带一路”建设五年成果显著

“一带一路”倡议提出至今已有五年，从概念提出，到相关理念与制度的构建，再到项目落地，实现路径清晰，收获了越来越多的认可和赞誉。中国通过“一带一路”建设将自身发展与世界其他地区发展紧密相连，互相促进实现共赢，取得了丰硕的成果，为全球治理贡献了中国智慧和方案。

2015年3月，国务院授权国家发展改革委、外交部和商务部共同发布了《推动丝绸之路经济带和21世纪海上丝绸之路的愿景与行动》，提出了推动“一带一路”建设的重点工作，五年来，政策沟通、设施联通、贸易畅通、资金融通取得了显著成效。

政策沟通平稳顺畅，互动频繁，“一带一路”倡议获得沿线数十个国家的认可与支持。五年来，已有130多个国家和国际组织积极响应支持。政府高层之间互访频繁，与各国的合作程度及范围也不断加大和深化。

设施联通由点到面，效果明显，海陆空三大丝绸之路互联互通，高铁、班轮、管道、隧道、铁路、轻轨等多种运输方式共同发展。铁路“走出去”铸就中国名片，港口与航运服务深度拓展，公路联通和跨境运输服务不断提升，空中丝绸之路快速通达，能源、通信设施联通和技术合作取得积极成效，通信跨境基础设施网络化建设扎实推进。

肯尼亚内罗毕至马拉巴标轨铁路（第一段内罗毕至纳瓦沙）项目

马来西亚关丹港项目

贸易畅通势头良好，数据喜人，中国与沿线国家贸易往来愈发密切，贸易额逐年增长。2013 年至 2018 年，我国与“一带一路”沿线国家货物贸易额累计超过 5 万亿美元，对外直接投资超过 700 亿美元，中国企业在沿线国家推进建设 75 个经贸合作区，上缴东道国的税费 22 亿美元，创造就业岗位 21 万个。

资金融通稳步推进，作用凸显，投融资服务为“一带一路”建设提供了有力的资金支持。自 2015 年底亚洲基础设施投资银行成立以来，成员数已增至 84 个，已在 12 个成员国开展了 24 个基础设施投资项目，项目贷款总额达 42 亿美元。政策性和商业性金融机构互动频繁，合作推动融资落地，支持“一带一路”建设。

党的十九大报告提出“推动形成全面开放新格局”，将“以‘一带一路’建设为重点”、“创新对外投资方式，促进国际产能合作，加快培育国际经济合作和竞争新优势”。2017 年 5 月 14 日，国家主席习近平在“一带一路”国际合作高峰论坛开幕式上发表题为《携手推进“一带一路”建设》的主旨演讲，提出将“一带一路”建成和平之路、繁荣之路、开放之路、创新之路、文明之路。可以预见，“一带一路”建设的重要地位和作用将日益凸显。

（三）中国资金促进“一带一路”建设

1. 相关部门投融资支持政策不断深化

国家发展改革委、财政部、商务部、外交部、人民银行等相关政府部门出台各类支持政策，有力促进了“一带一路”建设。

“走出去”战略写入“十五”规划后，国家出台了一系列金融支持政策，这些政策同样支持“一带一路”建设，为企业海外投资经营提供支持。例如，为进一步扩大对外成套工程规模，解决外经企业承揽对外承包工程项目中出现的开立保函资金困难问题，出台了《对外承包工程保函风险专项资金管理暂行办法》。中央财政对我国企业从事境外投资，境外农、林和渔业合作，对外承包工程，对外劳务合作，境外高新技术研发平台，对外设计咨询等对外经济技术合作业务予以支持，出台了《外经贸发展专项资金管理办法》。近年来，国家发展改革委、商务部纷纷简化境外投资的相关审批程序，境外投资项目实行了“备案为主，核准为辅”的管理模式，最大限度地缩小核准范围，大幅提高了境外投资的便利化水平。

在用汇方面，国家外汇管理局等机构还出台了相关政策，进一步简化境外用汇管理，出台鼓励企业“走出去”的外汇管理政策，有利于企业更好地把握境外直接投资的时机，降低境外融资成本，促进投资便利化。

2. 中国金融机构积极支持“一带一路”建设

中国金融机构通过参与多种形式的金融合作，统筹运用政府和市场的力量，在破解“一带一路”建设投融资瓶颈方面积累了丰富的经验。

截至 2017 年底，有 10 家中资银行在 26 个“一带一路”沿线国家设立 68 家一级机构，其中包括 18 家子行、40 家分行和 10 家代表处。目前在“一带一路”涉及的 60 多个国家和地区中，有近 50 个国家和地区已经可以使用银联卡。中国进出口银行、国家开发银行、中国工商银行、中国银行、建设银行、交通银行等大型银行共参与“一带一路”建设相关项目近2600多个，累计授信近4000亿美元，发放贷款超过2000亿美元。

3. “一带一路”投融资模式手段不断创新

除了传统的出口信贷、贸易融资外，中资企业还积极探索新的融资模式和方法，尝试使用海外的各类金融资源，如汇丰银行、渣打银行、花旗银行以及多边投资担保机构（MIGA）等商业和国际金融机构的相关产品和服务。

2013年以来，中国发起成立了丝路基金、中非产能合作基金、中拉产能合作基金、欧亚基金等数只基金，这些基金的成立带动相关投资融资，为“一带一路”投融资注入了新的元素。

在PPP和BOT模式融资方面，无论是央企还是民营企业，都有非常成功的案例，这充分说明部分有能力的企业在利用国内外金融资源方面已经非常成熟，它们为企业解决海外项目的融资提供了借鉴。

二、“一带一路”投融资的特点

五年来，“一带一路”投融资体系处于初步建立阶段，可以视为1.0版本，具有以下鲜明的特点。

（一）政策金融先导驱动

政策性和开发性金融机构是我国对外开展经济合作的重要手段，是企业“走出去”获得信贷支持与风险保障的重要支撑。政策性金融机构的能力建设不断加强，从最近几年的数据来看，中国进出口银行、国家开发银行和中国出口信用保险公司均充分发挥政策性和开发性金融职能，大力支持中国企业对外承包工程业务和海外投资业务，在“一带一路”的项目中发挥了重要作用。

拓展阅读：

主要政策性金融机构

1. 中国出口信用保险公司

中国出口信用保险公司是国家唯一的政策性保险公司，2017 年，中国信保项目险共承保“一带一路”沿线国家项目 393 个，保额 472.7 亿美元，占项目险当年总保额的 65%。承保国家重大项目 76 个，保额 357.8 亿美元，占项目险总保额的 49%。承保的项目中，超过 95% 的项目属于“一带一路”沿线国家、基础设施互联互通、产能合作、经贸合作区等重点支持范围。同时，在“一带一路”峰会期间，推动 17 份合作协议的签署，重视相关项目的落地工作；与政府部门和相关机构合作，参与“一带一路”规划编制；配合重大项目储备库建设，并协助重大项目落实。

中国信保承保的华彬国际租赁出口新加坡深水海工重吊船项目

2. 中国进出口银行

中国进出口银行是由国家出资设立、直属国务院领导、支持中国对外经济贸易投资发展与国际经济合作、具有独立法人地位的国有政策性银行。2014 年至 2017 年，中国进出口银行在“一带一路”沿线国家累计签约项目逾 1200 个，签约金额超 8000 亿元。项目分布于“一带一路”沿线 50 多个国家，涉及设施联通、经贸合作、产业投资、能源资源合作等多个重点领域。在国家明确的“一带一路”重大标志性项目中，中国进出口银行参与近半。在中国进出口银行提供的“两优”贷款中，也有半数投向了“一带一路”沿线。在中巴经济走廊、中亚、东盟等重点方向，以及斯里兰卡、老挝、缅甸等支点国家，均有中国进出口银行的服务。在金融创新方面，中国进出口银行注重金融服务模式和机制流程创新，打造以信贷为主体，投资、租赁、资金、贸易金融、咨询等业务为补充的多元化业务体系，为“一带一路”建设提供多元化的综合性金融服务。

3. 国家开发银行

国家开发银行成立于 1994 年，是直属国务院领导的政策性金融机构。2008 年 12 月改制为国家开发银行股份有限公司。2015 年 3 月，国务院明确国家开发银行定位为开发性金融机构。国家开发银行大力服务“一带一路”建设，配合新欧亚大陆桥等六大国际走廊建设，通过融资支持哈萨克斯坦阿斯塔纳轻轨、老挝南欧江水电站等一批重大项目，有力地支持合作国基础设施建设；结合当地资源禀赋，积极推动中国与印度尼西亚、老挝、哈萨克斯坦等国的产能合作及工业园区开发，通过支持埃及苏伊士经贸合作园区、白俄罗斯招商局中白商贸物流园等一批境外合作园区的示范项目，促进合作国经贸水平的提升。在金融合作方面，国家开发银行发起设立上海合作组织银联体、中国—东盟国家银联体等多边金融合作机制，与全球几十家区域、次区域金融机构及合作国金融机构建立合作关系，开展联合融资、银团贷款、转贷款等合作。充分发挥“投贷债租证”综合金融服务优势，为“一带一路”重大客户提供全方位、一站式金融服务。

在 2017 年“一带一路”国际合作峰会上，国家开发银行宣布设立 2500 亿元等值人民币专项贷款，包括三个子专项，即：1000 亿元等值人

民币“一带一路”基础设施专项贷款，1000 亿元等值人民币“一带一路”产能合作专项贷款和500 亿元人民币的“一带一路”金融合作专项贷款。

（二）金融合作不断深化

金融政策沟通内容广泛、层次丰富，既包括政府间宏观的金融战略合作，也包括金融机构间的业务合作，为“一带一路”建设提供了切实可行的投融资服务。

当前，中国与沿线国家在金融政策沟通和协调方面进行了有益探索，金融机构之间的合作初见成效。2017 年“一带一路”国际合作峰会上，中国信保与多家同业机构签署合作协议或备忘录，是投融资政策沟通的重要成果。国家开发银行、中国进出口银行与欧洲复兴开发银行（EBRD）研究开展合作，国家开发银行还与法国开发署（AFD）研究联手放贷。2017 年底成立的中国—中东欧银联体由 14 家成员银行组成，旨在为该地区的项目提供开发融资，将成为多边合作的一支新力量。商业银行的“一

土耳其安伊高速铁路项目

带一路”银行间常态化合作机制成员单位已扩展至53家，并通过平台互荐了超过25亿美元的项目。

拓展阅读：

2017年5月14日，财政部部长肖捷与世界银行行长金墉、亚洲基础设施投资银行行长金立群、金砖国家新开发银行行长卡马特、亚洲开发银行副行长格罗夫、欧洲投资银行总局长拉卢、欧洲复兴开发银行秘书长恩佐共同签署《关于加强在“一带一路”倡议下相关区域合作的谅解备忘录》，“一带一路”框架下的国际金融合作取得重大进展。

（三）重点支持基础设施领域

基础设施互联互通是“一带一路”建设的重要基础和优先合作领域，是促进沿线国家经济发展，造福广大民众的重要支撑，是实现务实合作、互利共赢的重要依托。五年来，以交通枢纽建设、石油能源管道、光缆通

巴基斯坦萨希瓦尔厂区远景

华为、中兴承建印度尼西亚整合媒体光纤电信项目

信线路建设等为代表的设施联通收获颇丰，成功实现了中国资本和技术与相关国家的基础设施建设需求对接，产生了一批具有示范性、标志性意义的项目，成为“五通”中取得较大收获的先行领域。五年来，亚吉铁路、中老铁路、雅万高铁等铁路项目相继通车和开工；瓜达尔港、汉班托特港、吉布提港等港口项目运营和启动；中缅油气管线、中亚天然气管道、老挝230千伏北部电网、埃塞俄比亚GDHA500千伏输变电工程建成投运。巴基斯坦尼鲁姆·杰鲁姆水电站即将投产发电；老挝南塔河一号水电站、巴基斯坦卡洛特水电站建设进展顺利。公路、港口、铁路、电站、通信等领域项目的顺利实施，均有中国信贷资金的支持。

拓展阅读：

中欧班列改变传统物流方式。中欧班列自2011年3月首次开行以来，成为中国与“一带一路”相关国家设施联通、贸易畅通的重要纽带。尤其是近五年来，开行密度、广度都实现了迅速发展。截至2018年6月底，中欧班列累计开行已突破9000列，运输网络覆盖亚欧大陆主要区域。值得一提的是，中欧班列开行质量不断提高，返程班列明显增多。

中欧班列还构建了欧洲与东南亚各国之间的陆上洲际新通道，带动了区域各国经贸往来。2018 年 2 月，在越南生产的电子产品装满 8 个集装箱从越南东英站出发，通过凭祥铁路口岸驶入中国境内，搭乘蓉欧快铁到达最终目的地波兰罗兹。铁路运输把货物从越南经成都运抵欧洲，比航空运输成本低很多，比海运时间节约 20 多天，成为越来越多东南亚企业的新选择。随着全球产业的转移，东南亚承接了越来越多的国际制造企业。“蓉欧 +”东盟国际铁路通道的成功运行，为这些企业的产品出口运输开辟了新通道。

（四）央企国企引领作用明显

央企国企在“一带一路”建设中充分发挥自身优势，作出了不可替代的重要贡献。主要表现在实施项目多、影响大、能力强、协同拉动效应明显。

五年来，央企国企实施了众多大型基础设施项目，充分体现了其较强的业务能力。同时，由于海外市场环境复杂，尤其是“一带一路”沿线市场经济发展相对落后，部分国家政治稳定性差，风险高，这充分体现了央

广东火电承建孟加拉国沙吉巴扎 300MW 燃气电厂项目

企国企较强的风险应对能力。“一带一路”建设是中国企业“走出去”的升级版，国际合作也不再是单个企业、单一行业的单打独斗，央企充分发挥自身综合能力强的优势，协同拉动效应更加突出，形成了央企引领的群体“联合出海”新模式。

拓展阅读：

截至2017年底，中央企业境外单位9000多个，实现了“一带一路”沿线国家和地区全覆盖。在涉及“一带一路”沿线国家和地区的投资项目中，中央企业参与的投资类项目1600多个，包括铁路、公路、港口、通信设施等重大基础设施。卡西姆港燃煤电站、瓜达尔港、吉布提港、安伊高铁等大型项目，单一项目金额数亿美元甚至几十亿美元，如卡西姆港燃煤电站20多亿美元，安伊高铁12.7亿美元。央企累计实施项目总金额达到数百亿美元。

（五）产业园区聚集效应显现

境外经贸合作区的合作方式、管理架构和发展理念体现中国模式与经验，可供更多沿线发展中国家借鉴，境外经贸合作区已经成为“一带一

红豆集团柬埔寨西哈努克港经济特区项目厂房区

路”建设的重要载体。

园区模式诠释“一带一路”共建共赢理念，扩大中国与沿线国家间的经贸往来，促进产能合作，实现优势互补，为中国经济提供新的动力，进一步带动相关服务业的发展，带动东道国的就业和投资，推动东道国经济和产业发展，提高了社会效益和经济效益。投资主体通过建设合作区，吸引国内、东道国企业和其他外国企业投资建厂，形成产业集群，既增加东道国就业和税收，又扩大出口创汇，提升技术水平，促进双边经济共同发展。

拓展阅读：

2015 年 5 月，国务院发布《关于推进国际产能和装备制造合作的指导意见》，提出“积极参与境外产业集聚区、经贸合作区、工业园区、经济特区等合作园区建设，营造基础设施相对完善、法律政策配套的具有集聚和辐射效应的良好区域投资环境，引导国内企业抱团出海、集群式走出去”，经贸合作区建设与国家推进“一带一路”建设布局一致，成为“一带一路”规划的重要支点，成为中国企业与沿线国家进行经贸合作的重要载体和平台。

商务部数据显示，截至 2017 年底，我国企业在 44 个国家在建合作区 99 个（其中，43 个位于亚洲地区，37 个位于欧洲地区，18 个位于非洲地区，1 个位于拉丁美洲）[①]。累计投资 307 亿美元，入区企业 4364 家（较 2016 年的 1522 家新增 2842 家），上缴东道国税费 24.2 亿美元，为当地创造就业岗位 25.8 万个[②]。

其中，我国在“一带一路”沿线的国家级境外经贸合作区达到 75 个，

① 21 世纪经济报道，商务部：在建 99 个境外经贸合作区八成在亚欧 东部地区企业投资建设 38 个，2018 年 1 月 29 日，https：//m.21jingji.com/article/20180129/herald/a6d1677896cb8e090dcc48f6e742dc75.html。

② 中华人民共和国商务部，《2017 年商务工作年终综述之二十四》对外投资合作健康规范发展 我国加快从对外投资大国向对外投资强国迈进，2018 年 2 月 23 日，http：//www.mofcom.gov.cn/article/zt_qgswgzhh2017/gzzs/201802/20180202714039.shtml。

涉及24个国家，累计投资254.5亿美元，占合作区累计投资的82.9%，主要分布在中亚、东南亚、非洲及中东欧地区；经贸合作区入区企业达到3879家，较2016年底增长2倍多；上缴东道国税费16.8亿美元，较2016年翻了一番，为当地创造21.9万个就业岗位①。园区入驻企业主要集中在农业、商贸物流、轻纺、家电、钢铁、建材、化工、汽车、机械、矿产品等行业领域②。目前，我国境外经贸合作区已经形成加工制造、资源利用、农业产业、商贸物流、科技研发等主要类型，聚集效果和产业辐射作用进一步发挥。

三、“一带一路”投融资面临的热点问题简析

五年来，对“一带一路”的质疑声音不断，有所谓的推高债务问题、新殖民问题、国际标准问题、地缘政治问题、企业社会责任问题、透明度问题等。在我们总结五年投融资情况时，有必要对几个热点问题加以分析。

（一）理性看待“一带一路”个别国家债务增长

1. “一带一路”沿线各国债务总体情况

在“一带一路”建设中，中国一直坚持共商共建、相互尊重，不强制合作国接受中国方案，不鼓励对方过度负债；致力于推动实现互利共赢、成果共享，广泛惠及各国民众；遵循国际规则、商业原则，以企业为主体、市场为导向开展项目合作。

“一带一路”沿线国家的债务情况是否因为“一带一路”建设而推

---

① 21世纪经济报道，商务部：在建99个境外经贸合作区八成在亚欧 东部地区企业投资建设38个，2018年1月29日，https：//m.21jingji.com/article/20180129/herald/a6d1677896cb8e090dcc48f6e742dc75.html。

② 新华丝路，“一带一路”建设最新进展、形势变化与2018推进策略，2018年1月9日，http：//silkroad.news.cn/2018/0109/78602.shtml。

高，可以对比“一带一路”建设开展五年来沿线各国的外债增长情况并做客观的分析。

所谓沿线国家的外债，主要是指由东道国公共部门直接借款或提供担保的中长期外债。单一年度的外债变化具有一定的偶然性，因此，本报告选取“一带一路”建设前五年（即2009—2013年）与“一带一路”建设开始后五年（2014—2018年）沿线各国公共部门中长期外债年平均增长率作为对比（IMF数据）。通过比较两组数据可以发现，“一带一路”建设五年来在可获得数据的63个国家中，37个国家的五年平均外债增长率下降。

相较于“一带一路”倡议提出前五年，2014—2018年期间，仅有15个国家外债增长率提高了3%以上，这15个国家分别是阿曼、科威特、伊朗、保加利亚、尼泊尔、伊拉克、摩尔多瓦、土库曼斯坦、叙利亚、缅甸、巴基斯坦、阿拉伯联合酋长国、乌兹别克斯坦、埃及和孟加拉国。

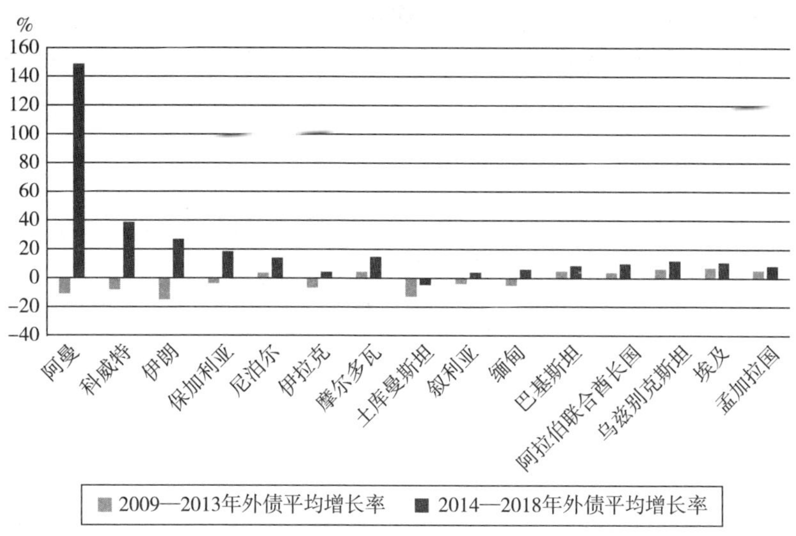

数据来源：IMF数据库。

图1-2　外债增长较快的15个“一带一路”沿线国家

从数据统计看，“一带一路”建设并没有推高沿线国家的债务。一是“一带一路”沿线大多数国家的总体债务情况未发生较大变化。二是“一带一路”沿线国家中公共部门中长期对外债务增长的国家数量有限。三是虽然中国对部分国家的投资有一定的增长，但这些数据是中国对外投资的全口径数据，涉及主权借款或主权担保的数据要小于此数据。四是个别国家外债增长过快，与该国的具体发展阶段和自身的情况相关。

2. 创新资金筹措和使用模式可以减轻债务负担

主权借款和主权担保是增加东道国债务负担的主要原因，如果降低主权借款和主权担保比重，可以大大缓解债务问题。比如，改变股债比例，可以优化项目的资金结构，缓解东道国债务负担，扩大对“一带一路”项目的投资规模。

近几年来，面对外部经济和竞争环境，中国企业在海外的业务模式不断创新，不断探索 PPP、BOT 等项目融资模式。企业不但参与项目的规划设计和施工建造，还参与项目建成后的运营。这种投建营一体化的经营模式，既可以获得项目建设的当期利益，还兼顾远期收益，真正实现与东道国的利益共享，风险共担。同时，这种一体化的业务模式还大大降低了东道国的债务压力。

案例：

以东南亚某国收费公路项目为例，该国要修建的一条高速公路，因为国家财力有限，不想增加国家的债务负担，不愿以国家主权担保作为获得贷款的条件；在融资担保结构设计上，先是引入了中国设立的基础设施基金参与项目的股权投资，股权投资部分不需要提供主权担保，其次是邀请国家开发银行提供非主权担保的债权部分的贷款，而这一部分商业贷款是以该项目的经营权作为抵押，这种融资安排在不增加东道国政府负债的情况下，加快了基建项目的发展。

针对“一带一路”沿线国家的债务问题，中国的金融机构也从实际出发，在信贷资金的审批过程中加强项目自偿性的考察，对于经济效益好，符合东道国政策的项目，将更容易获得支持。同时，结合不同国家的发展情况，实行“一国一策”，在支持项目资金需求的同时，更关注债务风险。

（二）如何看待全球规则之争

习近平总书记在中国共产党与世界政党高层对话会主旨演讲中指出，中国愿同世界各国分享发展经验，但不会干涉他国内政，不“输入”外国模式，也不“输出”中国模式，不会要求别国“复制”中国的做法，这是对中国“一带一路”建设是争夺全球规则话语权最好的回答。

1. 中国在“一带一路”沿线国家的规则话语权上升

随着中国经济的快速发展，中国既是出口大国，也是进口大国。统计数据显示，“一带一路”沿线国家中，尤其是中国周边国家中，中国是其第一出口目的地国家。同时，中国还是部分国家的主要投资来源地和技术输出国，这些国家的交通、电力、通信等基础设施和民生工程，大部分由中国企业承建或投资，因此，“一带一路”部分国家的经贸发展对中国依赖程度较高。这是造成在部分规则中，中国话语权高的重要原因。

中国经济体量大，产业链完备，部分产业经过 40 多年的发展，技术、规模等方面成为行业的主导，因此，在相关领域的规则制定和应用方面，自然有较大的发言权，也更能被相关国家所接受，这是客观事实。同时，部分沿线国家经济发展相对滞后，与中国改革开放之初有较多相似之处，中国经济发展的成功经验，使得部分国家有了除西方模式之外的范本可以借鉴，部分国家与中国在意识形态和发展环境方面更为相似，使得这些国家对中国有更高的认同感。中国在与沿线国家合作过程中，更重视对方的感受，不强加于人，不附带政治条件，这使得沿线国家也更加愿意接受中国的建议。

2. “中国方案”与发达国家规则应互相包容

“一带一路”建设中，中国倡导开放发展和合作共赢，与当前部分发达国家相比，对于沿线急需发展经济的国家来说也更有吸引力。当前全球经济秩序面临规则重构，仅仅有利于部分国家的规则，或者不适应当前全球经济发展环境的规则势必面临修正和重建，中国理所当然要积极参与规则制定。

发达国家在贸易规则、投资规则和国际货币金融规则等方面积累了丰富的经验，也在向更高层次的开放规则迈进。但同时我们应该看到，包括“一带一路”在内的欠发达和发展中国家并不是发达国家的主要市场，过高标准的贸易、投资和金融规则在这些发展中国家中很难得以应用，对这些国家的发展来说并无实质的意义，更有甚者，这些高水平的规则可能还是以牺牲欠发达国家的利益为代价的。

中国经济的发展与全球的产业转移密不可分，尤其是改革开放后，中国的沿海城市通过为欧美日韩提供制造外包等业务快速发展，在积累财富的同时，自身的能力也在不断提高。进入新世纪，尤其是2008年国际金融危机以来，中国企业在资金、技术、创新等领域不断突破，在国内人工、原材料等要素成本上升的情况下，开始寻求新的市场，并试图向制造成本更低的区域转移，而“一带一路”沿线国家的市场潜力和较低的劳动力成本吸引中国企业。例如产业园模式，中国企业已经在部分沿线国家成功复制产业园区模式，在实现产业转移的同时，更重要的是聚集当地产业和其他国家产业，解决当地就业，增加当地税收，促进东道国经济发展。

当前，全球治理发生了深刻变化，正在由单级向多级发展，形成了双边体制、区域体制和多边体制共存的格局。对于特定区域，例如东盟、上合组织、大湄公河次区域等，双边和区域体制协调更加高效，资源调配更加顺畅。由于“一带一路”沿线国家有自身发展的诉求，如果都按照发达国家制定的规则，在产业承接、技术标准、环保要求等方面难以满足，必将阻碍这些国家的发展。而从沿线国家的发展实际出发，“一国一策”将更好地解决沿线国家发展的不平衡问题。

因此，在“一带一路”建设涉及的规则方面，发达国家与发展中国家应求同存异，因地制宜，互相包容，这样才能推动沿线国家的发展。

3. “一带一路”建设可以借鉴“中国方案”和智慧

“一带一路”建设实施以来，中国通过平等协商，已经同86个国家和国际组织签署了101个合作协议，同30多个国家开展了机制化产能合作，在沿线24个国家推进建设了75个境外经贸合作区，事实充分证明，“一带一路”建设的本质是互利共赢的，得到了沿线国家和国际社会的广泛支持和欢迎。

推动全球化向更加开放、包容、均衡、普惠、可持续方向发展，同样是“一带一路”建设的重要任务。“一带一路”着眼于欧亚地区的互联互通，着眼于陆海联通，着眼于开展更大范围、更高水平、更深层次的区域合作，共同打造更广阔的区域合作架构。

“一带一路”沿线65个国家中，有8个最不发达国家，16个非世贸组织成员国，24个国家人类发展指数低于世界平均水平，如果完全按照发达国家提倡的高标准市场原则，一定会水土不服。而从实际出发，把发展中国家的成功经验和发达国家的经验结合起来，相互借鉴，则更有利于沿线国家的发展。

因此，不存在“一带一路”建设中的全球规则之争的问题，而是中国与发达国家和沿线国家共同努力，贡献各自方法和智慧，共同促进世界经济的发展。

（三）“一带一路”建设不是中国以经济换政治的手段

党的十九大报告将“一带一路”建设作为经济建设和全方位改革开放的重要组成部分，形成全方位开放新格局的重要举措。是与“一带一路”

沿线国家和其他参与建设国家深层次、全方位、多领域的合作，构建政治互信和经济互惠的合作局面。

1. “一带一路”建设为世界各国提供合作平台

“一带一路”源于中国属于世界，“一带一路”建设是沿线国家和其他各国共同参与的伟大工程。从“一带一路”建设的战略定位看，既不是经济援助，也不是基于地缘政治考虑的双边计划，而是基于区域经济与全球产业分工体系的一个合作大平台。

沿线国家大部分是发展中国家，都渴望在全球化的大背景下，分享世界经济发展带来的红利，分享各国的成功经验，因此，“一带一路”区域内外国家都可以在这个平台上进行广泛合作。

2. 人类命运共同体理念赋予“一带一路”建设新内涵

近现代以来，尤其是第二次世界大战后建立起来的国际秩序和发展环境，给世界经济发展提供了保障。信息科技进步缩短了人们交往的物理空间，提升了交流沟通的效率，人们的生活和行为方式发生了根本变化，政治、经济、文化、宗教等的互动，让全球化已经成为不可逆的大趋势。

当前世界经济发展极不平衡，但和平和发展的主旋律为世界各国的共同发展创造了条件，人类命运共同体的理念也得到了广泛的国际认同，凝聚起了广泛的国际共识。2017 年 3 月 23 日，联合国人权理事会第 34 次会议通过了关于“经济、社会、文化权利”和“粮食权”的两个决议，在决议中明确提出要“构建人类命运共同体”，这是继人类命运共同体重大理念载入联合国安理会决议后，首次载入人权理事会决议。

人类命运共同体为“一带一路”建设赋予了深刻的内涵。人类命运共同体理念根植于“一带一路”建设及与沿线国家的合作之中。围绕政治互信、经济互惠、发展共享、文化互鉴，构建中国与“一带一路”沿线国家深层次、宽领域、全方位的合作关系，将增强人类命运共同体的国际认同。

首先，“一带一路”建设从经贸出发，将经济建设和文化联系起来，是人类命运共同体的物质基础。当前沿线国家经济发展不均衡是最主要的障碍，因此，加强沿线国家经济建设，是首先要解决的问题。

其次，“一带一路”建设促进各国协调，有力推动人类命运共同体的发展。“一带一路”建设既是经济发展的过程，也是东西方文明对话的过程。需要政策沟通、民心相通的软实力。因此，“一带一路”建设既是经济工程，也是文化工程，有利于各国认识人类命运共同体的意义，共同推动人类命运共同体的发展。

3. “一带一路”建设是人类命运共同体有益实践

在人类历史上，从来没有过像现在这一时期，国与国，人与人之间的联系如此的紧密。这也使得推进“一带一路”建设和构建人类命运共同体具有高度的关联性和契合性。人类命运共同体是世界各国人民共同的愿景和追求，和平公正、共建共享、包容互鉴和可持续性的理念，与“一带一路”建设的共商、共建、共享理念一脉相承。

人类命运共同体与“一带一路”建设的目标更加统一。“一带一路”建设是物质基础，而人类命运共同体赋予“一带一路”建设新的使命和责任，更容易让沿线国家和世界各国认同。五年来，中国传承和弘扬丝绸之路精神，同“一带一路”建设参与国广泛开展人文交流与合作，规划实施了一大批品牌项目和活动。中国政府每年向相关国家提供 1 万个政府奖学金名额，地方政府也设立了丝绸之路专项奖学金，为沿线国家培养了大量行业领军人才和优秀技能人才。中国与相关国家互办文化年、旅游年、艺术节、电影节、电视周、图书展等，推动各国展现各自民族特色，感受不同文化风采，增进相互了解，推进科技、教育、文化、卫生、旅游、政党、智库、青年、城市、社会组织等各领域合作，不断拓展交流宽度、增强交流深度。

四、“一带一路”投融资研究文献综述

“一带一路”建设已经成为国内外智库机构和专家学者的研究热点，各类研究成果不断涌现。

学术界对“一带一路”的相关研究成果大体可以分为两类：一类研究从客观角度出发，认为“一带一路”是中国提出的新的外交和国际合作理念，反映的是中国新一代领导人对世界形势的看法和促进国内发展的思路，中国提出的以构建合作共赢为核心的新型国际关系顺应了时代发展潮流（Jin，2015）[①]。Huang（2016）认为“一带一路”是一项以基础设施建设为核心的综合性举措，可将欠发达的“一带一路”地区变成一个新的充满活力的经济支柱，并通过融入新兴市场经济体的成功经验，为经济政策思想作出贡献[②]。Liu 和 Douford（2016）认为“一带一路”倡议是一个开放包容、互惠互利的经济合作和政治文化交流模式的倡议，旨在为维护和巩固中国同丝绸之路沿线国家的关系奠定基础设施及产业的基础，并将新兴国家纳入实现现代化和减贫的伟大征程中来。该倡议一方面体现了中国崛起成为全球力量，及其产业重组、对外投资增长、能源来源和路径多样化的需要；另一方面也包含了建立开放合作和新型多边金融机构的基础框架[③]。Wang（2016）认为“一带一路”倡议旨在将亚洲、欧洲、非洲和大洋洲联系起来，为国际经济合作提供了巨大的机会。作为中国对国际公共产品的贡献，该倡议符合经济自由主义，本质上是防御性的而非攻击性的。尽管存在风险和不确定因素，但该倡议将提升中国在地区和国际机构

---

① Jin J. The true intent behind China's AIIB strategy［J］. Fujitsu Research Institute, 2015.

② Huang Y. Understanding China's Belt & Road Initiative: Motivation, framework and assessment［J］. China Economic Review, 2016（40）: 314－321.

③ Liu W, Dunford M. Inclusive globalization: Unpacking China's belt and road initiative［J］. Area Development and Policy, 2016, 1（3）: 323－340.

中的影响力和地位[①]。

一些学者在肯定“一带一路”倡议的意义和作用的同时，也客观分析了倡议实施过程中的不确定性。Cheng（2016）认为，“一带一路”倡议使沿线国家从互补的经济结构以及专业化分工中获益，但该倡议的成功与否还取决于一些中国无法控制的因素，例如石油、金属等主要大宗商品价格的下跌增加了在资源东道国开展重大基础设施项目的困难[②]。

另一类研究成果对于“一带一路”倡议的看法不甚乐观，甚至比较偏激，围绕中国提出倡议的意图、影响乃至前景等问题，有很深的疑虑和猜忌（Pantucci 和 Lain，2016）[③]。有人将其与第二次世界大战后美国的马歇尔计划进行比较（Ferdinand 和 Westward，2016）[④]，认为这是中国通过出口所谓的“中国模式”最终取代以美国为主导的国际经济结构的野心的证据，对于其他国家的地区合作倡议和机制可能会形成排斥和替代效应，可能削弱美国、俄罗斯及其他地区大国在相应地区的影响力。此外，少数“一带一路”沿线国家还担心，如果中国开始出口其巨大的过剩产能将危害其国内经济发展。Howard K. W. F 和 Howard K. K（2016）则从环境角度，认为“一带一路”对中亚地区的水资源管理是一种威胁[⑤]。

关于“一带一路”建设投融资问题，现有国内外研究也可以大致分为两类，一是总体资金需求估算、投融资体系制度设计等宏观层面的理论研

---

① Wang Y. Offensive for defensive: the belt and road initiative and China's new grand strategy [J]. The Pacific Review, 2016, 29 (3): 455 -463.

② Cheng L. K. Three questions on China's "Belt and Road Initiative" [J]. China economic review, 2016 (40): 309 -313.

③ Pantucci R, Lain S. V. Finance and Economics of the Belt and Road Initiative [J]. Whitehall Papers, 2016, 88 (1): 56 -68.

④ Ferdinand P. Westward ho—the China dream and "one belt, one road": Chinese foreign policy under Xi Jinping [J]. International Affairs, 2016, 92 (4): 941 -957.

⑤ Howard K. W. F, Howard K. K. The new "Silk Road Economic Belt" as a threat to the sustainable management of Central Asia's transboundary water resources [J]. Environmental Earth Sciences, 2016, 75 (11): 976.

究，二是投融资体系中的相关配套措施和行业规范等中观层面的实践探讨。现有研究中以第一类居多，中外学者和研究机构也对这一问题给出了自己的研究结论和建议。Cai（2017）认为金融合作与支持是“一带一路”倡议的重要支柱，亟须开展广泛的跨境金融政策融合和金融工具创新①。Pantucci 和 Lain（2016）认为中国通过众多基金支持“一带一路”建设，建立多种融资机制，其中包括向国内企业注资以寻求境外市场业务、专门的多边和双边融资机制以及通过传统政策性银行继续提供双边贷款等。中国也在寻求多样化的项目资助方式和资金来源。但是，相比之下，美国为其新丝绸之路提供的直接投资很少。这一关键事实是使“一带一路”建设不仅仅是地缘政治言论的一个佐证②。

Yu（2017）探讨了亚洲基础设施投资银行（以下简称亚投行）的建立对“一带一路”建设的意义。研究认为，中国充足的外汇储备可以帮助欠发达国家的基础设施发展，而中国在现有国际多边组织中的话语权，已经不能适应中国的国际地位，因此，亚投行的建立是中国资本在基础设施发展、制造水平和金融影响力提升方面的重要工具③。然而，Callaghan M. Hubbard（2016）对亚投行的筹建与运行表示担忧，倘若亚投行未能符合多边开发银行的贷款标准，试图在亚投行内部保留中国的一票否决权，中国在“一带一路”倡议中所收获的信用将受到威胁。中国和其他所有成员必须确保非常驻董事会的有效性，并有效监督银行的运营。中国在众多业务领域仍需要学习，例如严格的信贷评估、谨慎的项目选择、对环境和社

① Cai P. Understanding China's Belt and Road Initiative [J]. 2017. http://hdl.handle.net/11540/6810.

② Pantucci R, Lain S. V. Finance and Economics of the Belt and Road Initiative [J]. Whitehall Papers, 2016, 88 (1): 56-68.

③ Yu H. Motivation behind China's "One Belt, One Road" initiatives and establishment of the Asian infrastructure investment bank [J]. Journal of Contemporary China, 2017, 26 (105): 353-368.

会问题的认真关注、强有力的会计和透明度安排等①。

鉴于“一带一路”倡议已提出并实施五年时间，2018年以来已有一批学者对五年来“一带一路”建设成果、效应、问题等进行了评估和总结。Shahriar等（2018）对“一带一路”相关研究和数据进行了总结和整理，发现“一带一路”沿线国家的贸易和经济活动正在增加②。Chaisse和Matsushita（2018）的研究发现经济全球化正在向东方倾斜，“一带一路”正在重新构造世界贸易和投资地图③。

Herrero和Xu（2017）探讨了“一带一路”对中欧贸易的影响④，通过情景模拟讨论了欧洲如何参与“一带一路”倡议并从中受益，包括参与交通基础设施建设以降低运输成本、扩大与“一带一路”沿线国家自由贸易协定范围和二者并举三种情景。研究发现，“一带一路”对欧洲的影响巨大，更积极地参与“一带一路”建设符合欧盟的利益。

Du和Zhang（2018）评估了“一带一路”对FDI的影响⑤。研究发现，为响应“一带一路”倡议，中国的海外直接投资（ODI），特别是全部或多数股权并购显著上升。相比较而言，中国的国有控股收购者在基础设施领域发挥了主导作用，而非国有控股收购者在非基础设施领域尤为活跃。中西亚、西欧和俄罗斯是中国对外直接投资的有利目的地。

Fan（2018）利用全球可计算一般均衡模型研究了中国“一带一路”建设的宏观经济影响。考虑到在降低贸易成本和提高能源效率方面基础设

---

① Callaghan M, Hubbard P. The Asian Infrastructure Investment Bank: Multilateralism on the Silk Road [J]. Development Economics Working Papers, 2016, 9 (2): 1-24.

② Shahriar S, Lu Q, Irshad M, Sarkar A. Institutions of the "Belt & Road" Initiative: A Systematic Literature Review [J], Journal of Law, Policy and Globalization, 2018: 77.

③ Chaisse J, Matsushita M. China's "Belt and Road" Initiative—Mapping the World's Normative and Strategic Implications [J]. Social Science Electronic Publishing, 2018, 51 (1).

④ Herrero A. G, Xu J. China's Belt and Road Initiative: Can Europe Expect Trade Gains? [J]. China & World Economy, 2017, 25 (6): 84-99.

⑤ Du J, Zhang Y. Does One Belt One Road Strategy Promote Chinese Overseas Direct Investment? [J]. China Economic Review, 2018, 47.

施发展的外部性，分析发现“一带一路”将在福利和贸易方面为世界经济带来可观的利益。但是中国和其他“一带一路”国家需要应对几项重大挑战①。

Garciaherrero 和 Xu（2018）分别从贸易、投资和金融角度对中国的“一带一路”倡议进行了中期评估②。研究认为，投融资是“一带一路”建设中最困难的部分。尽管中国已经设立了亚洲基础设施投资银行、丝路基金等来支持该计划，但在充分满足“一带一路”沿线地区的融资需求方面仍存在很大差距。事实上，欧盟长期以来一直是“一带一路”地区重要的信贷供应商，中国必须寻求国际合作，特别是与欧盟的合作。

Hurley 等（2018）从政策层面考察了“一带一路”建设对沿线国家债务问题的影响，并根据已确定的项目贷款渠道评估了 68 个国家的债务可持续问题，并给出相关方一系列政策建议③。结论表明，“一带一路”国家不太可能会受到大规模债务可持续性问题的困扰，但这一举措也不可能避免其参与国家出现一些债务问题。由于中国不是巴黎俱乐部成员国，一般不会参与多边减免债务的安排，但针对遭受债务困扰的国家，中国政府通常以特定的个案方式提供债务减免。

---

① Fan Z. China's belt and road initiative: A preliminary quantitative assessment [J]. Journal of Asian Economics, 2018, 55.

② Garciaherrero A, Xu J. Recent Developments in Trade, Investment and Finance of China's Belt and Road [J]. Social Science Electronic Publishing, 2018.

③ Hurley J, Morris S, Portelance G. Examining the Debt Implications of the Belt and Road Initiative from a Policy Perspective [J]. Center for global Development, March, 2018.

第二章 “一带一路”投融资面临的挑战

“一带一路”投融资面临供需失衡的问题，主要原因表现在三个方面：一是基础设施建设融资需求巨大；二是建设资金供给不足；三是外部投资环境复杂，沿线国家整体风险水平较高。三方面的因素共同作用导致“一带一路”建设中出现资金缺口大的问题。特别是在现有信贷政策变革、投资保护和纠纷解决、投资风险评估与预警、债务违约与救助、投融资信息公开透明和人民币国际化等方面的短板是关键因素；另外，东道国的环保、劳工、税收政策，实业技术标准，投融资工具创新，金融中介服务和金融监管等方面的问题也制约了资金的顺畅流动。

一、“一带一路”建设资金需求巨大

在“一带一路”建设过程中，无论是基础设施建设还是进出口贸易活动的开展，都需要巨大的资金支持，资金需求的满足程度是确保“一带一路”建设顺利进行的关键环节。根据世界银行测算，发展中国家基础设施投资每增加 10%，长期 GDP 增长率将提高一个百分点。“一带一路”沿线总人口超过 40 亿，约占全球总人口的 63%，GDP 总量超过 20 万亿美元，约占全球总量的 30%。受经济发展水平的制约，多数国家和地区的基础设施薄弱，制约了经济的发展。随着“一带一路”沿线国家和地区工业化和城市化进程的加快，基础设施投资需求也越来越旺盛。

近年来，部分研究机构对“一带一路”建设的资金需求进行估算，总的来看，资金需求巨大。

（一）国内外研究机构对“一带一路”基础设施建设融资需求估算

1. 中国社会科学院世界经济与政治研究所的估算

中国社会科学院世界经济与政治研究所基于沿线国家的经济发展水平，对“一带一路”的交通基础设施投资需求进行了测算，在测算的基准情形中：2016—2030年期间，“一带一路”沿线国家的投资需求将达到2.9万亿美元。

从空间角度来看测算结果，“一带一路”建设的六大国际经济合作走廊的交通基础设施建设投资需求分别为：中巴走廊250亿美元，中蒙俄走廊990亿美元，中国—中南半岛1640亿美元，孟中印缅经济走廊1950亿美元，新亚欧大陆桥7470亿美元，中国—中亚—西亚走廊7920亿美元。

从分项基础设施来看，“一带一路”沿线国家的各项基础设施发展水平不均衡，海港、航空、公路、电力、固定电话等领域的基础设施发展水平都低于全球平均水平。尤其是海港、航空、公路的发展水平，都显著滞后于全球平均发展水平，这些领域都急需更多建设资金的投入。

2. 国务院发展研究中心的估算

国务院发展研究中心采用比例估算方法，对“一带一路”沿线基础设施的合意投资规模进行了估算。其研究中基础设施的范畴包括能源、交通及市政公共基础设施。

通过确定基础设施各领域的投资与GDP的合意比例，并设定沿线国家的GDP基数和估算期的GDP名义增长率，以2015年GDP作为基数，测算出2016—2020年的“一带一路”基础设施合意投资总需求为10.6万亿美元，其中IDA国家约为4000亿美元，非IDA国家为1万亿美元，二者占“一带一路”基础设施投资总需求的13%。

3. 亚洲开发银行的估算

亚洲开发银行2017年2月发布的题为《满足亚洲基础设施建设需求》的

报告指出，亚洲及太平洋地区若保持现有增长势头，到2030年其基础设施建设需求总计将超过22.6万亿美元（每年1.5万亿美元）。若将气候变化减缓及适应成本考虑在内，此预测数据将提高到26万亿美元（每年1.7万亿美元）①。

如表2-1所示，在2016年至2030年所需的应对气候变化总投资中，电力投资为14.7万亿美元，交通投资为8.4万亿美元，通信投资将达到2.3万亿美元，水利和卫生方面的花费将需要8000亿美元。

表2-1 **基础设施融资需求** 单位：十亿美元，%

部门	基线情景			气候调整情景		
	融资需求	年平均	份额（%）	融资需求	年平均	份额（%）
电力	11689	779	51.8	14731	982	56.3
交通	7796	520	34.6	8353	557	31.9
通信	2279	152	10.1	2279	152	8.7
水利和卫生	787	52	3.5	802	53	3.1
总计	22551	1503	100	26166	1744	100

数据来源：亚洲开发银行。

4. 世界银行的估算

根据世界银行的估算，在2030年发展中国家的基础设施投资需求将达到约8640亿美元（以2010年美元不变价格计算）。其中，“一带一路”沿线国家的基础设施投资需求将占绝大部分，在2030年达到约6499亿美元。其中，基础设施建设市场规模最大的“一带一路”国家分别是中国、印度、印度尼西亚、俄罗斯和波兰；而增长速度最快的“一带一路”国家则是越南、中国、卡塔尔、孟加拉国和印度。但世界银行的估算仅考虑了各国自身的基础设施需求，未将跨境基础设施需求计算在内②。

---

① Asian Development Bank (ADB). Meeting Asia's infrastructure needs [J]. 2017. http://dx.doi.org/10.22617/FLS168388-2.

② Fay, Marianne; Martimort, David; Straub, Stephane. 2018. Funding and Financing Infrastructure: The Joint Use of Public and Private Finance. Policy Research Working Paper; No. 8496. World Bank, Washington, DC. © World Bank. https://openknowledge.worldbank.org/handle/10986/29949 License: CC BY 3.0 IGO.

（二）课题组对“一带一路”基础设施建设资金需求的估算

本书对“一带一路”沿线国家基础设施投融资资金需求预测主要是基于一国在特定发展阶段基础设施投资规模占 GDP 的比重进行测算。基本方法为：（1）根据 IMF 数据库中的 GDP 预测数据，估算“一带一路”沿线国家未来五年的 GDP 总量；（2）确定未来五年中基础设施建设投资额在 GDP 中所占的比重，以此计算每年的基础设施建设投资规模；（3）将上述数据加总后得到“一带一路”国家基础设施建设投资的总需求。

利用 IMF 报告中关于世界各国 GDP 的预测值作为“一带一路”沿线国家在 2018—2022 年 GDP 测算的依据。将 64 个“一带一路”沿线国家根据地理区位划分成东南亚、南亚、东亚、中亚、西亚北非、中东欧和独联体七大类国家。图 2－1 展示了各区域 2013 年以来，以及未来五年（2022 年）的 GDP 总量预测值。值得注意的是，未来五年，南亚、东南亚地区的 GDP 总量增长迅猛，将超过西亚北非成为“一带一路”国家中 GDP 总量最大的区域。

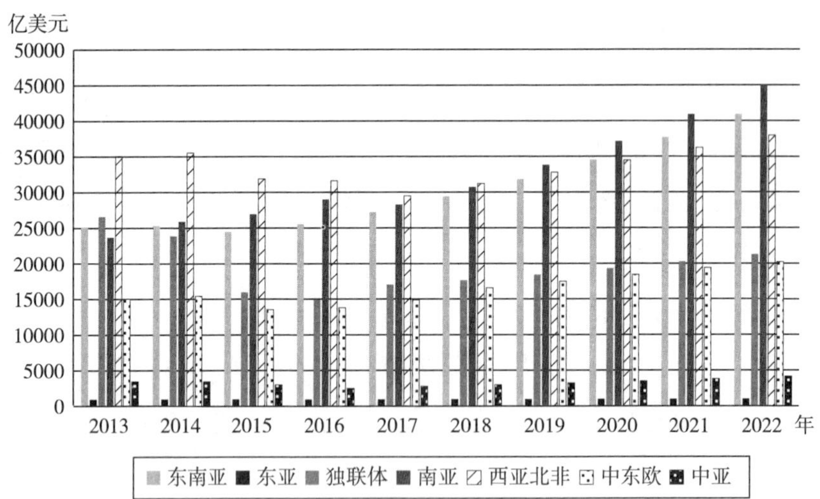

数据来源：IMF WEO database。

图 2－1 “一带一路”沿线国家 GDP

世界银行在1994年的相关报告中提出了经济基础设施投资占GDP比重不少于5%的政策，而中国和印度已分别于2005年和2007年把基建费用占GDP的比重提高到7%。但是目前东南亚、中亚等国家基础设施建设落后，投资比例远低于中国。因此，对2018—2022年“一带一路”国家基础设施投资额占GDP的比重拟定为高、中、低三种方案。在低方案下，“一带一路”国家平均基建投资占GDP的比重为6%；在中方案下，“一带一路”国家平均基建投资占GDP的比重为7%；在高方案下，“一带一路”国家平均基建投资占GDP的比重为8%。将之前测算的各国经济总量及基建投资占GDP的比重相乘可得到基建投资额。

依据上述方法测算，得出结果如表2-2所示，即2018—2022年“一带一路”国家累计基建投资总额将达到9万亿~12万亿美元，年均投资额为1.8万亿~2.4万亿美元。

表2-2 不同情景下“一带一路”沿线国家基础设施投资资金需求测算 单位：亿美元

区域	低方案		中方案		高方案	
	五年总和	五年平均	五年总和	五年平均	五年总和	五年平均
东南亚	10461.6	2092.3	12205.2	2441.0	13948.8	2789.8
东亚	40.2	8.0	47.0	9.4	53.7	10.7
独联体	5817.2	1163.4	6786.8	1357.4	7756.3	1551.3
南亚	11258.5	2251.7	13134.9	2627.0	15011.3	3002.3
西亚北非	10361.2	2072.2	12088.0	2417.6	13814.9	2763.0
中东欧	5528.6	1105.7	6450.0	1290.0	7371.5	1474.3
中亚	1061.4	212.3	1238.3	247.7	1415.2	283.0
中国	46933.8	9386.8	54756.1	10951.2	62578.4	12515.7
总计	91462.5	18292.5	106706.3	21341.3	121950.1	24390.0

不包括中国在内，2018—2022年“一带一路”沿线国家累计基建投资总额将达到4.5万亿~5.9万亿美元，年均投资额为0.9万亿~1.2万亿美元，如图2-2所示。

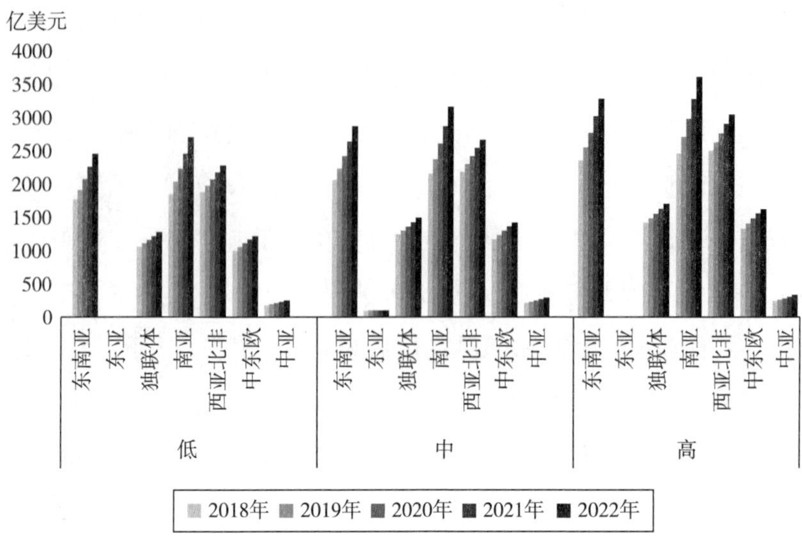

图2－2　"一带一路"沿线国家基础设施投资资金需求总额（除中国外）

综上所述，"一带一路"沿线的基础设施项目投资需求巨大，其中以设施联通当中的交通基础设施项目最为重要，很多研究机构对全球未来15年的投资需求进行了测算，结果汇总如表2－3所示。各机构的测算范围和结果差异很大①，但即便按照测算的下限来看，全球基础设施项目投资需求也非常巨大。

表2－3　"一带一路"基础设施建设融资需求估算

数据来源	需求测算（万亿美元）	国家范围
世界银行（World Bank，2013）	4.1	发展中国家
亚洲开发银行（2017）	26	亚太地区国家
中国社会科学院世界经济与政治研究所（IWEP，2017）②	2.9	"一带一路"沿线国家
国务院发展研究中心课题组（2017）③	1.4	"一带一路"沿线国家（除中国外）
本文结论	9～12	"一带一路"沿线国家

① 徐奇渊，杨盼盼，肖立晟．"一带一路"投融资机制建设：中国如何更有效地参与［J］．国际经济评论，2017（5）：134－148＋7.

② IWEP："一带一路"投融资机制研究报告［R］．中国社会科学院世界经济与政治研究所课题组，2017.

③ 张丽平．"一带一路"基础设施建设投融资需求及推进［N］．中国经济时报，2017－04－18（005）.

以上主要介绍了基础设施的投资需求，但是在“一带一路”投融资机制建设的过程中，所涉及的资金需求远不止于基础设施建设，还包括更大范围官方主导的发展融资，以及私人部门参与的商业投资项目。如果从更宽的领域来看，所涉及的投融资需求将更为巨大。

二、“一带一路”建设资金供给不足

面临如此巨大的资金需求，“一带一路”建设的资金供给明显不足，远远无法满足来自沿线国家自身和跨境投资项目的资金需求。具体原因主要有资金来源不足、融资模式单一和融资渠道不畅三个方面。其中，以中国提供的主权性质的银行贷款为主的中国资金，成为目前“一带一路”的最主要资金来源。

（一）资金来源不足

1. 主要依赖中国资金

自“一带一路”倡议提出后，中国一直是“一带一路”基础设施建设投资的主要资金供给国。这些资金既有国家政策性、开发性金融机构的贷款，也有商业银行的贷款；既有国家主权财富基金的投资，也有专门成立的各类基金投资。

政策性金融机构方面，截至 2017 年 7 月末，国家开发银行对“一带一路”沿线 64 个国家累计发放贷款 1700 亿美元，余额 1100 亿美元；2014 年到 2017 年 6 月，中国进出口银行在“一带一路”沿线国家累计签约项目逾 1200 个，签约金额超 8000 亿元。商业性金融机构方面，截至 2017 年 7 月末，建设银行已累计为 21 个“一带一路”沿线国家的 60 余个重大项目提供了金融支持，签约金额超过 130 亿美元；截至 2017 年 9 月末，中国银行在“一带一路”沿线共跟进境外重大项目约 480 个，项目总投资额超过 4600 亿美元。

然而，相比之下，国际金融机构所提供的贷款与捐赠数额相对有限。世界银行（World Bank）下的国际复兴开发银行（IBRD）和国际开发协会（IDA）是提供资金的主要机构，主要形式是给发展中国家的政府和由政府担保的公私机构提供优惠贷款。2016 财年 IBRD 和 IDA 合计提供贷款 459 亿美元，对于东亚和太平洋地区、欧洲和中亚、南亚等“一带一路”建设集中的区域，世界银行提供的贷款额分别为 75 亿、72.7 亿、83.6 亿美元。

亚洲开发银行（ADB）提供的资金总额稍多。亚洲开发银行由 67 名成员组成，其中 48 名来自亚太地区，与“一带一路”建设的区域高度一致。2016 年亚洲开发银行提供了贷款和赠款 174.7 亿美元，其中中西亚地区 47.6 亿美元，东亚地区 18.6 亿美元，太平洋地区 5.96 亿美元，南亚地区 44 亿美元。

2. 官方援助增资有限

官方发展援助（Official Development Assistance，ODA）在亚洲基础设施领域一直扮演重要角色，为基础设施项目提供贷款、担保以及技术援助，并帮助带动更多的私营部门投资。目前，“一带一路”沿线多边金融机构包括世界银行、亚洲开发银行、欧洲复兴开发银行、亚洲基础设施投资银行和金砖国家新开发银行。

多边开发银行是全球基础设施建设的重要参与者，不但提供资金、知识和技术经验分享，而且能够比较有效地协调受援国各参与方。但多边开发银行一般具有区域性特征，更多集中关注本区域范围内的基础设施项目，以推进区域一体化，相互之间的协调合作较少。这种协调性不足可能会导致重复建设，或者出现“拥挤效应”，增加被投资国的建设成本和协调成本，从而影响互联互通建设。

世界银行、亚洲开发银行以及欧洲复兴开发银行的主要宗旨是致力于全球或区域范围内的经济发展，基础设施领域贷款只是其诸多业务中的一部分。根据亚洲开发银行2017年的数据，多边开发银行已为亚洲发展中国家基础设施建设提供了约2.5%的融资。除中国和印度外，多边开发银行的贡献率高达10%。从资金规划来看，尽管世界银行和亚洲开发银行都计划在未来增加对亚洲的贷款支持规模，但基本上年贷款额增加均不超过100亿美元，这对于“一带一路”沿线国家上千亿美元的资金缺口而言仍然远远不够。

3. 私营资本积极性不高

旨在推动各国改善基础设施融资环境和提高融资效率的全球基础设施中心（GIH）认为，要满足巨额需求，未来所需的50多万亿美元投资中，私人部门投资必须超过20多万亿美元。目前的情况是，亚洲国家基础设施投资占GDP的比例接近7%，但只有0.2%为私人投资。近几年来中国基础设施投资（约占GDP的9%）中只有不到0.03%来自私人资本。相反，在拉丁美洲和加勒比地区，基础设施投资的私人资本融资比例分别为1.9%和1.6%。

造成这一现象的主要原因在于，基础设施项目收益与风险不匹配。私人资本的参与受诸多因素限制，私营资本积极性不高。公私合营被认为是在政府财政资金不足情况下的有效替代方案，但实际上私人资本的参与及成效受到经济周期、政府制度以及监管能力等多方面的影响，并非所有的项目都有私人资本愿意参与，也并非所有的公私合营项目最终都能收获良好的经济效益。一些“一带一路”沿线国家政局不稳、政策多变、投资环境和市场环境欠佳，导致商业贷款不愿介入，私营资本望而却步。投资者还可能面临东道国货币贬值、汇率变化等风险。

低支付能力导致项目难以还本付息。即使有足够的资金愿意从绿地阶段就投入基础设施建设，项目建成之后如何支付本息，即盈利模式的问题也常常难以解决。基础设施的运营通常不以营利为目的，但即使是保本，在很多“一带一路”沿线国家也难以达到。

（二）融资模式单一

“一带一路”建设项目具有多元化的融资需求，但目前尚未构建一个多层次的投融资体系，为“一带一路”建设提供贷款、股权融资、债券融资、发展援助等融资安排。

1. 银行贷款是主要模式

银行贷款是基础设施领域最主要的资金来源，包括多边开发银行和我国政策性银行、开发银行提供的贷款以及商业银行发放的贷款。在发展中国家，银行不愿意向其认为可能存在风险的基础设施项目提供贷款。即使是在金融市场相对发达的国家，银行贷款的期限通常比项目偿还期或者PPP 协议周期要短。

股权投资是一种常见的融资方式，但由于基础设施建设项目的公共产品属性、资金量大、投资期限长且收益回报率低等特点，历来不是私营资本的投资重点。

目前“一带一路”建设吸引的股权融资不足，特别是私营资本投资积极性不高。中国设立了一些中长期的基金，例如丝路基金、中非基金和相关的产业基金（涉及交通、远洋渔业、黄金交易、能源等领域）、地区或国别基金等，但从基金规模和实际的运行效果看，股权投资的数量很有限。

2. 项目融资模式有待拓展

考虑到“一带一路”相关国家普遍面临基础设施薄弱的问题，例如建设能力不够、技术水平落后、管理水平和运营能力不足等，项目融资（尤其是 PPP 模式）作为一种市场化、社会化的供给公共产品和服务的创新方式，能够在过去主要由政府主导的基础设施领域实现“引资、引技、引智”，并构建起政府和社会资本稳固的合作伙伴关系。从这一角度看，用项目融资模式支持“一带一路”相关国家的基础设施建设，有很大的发展空间和前景。

3. 债券融资发展缓慢

债券融资目前仍是“一带一路”投融资发展的薄弱环节。亚洲国家已经将推进亚洲债券市场的发展作为地区金融合作的目标。亚洲基础设施投资银行发行长期债券的实践将会为地区内债券市场的发展提供经验。各国已经达成共识，推动本币债券市场的发展，扩大中长期资金来源。

（三）融资渠道不畅

1. 商业性与政策性金融机构协调不足

在“一带一路”建设过程中，商业性项目与政策性项目划分不清。商业性金融机构与政策性金融机构之间存在信息沟通不畅的问题，统筹协调不够，导致有的项目存在资金支持金额过度，而有的项目资金不足的情况。政策性金融机构和商业性金融机构的经营考核存在差异，导致它们的经营策略也不相同。在一些项目中，谁应先期进入、如何进入，往往缺乏整体设计。机构间的协调问题会对“一带一路”建设中的资金供给带来一些阻碍。

海外项目的融资成本在项目总成本中的占比通常较高，业主往往要求较低的利率和较长的贷款期限。与之对应的是，一些项目盈利能力并不强，加上一些国家经济实力偏弱、国别风险较高，致使商业性资金进入意愿不强。而政策性金融机构也热衷于向规模较大、还款有保障的项目提供低息贷款。因此，对于一些非商业性项目，可以通过融资结构安排，同时吸引更多的商业性和政策性的资金参与，统筹协调，发挥政策性金融与商业性金融的功能。

2. 中国金融机构海外辐射能力有限

我国金融机构国际化业务发展较快，但整体上参与国际竞争的能力与服务水平有待进一步提升。

一是我国金融机构总部对海外拓展越来越重视，进步也很大，但是实际重视程度仍低于国内业务，国际化经营资源配置相对不足。受过去专业分工影响，除少数国际化经营程度较高的银行外，大部分金融机构国际业务起步较晚，经验和能力欠缺。

二是我国金融机构的业务模式不适应国际化经营的要求。我国银行在海外经营过程中仍以传统的存款、贷款、国际结算等业务为主，缺乏与海外市场相适应的产品与服务创新，不能很好地融入当地金融发展环境，难以结合东道国的市场特点和客户需求来制定创新策略。

从外部环境看，有些经济体对中资金融机构的进入持怀疑态度，甚至对其施以准入壁垒。如有的东道国市场被一些国际大型金融机构占领，东道国政府在这些机构的游说下阻碍我国金融机构的进入；有的经济体认为我国金融监管水平有待提高、金融风险较高，以防范金融风险传染为由，在给予中资金融机构牌照时审查更加严格。

三、“一带一路”沿线国家整体风险水平较高

“一带一路”沿线国家整体风险水平较高，也是建设资金供需失衡的重要影响因素。主要体现在五个方面：地缘政治风险较高，利益关系复杂；社会安全风险较高，恐怖主义猖獗；财税征收风险较高，经济政策不稳；债务违约风险较高，偿债压力较大；文化法律风险较高，营商环境欠佳。

（一）地缘政治风险较高，利益关系复杂

政治风险是海外投资面临的最主要风险，主要包括政治稳定度差、政府违约、外汇管制、民族宗教冲突及地缘政治风险等。“一带一路”沿线一些国家政治冲突频繁发生，有的长期处于政局动荡、民族冲突和恐怖主义之中，有的国家之间的领土纷争也十分激烈。

东道国政策变更及监管风险影响很大。东道国以公共利益、环境保护等为理由变更国内的某些政策，对来自外国的直接投资进行规制，对外国

投资者的合法财产实行国有化、正在投资的项目被迫叫停，严重损害了国外投资者的正当财产权益。

案例：

2011 年中国电力投资集团对缅甸直接投资的密松水电站项目，就是由于政府违约使中国蒙受损失的案例。2009 年 3 月，中国电力投资集团开始推进密松水电项目。2011 年 9 月缅甸总统以密松水电项目破坏当地自然景观和人民生计为由，叫停了密松项目。项目停置后，因前期投入设备的租赁费用和维护费用等，给中方造成很大损失。除此之外，中缅皎漂—昆明铁路计划也被取消。柬埔寨政府也下令暂停了中柬合作大坝项目。

大国博弈风险亦须重视。“一带一路”建设所经地区直连欧亚大陆，自然资源丰富，地理位置特殊，沿线部分国家和地区同时是由不同大国发起和领导的不同合作组织的成员，是大国博弈的重要战略区域，大国博弈深刻影响相关的投融资活动。

案例：

2011 年，美国提出以“能源南下、商品北上”为口号的“新丝绸之路计划”。随后，美国又提出“亚太再平衡”战略，积极推进 TPP 和 TTIP，谋求构建一个以美国为主导的全球战略体系，来遏制中国的海上崛起。为此，美国积极拉拢印度、越南、缅甸和蒙古国等国家，对中国“一带一路”倡议的实施构成了挑战。日本也在“一带一路”沿线地区经营多年，利用其丰富的海外投资经验实施亚洲开发银行基建项目与中国竞争。2013 年提出建设“丝绸之路快车”和“欧亚经济统合”、“欧亚”“大欧亚计划”都和中国的“丝绸之路”经济带倡议相互交叉。作为“一带一路”参与国的俄罗斯和印度，都是正在谋求经济发展的大国，中亚地区被戏称为俄罗斯的“后花园”，是俄罗斯的战略要地。2002 年，俄罗斯发起“南北走廊计划”，2016 年又主动推进欧亚联盟，强化对独联体国家的影响和控制。作为“一带一路”沿线另一大国的印度从“一带一路”倡议提出之初就抱有疑虑，始终对“一带一路”倡议未给出积极回应。2014年莫迪政府提出发展印度自己的丝绸之路，推进“跨印度洋海上航路与文化景观”计划，拓展在印度洋地区的影响力。

（二）社会安全风险较高，恐怖主义猖獗

“一带一路”沿线国家恐怖势力猖獗，在沿线地区已经形成“西亚—南亚—中亚”弧形分布的恐怖主义地带，恐怖主义袭击和反恐战争此起彼伏。“东突”恐怖势力长期盘踞中亚、西亚和南亚，不定期策划实施恐怖破坏活动。近年来，以ISIS为代表的新型恐怖组织兴起，更加威胁了“一带一路”沿线的地区安全。

一些国家的安全问题往往有着极为复杂的原因，而且经常有地区或区域外大国的支持与纵容，成为用以牵制该国或该地区的“可控混乱”。这让安全问题的解决面临极大的难度，尤其是当“一带一路”建设被视为某种挑战西方的战略时，一些安全问题很可能被有意制造出来用以掣肘中国。

（三）财税征收风险较高，经济政策不稳

“一带一路”区域内的国家多为新兴经济体国家，总体来说，受外部经济波动影响较大，抵御外来冲击的能力较弱，经济财税政策不稳定，经济政策的连续性差，增加了外国投融资的不确定性。

随着经济全球化的进一步发展，该地区受到主要经济大国经济波动造成的影响也会越来越强烈，尤其是在经济危机爆发时，“一带一路”区域内国家无法做到独善其身，因此其经济财税政策也会因本国的经济波动而不断调整，导致政策的不稳定；同时，部分国家政局不稳定，政府更迭时有发生，导致各项经济政策的连续性差；加之不同国家基于自身的国家利益和经济发展目标，各国的经济财税政策各异，无法形成区域内部的联动效应，因此对区域内的资金流动也产生了一些制约。

从各国的财政政策和税收体系的具体内容来看，有些政策之间还是有较大的差别，且同一个国家在不同阶段也会采用不同甚至相反的财税政策，由于各类政策出台和实施的目的不同导致在同一时期内，资金无法从一国以较低成本进入另一国。

案例：

根据中国出口信用保险公司发布的《国家风险分析报告》，2017 年越南财政部为增加财政收入宣布拟修改增值税、特别消费税、企业所得税、个人所得税和自然资源保护税等多个税种，提高征税幅度和扩大覆盖范围；同时，根据公布的企业所得税修改草案，对于制造企业，如果贷款额超过其借款人股本资金 5 倍，超出部分对应的贷款利息不得在税前作为支出进行扣除，对于金融类企业不允许超过 12 倍，其他类型企业债股比不超过 4:1。但在 2018 年 1 月提交的《企业所得税法》最新一期修正案中又增加了防止企业通过转让定价进行避税的规定，同时又删除了超过公司股本 5 倍的贷款其利息支出不予税前扣除的规定。

此外，蒙古国政府从 2014 年起虽然提高了纳税便利程度，但纳税次数依然很多，政府仅对部分行业实施税收优惠；乌兹别克斯坦由于尚未加入世界贸易组织，为保护本国市场，该国实行进口、出口、季节及特别关税，大多数进口商品关税税率水平较高，且非关税限制措施较多；东盟内部平均关税税率几乎降为零，但对东盟外部国家却没有此项优惠措施。

（四）债务违约风险较高，偿债压力较大

“一带一路”沿线部分国家存在债务可持续性风险。有的国家出于政党轮换、民主选举的政治需要，急于出政绩，兑现承诺，不顾实际能力，提出过多过高的基础设施和民生工程建设项目，少则十几个，多则几十个，有些项目过度超前，脱离本国实际，缺乏可行性研究。有些项目由于法治环境较差，行政效率较低，腐败现象严重，导致工期延长，成本增

加，效益下降。有的国家经济发展缺乏内生动力和造血功能，指望他国“输血”，甚至存在攀比心理。

参考数据：

财政赤字占GDP的比重是衡量本国财政状况的一个重要指标，一般以3%为警戒线。如图2－3所示，沿线国家中，这一指标超过3%的国家有24个，有的甚至超过了6%，包括埃及、黎巴嫩、越南等（东帝汶为62.6%，未在图中显示），如果继续保持过高的比重，很可能导致该国的财政状况长期恶化，导致严重的债务危机发生。

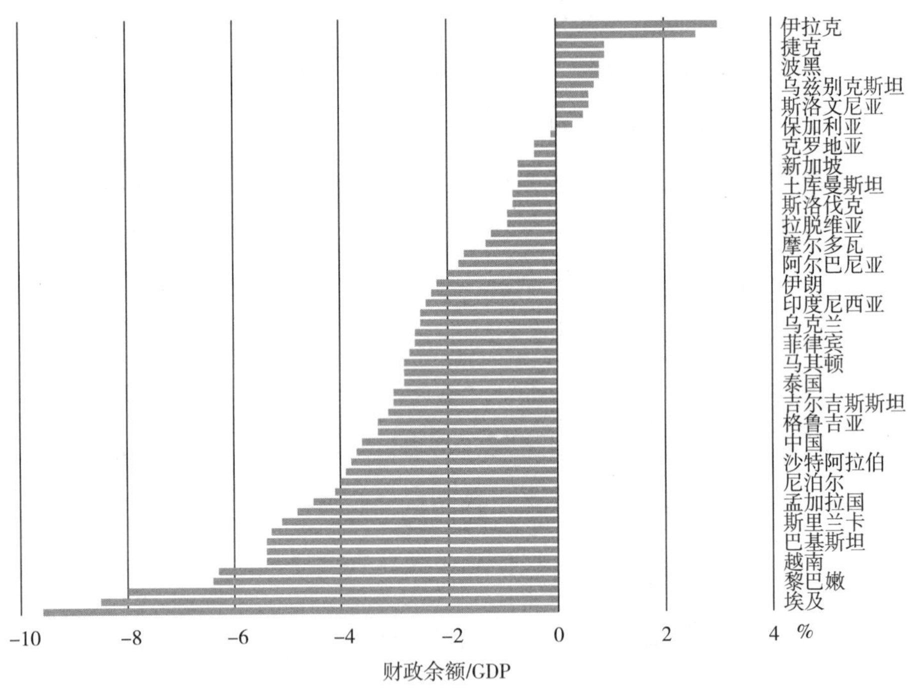

数据来源：EIU数据库。

图2－3 2018年“一带一路”沿线国家财政余额占GDP的比重

另外，债务偿还能力也反映出一个国家的债务风险情况，而偿债能力的衡量主要包括偿债率、债务率和负债率三个重要指标。其中，（1）偿债率也称外债偿还率（debt-service-ratio），为当年中长期外债还本付息额加上短期外债付息额与当年货物和服务项下外汇收入之比，用以反映一个国家当年所能承受的还本付息能力，警戒线为20%。（2）负债率（liability-ratio）是指外债余额与国民生产总值之比，用以反映国民经济状况与外债余额相适应的关系，警戒线为20%。（3）债务率（debt-ratio）是指年末外债余额与当年货物和服务贸易外汇收入之比，用以反映一国国际收支口径的对外债务总余额的承受能力，警戒线为100%。

图2-4为2018年“一带一路”部分沿线国家的偿债率、负债率和债务率情况，可以看出，有些国家在这三个指标上都超过了国际警戒线，反映出这些国家的债务水平过高，债务压力过大。

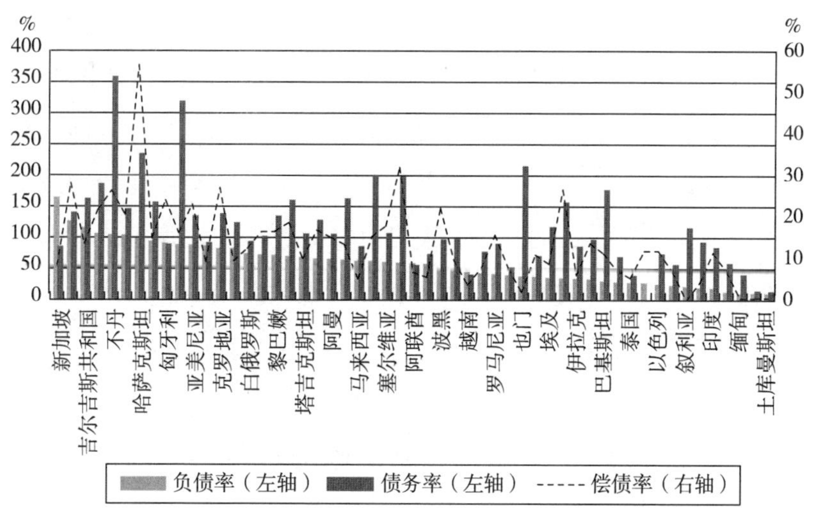

数据来源：EIU数据库。

图2-4 2018年“一带一路”沿线国家偿债率、负债率和债务率

从中国方面看，一些国有企业为了拿项目，过高吊起借债国的胃口，有的不惜相互竞争压价。金融机构没有统一的国别风险上限，信息割裂。有关政府部门全面统筹不够，多从本部门利益出发，推进相关项目，有的甚至为了完成某项任务，图一时之需，留下长期隐患。因此，不切实际和不规范的项目运作，可能造成债务违约风险。

（五）文化法律风险较高，营商环境欠佳

法律体系不健全影响投融资开展。“一带一路”沿线国家和地区的社会制度和法律各异，我国企业参与其基础设施建设和投资，可能面临的法律制度问题包括环境保护、劳工、知识产权、投资管理、税务等多个方面。不同的法律体系容易产生法律信息不对称的风险。部分国家法律不完善，导致中国企业在这些国家进行投资、工程承包、跨境并购以及在出现法律争端进行外国仲裁及诉讼时，遇到诸多不适应的问题。同时，中国企业投资还面临市场准入限制风险。部分国家法律对境外投资者提出特别要求，或是跨国并购审查程序不透明，大大增加了中国企业跨国并购的难度。

营商环境也是影响投融资的关键因素。“一带一路”沿线国家的“开办企业”指标离前沿水平的距离最近，而“办理破产”指标离前沿水平的距离最远，这说明“一带一路”沿线国家大多对开办新企业较为鼓励和支持，但在企业运营不善、面临破产重组时却缺乏相应法律机制的保障。同一地区在营商环境衡量的不同方面的表现有很大差异，总体来看，南亚国家的营商环境相对落后。

四、“一带一路”投融资遇到的软环境障碍

除了上述基础设施建设投融资资金需求大、资金供给不足和沿线国家风险水平较高等客观因素外，中国金融机构还面临现有信贷政策支持不足、投资保护和纠纷解决、风险评估与预警、债务违约与救助、投融资信息透明等方面的软环境障碍，制约着“一带一路”投融资的顺畅运转。

一是中国金融机构在融资期限、利率、中国成分和审批方面的相关规则，与开放共享理念还有一定的差距，无法满足“一带一路”建设巨大的

资金需求。

二是“一带一路”沿线国家多为发展中国家，国情多样、情况复杂，目前仍然以吸引资本输入为主，比较重视通过与其他国家商签投资保护协定来吸引外资。而从当前双边、多边和司法程序看，存在投资保护不足、纠纷解决机制不健全等问题。

三是投融资风险评估预警体系有待加强。长期以来，中国金融机构的风险评估主要限于国内，限于传统的信用风险、市场风险与操作风险。面对“一带一路”沿线更加复杂多样的风险类型，现有风险评估理念、评估架构、评估工具等都需要提升和完善。

四是债务违约救助机制无法满足“一带一路”建设的客观需求。“一带一路”投融资项目的高风险决定债务违约会日益增多，而目前沿线国家偿还能力较低，当前国际上的债务违约救助运作机制无法满足需求。

五是“一带一路”沿线部分国家存在法律法规不健全、政府效率低下且腐败现象较多的问题，容易在投融资活动和项目建设中产生腐败风险。投融资面临的腐败和贿赂问题，阻碍经济增长与发展，严重扭曲正常的市场竞争秩序。

六是“一带一路”建设经过五年的实践取得长足进展，但由于中国在政策出台、项目实施等过程公开程度不足，事前、事中、事后等方面的信息披露还不充分，信息透明问题在一定程度上影响了各类资源参与“一带一路”建设的吸引力和后续发展。

七是人民币国际化进展缓慢，未能在“一带一路”建设中发挥降低流通成本、增强金融风险抵御能力的作用。

此外，“一带一路”建设实施中，投融资工具创新不足，东道国环保、劳工和税收政策制约，东道国金融服务和金融监管存在短板，与投融资活动相关的金融中介较为缺乏，实业技术标准对接不畅等也对“一带一路”投融资活动产生严重的影响。

第三章　解决“一带一路”投融资问题的思路

随着“一带一路”建设的深入开展，以及中国提出的共建“人类命运共同体”主张逐步被国际社会所认可，作为全球第二大经济体，中国已经走进世界舞台的中央，面对责任与挑战，中国必须直面和担当，并寻求新的解决方案。

一、现有方案需要突破

在当前形势下，中国的成功经验和现行的西方主导的规则并不能解决“一带一路”投融资面临的障碍，亟待创新和突破。

（一）仅依靠“中国方案”行不通

首先，中国目前尚无系统的方案。改革开放40年，中国经济取得了举世瞩目的成绩，但在中国行之有效的一整套投融资运作机制，放在“一带一路”沿线并不具有普适性。在“一带一路”建设中，中国还没有形成自己的系统化规则和标准，如债务违约和救助机制等，从实践看，中国更多的还是基于具体项目的一事一议，尚无体系化的解决方案。

其次，中国现有的规则存在标准低、不稳定、透明度不足和不够细化的问题。中国经济发展快、变化大，部分标准短时间内形成，缺乏长远考量，致使标准执行难度大，效率低。如我国签订的投资保护协定中，部分条款定义比较笼统，从部分案例执行情况看，给投资者的保护非常有限。而部分领域的标准较低，致使发达国家，甚至是一些经济相对落后的国家对其接受程度较低。以环保标准为例，在海外投资项目中，商务部发布了《对外投资合作环境保护指南》，要求我国投资者和金融机构一般是遵守东道国的环保法律和技术标准，如果中国的环保标准高于东道国标准，则选择中国标准，而欧美金融机构和国际多边金融机构普遍采用的是世界银行制定的标准，由于中国标准低于发达国家和国际组织的标准，依然不利于吸引发达国家的资金投入“一带一路”。

受发展阶段制约，中国的部分标准和规则还不够稳定，受主客观条件的限制，已经制定的规则和标准不能适应快速变化的形势，需要不断地进行修改或调整。

中国的某些规则和标准透明度较差，不利于外方全面认识我们的规则，如中国的出口信贷和出口信用保险规则以及对外援助的标准等。

国际社会普遍接受的规则应该具备稳定、透明、严密、可操作、可验证等特征，对照这些要求，中国规则标准还需改革完善，被国际社会普遍接受还需要一个过程。

最后，中国的崛起，全球经济“东升西降”的趋势正在改变世界格局，一些国家出于政治考虑，对“一带一路”建设存有诸多疑虑，不能完全接受中国方案，进而导致许多投融资项目难以落地。有些国家希望得到更多来自中国的资金、技术和援助等，却又担心造成对中国的更大依赖。

（二）完全利用西方主导的国际规则不可行

欧美发达国家或国际组织的投融资规则和标准，客观来说也是经历了漫长的发展过程不断完善起来的，其背后的逻辑和思想体现了发达经济体经济发展的一般规律。但是，如果在“一带一路”沿线国家直接照搬这些规则和标准，同样面临水土不服的问题。很多国际规则和标准，标准高、要求细，同时附带部分条件，在经济欠发达、人力资源短缺的发展中国家并不适用。在实际业务中的表现是“标准高，成本高，难推广”、“要求细、附条件，不敢用”。

很多国际规则是西方发达国家提出来的，其标准较高，实施的成本也较高。如果完全按照这些高标准规则，在“一带一路”沿线国家实际上根本行不通，很多项目无法实施，或给这些国家带来沉重的负担。因此，一些国际规则在现阶段的“一带一路”建设过程中难以推广。

西方国家长期以来形成的在发展中国家的投融资方案往往带有各种政治诉求和附加条件，比如在宏观政策、国企、环保、劳工和债务偿还等标准上更加严苛，并不符合“一带一路”沿线国家的国情。再如，以“巴黎俱乐部”为代表的债务解决方案，往往要求受惠国在 IMF 资金的支持下，实施广泛的政策调整计划。因此，在“一带一路”建设中，沿线国家不能简单搬用国际规则。

（三）当前拖延不决的方式也不行

在采用何种规则或标准的问题上，包括中国在内的很多国家，既不采用国际规则，自己短期内也创设不出更好的或被外部认可的规则，事实上就是在采取一种“拖”的策略或做法，“维持现状”或不愿意作出改变。

我国目前已经是世界第二大经济体、制造业第一大国、货物贸易第一大国、吸引外资第二大国、外汇储备第一大国。同时，从构建人类命运共同体的高度出发，我国提出了“一带一路”倡议，为了与国际社会共商、共建、共享“一带一路”，迫切要求我们加快融入国际社会，在一些关键的规则和标准上与国际社会达成共识。在国际治理方面，我们不参与、不发言、不表态，是不现实的，也是不可能的，在这种情况下，要么融入现有游戏规则，要么在现有规则基础上创设更好的规则，想要回避或者拖延都是不可行的。同时，在国际竞争舞台上，竞争对手和合作伙伴都有各自的诉求，尽管他们的诉求可能是不同的，甚至是相反的，但都希望我们按照他们的方式去改变，而不是“拖”或维持现状。

在很多国际规则和标准方面，西方国家一直希望拉我国加入，比如主导国际主权债务重组的巴黎俱乐部，我国作为观察员也很多年了，但一直没有加入。从现实情况看，我们在对外主权债权的管理上存在不足，目前已经有一些非洲国家向我国提出债务重组，对此，除采取和巴黎俱乐部相似的重组方案外，目前也无良策。如果我国不能快速完善对主权债权的管理，随着这些债权的不断增加，我国今后在处理与这些债务国的关系方面，会遇到越来越棘手的问题，处理不当还会产生严重的国际影响，不但债权受损，国际影响力和国际声誉也将受到损害。可以说，拖得越久，我们从中得到的利益越少，受到的损害越大。

“一带一路”建设五年来，针对投融资面临的各类问题，中国与“一带一路”沿线国家不断开展协商谈判，在金融监管合作、投融资方案设计、债务违约处置、投资保障机制等方面不断探索，但在实践中由于缺少顶层设计，许多方案在实施中仍然存在种种障碍，问题久拖不决，致使资金运转与一些项目推进并不顺畅。大量事实证明，采用拖延的办法是行不通的，且有可能错过最佳时点，而当前开展的“一带一路”建设，为我国积极参与国际标准和规则的制定创造了最佳时间节点，因此，我们必须加快改革创新。

二、解决“一带一路”投融资问题的基本原则

如何破解前述七个方面的投融资软环境障碍，探索解决“一带一路”投融资难题的新途径，成为中国与沿线各国和欧美等发达国家的共同关切。

结合以上对投融资客观条件和软环境的分析，我们提出加强软联通、共建软环境的四个原则，作为解决“一带一路”投融资困境的基本思路。

（一）创新融合

中国要加强沿线国家的政策协调，要大力提升顶层设计力度，发挥企

业和金融机构的积极性，统筹各相关部门和市场各类企业、金融机构的意见，对涉及“一带一路”投融资的规则制度进行系统梳理、深入研究，找出差距，列出优先轻重次序，做好内部分工，分类施策，分项推进。

要将我国的现行规则和实际做法与国际规则和标准逐项进行对比，与沿线国家的具体国情、法律文化与社会环境相结合，兼顾各方利益，创造新的融入方案。创新融合国际规则是构建“一带一路”投融资新体系的关键。

（二）求同存异

中国企业与金融机构参与“一带一路”投融资项目，应当求同存异，坚持“平等参与、利益共享、风险共担”的原则。各国之间不论大小强弱，平等协商；中国的市场主体参与投融资并非单边向受惠国家输血，而是要在项目建设中实现利益共享；项目运作过程中发生的风险不能仅由中国一方承担，而是要实现各方风险共担；只要有利于沿线国家发展，各方应尽量协商和妥协。此外，求同存异还要坚持底线，涉及国家安全、主权完整的底线，不可触碰。

（三）分类施策

分类施策是在客观评价中国现有能力的基础上，采取不同措施，主动发起、创新融入和参与修订一些投融资规则。

一是主动发起创设一批国际规则。特别是我国占有明显优势、已经在我国进行广泛实践的领域，如互联网金融、数字经济等领域，向全世界展示中国智慧和中国方案。

二是主动融入一批国际规则。如在国际财务会计准则、银行业监管的巴塞尔协议、反洗钱与反恐怖融资、反海外腐败与反商业贿赂、投资保护与国际投资仲裁等规则方面，通过融入国际规则，有利于我国更好地参与国际治理。

三是主动创新完善一批规则。有些现行规则，是被国际社会大部分成员所接受的，但也存在一些问题，我们应充分借鉴吸收其有利的一面，改造完善其不利的一面，以便让大部分国家都接受。

针对具体项目，要分类施策，要调研不同国家、不同文化以及不同时期背景下，投融资项目的具体情况存在的差异性，在共同遵守的原则之下，对各种融资需求和项目投资进行合理的划分，采取更有针对性和灵活性的措施，实现投融资收益的最大化和风险可控。

（四）因地制宜

解决当前“一带一路”投融资遇到的各种障碍不能存在消极等待心理和畏难情绪，不能“等、靠、要”，而是因地制宜，积极主动地解决问题、防范风险。对于项目建设存有疑虑、消极拖延的国家，政府与企业部门加强联动，主动为其辨明利弊，增强项目风险的保障手段；对于投融资项目障碍短期难以突破的，采取迂回方案或寻找替代方案，尽最大努力积极创造条件，为未来项目投融资开展做好扎实的准备工作。

综上所述，做好“一带一路”投融资的相关工作，应以创新融合、求同存异、分类施策和因地制宜为原则，尝试探索投融资软环境建设，构建利益风险共享、资金主体多元、体系运行高效、多边沟通有序的投融资新体系，要实现这一目标，必须加强软联通，共建软环境，增强软实力。改革和创新现有信贷规则和管控体系；完善和健全现有投资保护体制和机制；加强投融资风险评估预警体系建设；创新融入和变革国际现行的债务违约救助机制；强化反腐败反商业贿赂工作；加强投融资信息公开透明；推进人民币国际化。此外，还应该加强环境保护、劳工使用与保护、企业社会责任、信息服务、财税服务、法律服务、信用评级，以及行业技术标准等方面的工作。

第四章　改革"一带一路"现有信贷规则和管控体系

"一带一路"建设五年多来，中国金融机构提供了大量资金支持相关建设，引领作用明显。随着相关建设的铺开，资金需求越来越大，调动沿线及相关国家的金融资源共同参与"一带一路"建设的投融资工作，已经成为共识。

中国金融机构在融资期限、利率、中国成分和审批方面的相关规则，与开放共享理念还有一定的差距，有必要对现有融资体系与融资规则进行改革和创新。一是可以提高中国资金的国际竞争力和号召力，让沿线更多的国家使用中国资金；二是可以让中国资金与欧美等国家的资金在"一带一路"建设投融资方面形成合力，共同促进"一带一路"建设投融资工作。

一、现有信贷规则和管控体系难以适应"一带一路"需求

（一）现有利率、费率等定价体系缺乏国际市场竞争力

现有中资金融机构在参与"一带一路"投融资过程中，基本都采用浮动利率贷款。而国际银行或官方出口信用机构（ECA）通常既可以提供固定利率贷款，也可以提供浮动利率贷款。出现这一现象主要是因为我国金融机构的利率管理能力有限，金融市场上的利率互换工具有限，很多长期

限的业务找不到利率互换或对冲工具，或者价格过高。

同时，中资金融机构提供融资的利率一般也比国际银行偏高。主要原因是国际贷款业务中多使用美元、日元或欧元贷款，基本没有人民币贷款，而中资金融机构获取这些外币资金的成本较高，无论是通过海外发债还是向国家外汇管理机构借款等方式，受限于中资机构的国际评级或外汇收益要求，资金成本都比国际知名大银行要高，特别是日资金融机构一般都是用日元贷款，由于日元长期处于零利率附近，这些日资金融机构的日元资金成本很低，竞争力非常强。

（二）现有本国成分政策制约信贷发展

官方支持的出口信贷或优惠贷款、援助贷款是一国政府为支持本国企业参与国际竞争、维护本国整体利益采取的普遍做法。在我国，具体分为中国进出口银行办理的“两优”贷款业务和中国出口信用保险公司办理的政策性出口买方信贷保险业务。中国进出口银行和中国出口信用保险公司都是国家政策性金融机构，也都是我国的官方出口信贷机构。

中国进出口银行经办的“两优”贷款业务是指援外优惠贷款和优惠出口买方信贷，是中国政府给予发展中国家政府的优惠性资金安排。申请优惠贷款的项目原则上由中方企业负责承建，采购项目所需的设备等原则上应由中方企业负责供货；贷款项下所需设备、材料、技术或服务优先从中国采购或引进，设备采购中来自中国的部分原则上不低于50%。

中国出口信用保险公司经办的政策性出口买方信贷保险业务则主要是通过出口信用保险手段，支持中国产品或服务出口。该模式中，希望进口中国设备或使用中国承包商承建项目的海外借款人向中国金融机构借款，并将该等款项用于支付中国出口商或承包商，中国出口信用保险公司则向融资银行提供保险，承保贷款违约的风险。该业务中，一般要求贷款和保险所支持的项目的中国成分（类似国产化比例）达到一定比例以上。

上述融资和保险政策中关于本国成分或国产化比例的要求，是国际上大多数国家在官方支持的出口信贷或援外优惠贷款中的普遍做法。这一要求有其悠久的历史，但也随着形势变化而不断演变，特别是经济全球化不断挤压本国成分政策，国际分工细化和产业链布局深化使商品呈现多国成分，本国成分不能全面体现产品特征。而本国成分政策也影响其他国家资金参与同一项目的积极性。

我国现行的本国成分要求导致一部分项目无法得到官方信贷和保险支持，还有一部分项目为了得到官方支持而不得不放弃选用“性价比”最好的国外设备而转用我国生产的设备，从长远来看，这些都不利于构建开放共享可持续的“一带一路”投融资体系。

最近一些年，国际主流的官方出口信贷机构纷纷降低对本国成分的要求，比如韩国出口信贷机构将本国成分的要求降低为30%，英国、法国、荷兰则降低为20%，瑞士则直接取消了该项要求，转而强调项目需具有本国利益。

（三）现有出口信贷和援助贷款的期限较短

在经济合作与发展组织（OECD）制定的《官方支持的出口信贷安排》中，对官方支持的出口信贷的期限作了明确规定，其中对于可再生能源项目，最长还款期可达18年，而我国目前的政策规定信贷的最长期限（提款期+还款期）为15年，短于OECD组织设定的期限，这不利于我国企业和金融机构参与国际竞争。同时，在援外优惠贷款中，我国的贷款期限一般也不超过15年（个别项目可达20年），而西方很多国家的援助贷款期限可达40年，这就可以大大缓解借款国的偿债压力，有利于借款国通过发展经济逐步偿还借款。特别是对于一些非洲国家，15年的贷款期限除去4~5年的提款期（项目建设期），项目运营后只有10年的时间来偿还全部本息，但现实中很多项目在运营初期的效益并不好，所得现金流不足以偿还贷款，借款国的偿债压力较大，贷款违约潜在风险较大。

（四）现有担保政策与监管、考核体系还有待提高

在融资体系中，金融机构从增强自身贷款安全性的角度，一般均会提出担保要求。担保的形式多种多样，但从比例或额度角度来看，分为足额担保和不足额担保。

在出口信用保险业务中，中国出口信用保险公司的赔偿比例一般最高为95%，剩余5%的风险由被保险人承担，也就是被保险人（一般是银行）需要自留5%的风险，以推动其加强对项目的前期审查和后期的管理。在买贷保险业务中，融资银行作为被保险人，一般希望借款人能够为其贷款安排100%的担保，对于中国出口信用保险公司的买贷保险95%赔比之外的5%部分，很多融资银行都要求出口企业来提供担保。出口企业为了促成整个项目的融资，进而可以在出口合同项下收到全部款项，一般会屈服于银行的要求，向银行提供贷款额度5%的担保，或从第三方担保机构购买该等担保。这么做，虽然融资银行获得了全额保障，但存在两个问题，一是破坏了买贷保险通行的要求被保险人自留一部分风险的原则；二是增加了出口企业的负担，考虑到很多项目金额较大，此5%的担保也会占用大量担保资源或支付大额担保费。

二、改革和完善现有信贷规则和管控模式

（一）探索金融机构和企业利益共享机制降低融资成本

从多角度研究改善现有中资金融机构外币贷款资金成本高的问题。一是探索以国家信用在国际金融市场融资，再转借给国内的金融机构（国家财政相应可以向金融机构收取少量担保费），以此降低那些没有主权评级的金融机构的外币资金成本。二是探索外汇管理机构以较低的利率向金融机构委托贷款的模式，金融机构再以较低的利率向企业融资，企业在获利后向外汇管理机构转付一部分收益，这样既保障国家外汇储备的收益，又

促进了企业对“一带一路”的投资。三是探索金融机构与企业之间的利益流动机制，通过创设结构性的借贷工具（如含有期权或对赌机制的贷款协议），鼓励金融机构以较低的利率向企业提供融资，企业在盈利后根据结算情况向金融机构返利。

（二）建立“本国成分”和“本国利益”相结合的出口信贷政策

对外贸易和投资中的本国利益是经济利益、政治利益、文化利益、安全利益和外交利益的有机统一。各国官方政策性金融机构对本国利益没有特别明确的衡量标准，主要是根据政府制定的一系列原则进行“实质重于形式”的判断。本国利益的内容较宽泛，其内涵和外延随国际国内经济政治形势和国家战略的变化而变化，因此其制定和实施具有较大灵活性。本国利益原则是本国成分政策的一种进化，反映了从关注 GDP 到重视 GNI 的观念和战略转变。

部分国家近年来在“本国成分”政策基础上，提出了“本国利益”原则。从本国成分要求到本国利益原则的过渡，是顺应世界经济大潮的选择，其实质上是成分与利益叠加时期由初级阶段政策向高级阶段政策的转变，是从相对传统封闭、具有贸易保护色彩的经济政策向更加开放、务实的经济政策的转变。

我国在官方支持的出口信贷中，可适时采用本国利益原则，适当放宽本国成分要求，以鼓励我国企业参与全球竞争，支持我国企业在全球范围内加工或采购更具有“性价比”的商品来服务“一带一路”建设，在融资和保险政策中更多采用“本国利益”原则。

（三）增加人民币或当地货币融资比例，延长信贷期限

大力研究推广在“一带一路”投融资中使用人民币或当地货币的途径和方式，以逐步降低对美元的依赖。当前我国央行已经与近 40 个国家货币当局签订了双边货币互换协议，互换金额高达 5000 亿美元。以中国与巴基斯坦为例，2018 年 5 月，中国与巴基斯坦续签规模为 200 亿元人民

币/3510 亿巴基斯坦卢比的双边本币互换协议。旨在便利双边贸易投资，促进两国经济发展。

中巴经济走廊项目很多均为电力项目，由我国出资建设，多以美元计价，巴方承诺向中方偿付美元债务，而巴方从居民或企业收取的电费是卢比，这就需要巴方将卢比兑换为美元向中方偿付债务。但巴基斯坦的外汇储备非常有限，即便其有足够的卢比，也没有足够的外汇来偿付债务，由此导致其在 2018 年陷入流动性危机。而如果通过双边货币互换，假设我国一次性给巴基斯坦 2000 亿元人民币，按照现行汇率 1∶16 换算，巴基斯坦给我国 32000 亿卢比，巴方用我们的人民币购买中国的产品与服务，如建设电厂，支付其位于中国的各类机构的支出，我国则用巴方货币来购买巴方货物产品和服务（包括支付我方公务或私人赴巴出差费用等），这样就可以减少对美元的依赖，部分解决巴方的外汇短缺问题。当然，这么做，中方可能要承担一部分风险，比如巴方货币我们迟迟花不完而面临的其货币贬值（巴方通货膨胀）的风险，对此，要通过平衡双方贸易投资流动，加大中方对巴产品的采购力度来缓解，最终取决于巴方产品的出口能力。

针对现行融资期限较短的问题，应在综合研究国际上普遍做法的基础上，适时结构性地调整我国出口信贷或援助贷款的期限政策，对一些金额较大、投资回收期较长的项目，允许更长的还款期，以保证借款国有足够的时间来发展经济、获取效益，在偿还贷款和发展当地经济之间取得较好的平衡，这样更有利于“一带一路”的长远发展。

（四）加强行业引导完善信贷监管和考核体系

我国监管机构与各银行都应认真研究当前银行信贷业务中的担保政策，重视项目现金流，不一味强调各种抵质押担保，不一味强调担保对风险的全额覆盖，允许银行自留一部分风险。可以加强和提升银行的风险控制能力，由于自留风险，银行在贷前更加重视客户筛选和贷款尽职调查的工作，在贷中和贷后也将更加履职尽责地对贷款的提款、还款和执行情况进行监督管理。

同时，应从监管、考核和激励等角度入手，鼓励我国投资者、金融机构更多使用项目融资（Project Finance）方式推动“一带一路”项目。项目融资最大的特点是还款主要来源于项目自身产生的现金流，其精髓在于将风险分配给最适合承担的人。采用项目融资方式，将各方捆在一起，形成利益共同体，可以提高融资银行的收益，降低发起人的风险，提高项目未来收益的确定性。

（五）引导创新业务模式缓解政府财政和发起人资金压力

目前，很多“一带一路”基础设施项目都是由主权借款形式进行融资支持的，这种形式的好处在于简单高效，但缺点也很明显，还款完全依靠主权信用，如借款国外汇短缺或外债管理不善，非常容易引发主权违约，进而影响后续项目的推进，不利于“一带一路”建设的可持续推进。同时，主权借款项目由于决策完全在政府部门，参与决策的人较少且相对不专业，影响了其决策的科学性，同时也容易受商业贿赂影响，导致上马一些当前并不需要或急迫的项目，这在实践中已经有所体现。

同时，有些“一带一路”项目是采用工程承包模式，即我国工程承包商负责建设项目，建成后即交付给东道国去运营，而项目建设的资金需要东道国逐年偿还，偿还资金一部分来源于项目本身产生的收入，一部分来自东道国自身的财政资金。如果项目本身不产生收入或效益很差，则完全依赖东道国的财政资金。一些国家在项目运营方面缺乏经验，对项目或设备维护较差，一方面导致项目效益不好，另一方面导致项目损耗过快，达不到原来设计的使用寿命。这些现象都影响着双方的合作，对持续推动“一带一路”建设不利。如果采用 BOT 等模式，则可以部分解决项目运营的问题，让承建方（即我国承包商）也承担项目运营的风险，让其在项目立项、建设过程中更加从项目长期运营的角度考虑问题，而不是“做完项目拿钱走人”。

当前，很多国家都在大力推广公私合营（PPP）模式和建设—运营—移交（BOT）模式，此类模式下，政府与私人之间，基于购买和提供相关产品和服务达成特许权协议，私人部门负责融资、建设和运营项目，而政府部门负责提供政策和相关支持，包括负责采购项目的产出，从而形成“利益共享、风险共担、全程合作”的伙伴合作关系。PPP 模式或 BOT 模式体现更高的经济效率、更高的时间效率，这将促进基础设施项目的投资、提高公共部门和私营机构的财务稳健性、实现长远规划、树立公共部门的新形象。

（六）在贷款条件中增加优先使用中国技术标准的规则

近年来，我国工程企业在境内成功进行了一系列大型复杂工程建设，积累了丰富的经验和能力，这为企业参与“一带一路”基础设施建设提供了强有力的支持。但由于历史原因，我国的工程技术标准与国际上广泛使用的发达国家的技术标准（包括美标、英标、欧标等）具有很大的差异。虽然我们的技术水平不一定低，但我国工程技术标准长期以来处于一种“封闭性”状态，加上我国配套的工程咨询服务没有同步走出去，我国的标准并没有在国际上得到广泛的认可，在国际工程项目中应用的比例很低。这不但不利于带动我国的设备与材料的出口，而且还因我国企业对国际标准不熟悉而增大建设成本。

与获取具体单个项目的投资回报相比，在“一带一路”建设中推动有关国家使用中国标准，将有利于中国企业在这个领域占领竞争的制高点，实现批量化建设和生产，从而降低造价，提升产品和项目的经济性与竞争力，提高整体发展效益和效率，并获取长期利益。可以说，采纳了中国标准，就为中国的一系列产品和工程建设打开了一扇门。

研究欧美国家的标准输出过程，我们发现，世界银行和其他多边金融机构及其本国金融机构在其中发挥了重大作用，20 世纪六七十年代，世界银行等多边金融机构率先在其融资支持的项目中采用欧洲、美国等国的技术标准，极大地推动了这些国家技术标准的输出。

我国可以借鉴国际金融机构通行的做法，由有关银行、保险等金融机构，尤其是政策性金融机构，编制标准的工程采购合同范本，在范本中列入鼓励优先采用中国技术标准的规定，并在贷款项目中予以采用。对于我国企业投资或承包的海外项目，鼓励我国投资企业和工程承包企业在合同谈判中优先推荐采用中国技术标准，对于采用我国标准的项目，给予我国参建企业在融资利率、保险费率、税收方面的优惠。通过微观层面的“管理标准”，推动我国工程技术标准在国际上的应用。当然，这种优先使用中国技术标准的规则不应是强制的，应是自愿的，以避免被国际媒体贴上各种不利于我国的标签。

（七）更多采用银团贷款方式，大力推广共保、再保

在当前的融资体系中，存在一个很大的问题就是项目单体很大，很多项目贷款金额高达几亿、十几亿甚至几十亿美元，但我国银行多倾向于一家或两三家承贷，不愿意或没有能力组织国际银团贷款，导致风险过于集中在中资金融机构。而国际金融机构在面对此类大项目时，普遍组织国际银团贷款，多家参与，合理分担风险，共同控制风险。同时，国际银行一般会争取多边金融机构的参与，如世界银行、多边投资担保机构、亚洲开发银行、亚洲基础设施投资银行等，通过它们的参与，可以明显降低项目的风险。

在政策性出口信用保险方面，对于一些中长期险项目，也都是由中国出口信用保险公司独家承保，并未向国外同业进行分保或共保安排。从保密性或一些项目敏感性的角度考虑，不进行分保或共保是合适的，但对于一些较为普通的项目，应该遵循国际惯例，适当向外分保或共保。同时，有些“一带一路”项目是由西方发达国家的出口商做总承包，但由中国某家企业做分包商，负责项目一部分设备供货或工程施工，这种情况下，该

国的出口信用机构会提供相应的中长期信用保险，从控制风险、分散风险的角度，该出口信用机构一般希望能将中国分包商承担的份额部分分保给中国出口信用保险公司，但据了解，目前中国出口信用保险公司还没有在中长期信用保险项下分入承保其他同业业务的成功案例。

对此，我国相关金融机构和保险公司应按照国际同业做法，大力推广国际银团贷款和分保、共保方式，通过扩大合作面，争取更多的利益相关者，在分散和降低风险的同时，提高自身的国际形象和实力，以利于更好地服务“一带一路”投融资活动。

第五章　优化“一带一路”投资保护与纠纷解决机制

“一带一路”的可持续发展和建设，需要吸引各国各类主体加大对“一带一路”沿线国家的投融资力度，特别是加大股权投资力度，一方面可以避免加重投资目的国的债务负担，缓解其财政资金压力；另一方面可以从更长远、更可持续的角度对接各国的现实需求，支持投资目的国实体经济发展，加快其工业化、城镇化进程，助力其调整优化经济结构，更加合理布局各类产业，提升可持续发展能力，并最终将这些经济发展成果惠及当地人民，走上共同发展之路。

如何确保包括中国在内的各国在“一带一路”沿线国家各类投资的安全，成为促进和吸引各国各类投资者的突出问题。国际上关于保护外国投资的现有规则主要包括国际协定、国际法律习惯、一般法律原则和司法判决、两国签订的双边投资保护协定、避免双重征税协定、双边经济贸易合作协定、区域性投资与贸易协定及多边投资协定（如多边投资担保机构公约）、自由贸易协定（FTA）中的投资章节等。其中，双边投资保护协定是国际上最重要的投资规范、保护与促进工具。

在投资的争端解决或纠纷解决方面，国际社会也逐步摸索出了以仲裁为主的机制。在18世纪至19世纪殖民主义盛行的时代，外国投资争端的解决方式通常由明示或暗示的武力威胁来解决。在投资者的保护机制上，作为投资者母国的列强往往是通过领事裁判权来保护自己的种种特权。到

20世纪50年代，广大发展中国家为了争取经济上的独立地位，展开大规模的国有化运动，东道国和外国投资者的争端与日俱增。而传统投资争端解决方式都难以很好地解决投资争端。在这样一种背景之下，具有间接、迅速、保密、自治等优势的仲裁制度作为一种国际投资争端解决方式登上历史舞台。随后，多项关于国际投资争端解决的公约应运而生，如华盛顿公约、纽约公约等。

一、我国对“一带一路”沿线股权投资情况

在中国与“一带一路”沿线国家经济合作方面，跨境股权直接投资是一个关键和核心的领域，合作重点包括基础设施互联互通，能源资源合作，工业园区建设和优势产能合作等。2014—2016年，中国对“一带一路”沿线国家的对外投资480亿美元，投资行业日趋多元化，同时并购持续活跃。预计未来，中国对“一带一路”沿线国家的直接投资规模将会显著上升，合作前景更加广阔。

目前，我国主要通过政策性或开发性资金引导投资、市场主体自发投资和境外经贸合作区等方式加大对“一带一路”沿线国家的投资力度，通过投入长期性股权资金，为“一带一路”的发展作出长期承诺。

（一）政策性和开发性资金引导投资

1. 丝路基金

在“一带一路”倡议提出后，我国在2014年成立了丝路基金，由国家外汇储备、中国投资有限责任公司、中国进出口银行、国家开发银行共同出资，定位为以股权投资为主的中长期开发投资基金。丝路基金以“共商、共建、共享”的方式投资参与基础设施、产能合作、资源开发等领域的项目，积极运用中长期股权投资的项目增信和贷款撬动作用，并且注重与境内外投资者合作，助力各类资金形成合力，为基础性项目提供长期稳

定的融资，帮助提升投资所在国的发展潜力。截至2018年8月底，丝路基金已签约投资项目25个，承诺投资金额超过82亿美元和26亿元人民币，实际出资金额超过68亿美元。此外，丝路基金还单独出资20亿美元设立中哈产能合作基金。目前投资项目已覆盖中东欧、南亚、中亚、西亚北非等“一带一路”主要区域，涉及基础设施、能源资源、产能合作、金融合作等多个投资领域。在签约承诺投资总额中，股权类投资占比约为70%。其中，丝路基金投资的迪拜哈斯彦清洁燃煤电站项目是迪拜第一个清洁燃煤电站建设项目，它开启了阿联酋等海湾石油国家能源多元化的进程，并将逐步改变当地能源结构单一的现状。该项目由哈尔滨电气国际工程公司（哈电）与通用电气（GE）共同承担EPC总承包工程，采取“建造—拥有—运行”（BOO）的商业运行模式，该项目交易架构设计充分体现了“共商、共建、共享”的原则和多元化合作优势。丝路基金作为财务投资人，与代表当地政府的迪拜水电局（DEWA）、中东地区有影响力的电力运营企业沙特国际电力和水务公司（ACWA）以及哈电共同提供股权融资，同时丝路基金加入由中国国有银行以及中东银行组成的银团，为项目提供贷款融资，解决了项目建设和运营的长期资金来源问题。项目运营后将产生稳定的现金流，实现投资者合理的财务回报。

2. 中非发展基金

作为2006年中非合作论坛北京峰会的重要成果之一，中非发展基金是我国第一只专注于非洲的股权投资基金，为推动“一带一路”建设发挥了先行先试作用。截至2018年，中非发展基金投资项目分布在非洲36个国家，已决策金额超过46亿美元，可带动中国企业对非投资超过230亿美元，投资项目分布在产能合作、基础设施、农业民生、资源开发等领域，可增加非洲当地出口58亿美元、税收10亿美元，超过870万人受益，是中非和“一带一路”投资合作重要助推器和主力平台。中非发展基金“造血”式的股权投资不增加东道国债务负担，有效提升非洲自主发展能力和可持续发展能力。

尤其是在产能合作领域，中非发展基金策划中国企业集群式“走出去”。非洲工业基础薄弱，产业上下游配套能力低，单体项目抗风险能力弱，难以形成竞争优势。为此，中非发展基金策划和支持具备产业链上下游协同关系的制造业企业“集群式”投资，通过项目和产品之间的自成体系、自我配套，可有效克服当地工业基础薄弱、产业配套能力低的困难，提升企业的市场竞争力和抗风险能力。中非发展基金与天津泰达合作投资的埃及苏伊士经贸园区项目，已初步形成电器产业、纺织服装产业、石油装备等产业集群，带动本地就业近2000人，吸引对埃投资9.5亿美元。11年来，中非发展基金积极带动我国汽车、电器、机械、水泥、玻璃等优势产能赴非投资兴业，投资项目已形成6.85万辆中重型卡车、30万台空调、54万台冰箱、39万台电视、160万吨水泥的年产能。此外，还投资支持四达非洲数字电视、南非传媒等文化项目落地非洲，促进中非人文交流。

在基础设施方面，中非发展基金发起设立了中国海外基础设施开发投资有限公司，通过整合多家大型工程企业的技术资源和资金优势，把规划蓝图转化为可投资、可融资的成熟项目。同时，积极构建公私合营（PPP）模式投资，合力促进非洲基础设施发展。中非发展基金联合招商局港口控股有限公司与世界第二大船运公司——地中海航运公司合作投资多哥洛美集装箱港项目，通过与政府签署特许经营权协议，以PPP模式参与项目的开发、建设和运营管理，2017年港口服务11条航线、完成吞吐量88.1万标准箱，有力地促进了西非地区贸易与物流发展。中非发展基金参与投资的加纳AWA航空公司，运营3条国内航线、4条西非区域航线，2017年运输客运量40.2万人次，有效服务加纳本国及西非区域的互联互通。同时，中非发展基金还依托股东国家开发银行，将对非中长期贷款和股权投资结合起来，同时为企业在非基础设施领域投资提供规划、咨询、对接政府与企业等服务。

3. 中国—中东欧基金

中国—中东欧基金，是由中国工商银行发起成立的重点投向“一带一路”中东欧国家的股权投资基金，该基金规模为100亿欧元，并计划撬动项目信贷资金500亿欧元，重点关注中东欧国家的基础设施建设、高新技术制造、大众消费等行业的投资合作机会。该基金不同于丝路基金等由政府主导的资金平台，它走的是“政府支持、商业运作、市场导向”路线，中国—中东欧基金被视作中国首个非主权类海外投资基金。

4. 中国—中东欧投资合作基金

中国—中东欧投资合作基金是由中国进出口银行作为主发起人，连同国内外多家投资机构共同出资成立的离岸股权投资基金。基金一期由时任总理温家宝于2012年4月在波兰出席首次中国—中东欧国家领导人会晤时正式提出，最终封闭规模4.35亿美元。基金投资领域包括但不限于中东欧16国的基础设施、能源、电信、特殊制造业、农业和金融等潜力行业，重点关注能够扩大和深化中国—中东欧国家双边经贸投资合作、便利双边市场准入的项目。中国中东欧投资合作基金二期于2017年11月成立，到2018年4月投资额已达到8亿美元，已对该地区的能源、教育、医疗保健、电信和制造业进行了12个项目的投资。

（二）市场主体股权投资

我国各类市场主体对“一带一路”沿线开展了大量股权投资，从金额上看，电力、能源、油气、矿产等资本密集型行业占据很大份额，在产能合作、制造业领域也有投资。

1. 钢铁行业对外股权投资

钢铁工业是工业化的基础产业，决定着工业现代化的水平。我国企业在“一带一路”沿线开展了大量钢铁行业的投资，包括收购现有项目、投资开发铁矿、投资新建钢铁冶炼厂和加工厂等。“一带一路”倡议为钢铁产业国际产能合作提供了更大空间。首钢、宝钢、鞍钢、武钢、山钢、河钢、华菱集团、青山集团等以不同方式开展了境外投资。比较典型的股权投资项目有宝钢在印度投资的钢材加工配送中心、昆钢参与投资的越南老街钢铁厂项目、首钢投资的马来西亚东钢公司、浙江青山钢铁公司投资的印度不锈钢项目和投资印度尼西亚中苏拉威西省的冷轧项目、新兴铸管投资的印度尼西亚镍铁项目、山东鑫海集团投资的印度尼西亚不锈钢厂项目、青山钢铁投资的印度尼西亚德信钢铁350万吨钢铁项目、联合钢铁投资的马来西亚关丹联合钢铁项目、亚星钢铁投资的巴基斯坦钢铁项目、河钢集团投资的菲律宾钢铁厂项目、河钢投资收购的塞尔维亚斯梅代雷沃钢厂项目、新华联投资的印度尼西亚镍铁冶炼项目等。

2. 电力行业对外股权投资

我国电力企业多为中央企业，这些企业在海外，尤其是“一带一路”沿线，进行了大量股权投资，有力支持了这些国家的电力行业发展，为其工业化和城镇化提供了必需的电力。根据国际能源网的统计，2014—2018年，中国能建、中国电建、国家电投、中广核、南方电网等9家能源央企先后在越南、马来西亚、泰国、约旦、乌克兰、巴基斯坦、尼泊尔、土耳其等“一带一路”国家集中开展光伏项目投资30个，总规模3.56GW，有效提升了“一带一路”沿线国家太阳能资源开发的能力和水平。

（1）国家电网。截至2017年6月底，国家电网公司已成功投资运营巴西、菲律宾、葡萄牙、澳大利亚、意大利、希腊等七个国家和地区的骨干能源网，境外投资195亿美元，境外权益资产600亿美元。

（2）南方电网。投资了越南永新燃煤电厂一期BOT项目和老挝南塔河一号水电站项目，被国家列入“一带一路”重点示范工程项目。收购智利ETC公司27.8%股权和马来西亚埃德拉公司37%股权。

（3）华能集团。截至2018年8月，华能集团境外装机近1000万千瓦，分布在澳大利亚、新加坡、缅甸、英国、柬埔寨和巴基斯坦6个国家。

（4）华电集团。截至2017年底，境外控股在运电厂总装机139.2万千瓦，在建电厂装机132万千瓦，已核准待开工132万千瓦。

（5）大唐集团。境外股权投资形成的总资产近130亿元，业务涉及“一带一路”沿线16个国家，包括缅甸太平江水电站项目、柬埔寨斯登沃代水电站等项目。

（6）三峡集团。截至2017年底，三峡集团对30多个发电项目进行了股权投资，境外投资超过630亿元，境外资产超过1100亿元，境外可控和权益装机规模近1700万千瓦；三峡集团是葡萄牙电力公司第一大股东，是德国最大海上风电项目的控股者，是巴西第二大私营电力企业。

（7）国家电投。国家电力投资集团海外投资有限公司资产分布在澳大利亚、智利、巴西等国，海外公司在运总装机容量2815兆瓦。全资拥有澳大利亚太平洋水电公司、特拉格风电公司和巴西圣西芒水电公司。旗下上市公司上海电力在马耳他、巴基斯坦和日本等地拥有多个能源项目。

（8）中国电建。公司现在老挝、柬埔寨、尼泊尔、巴基斯坦、印度尼西亚、孟加拉国、刚果（金）等10多个国家拥有8个投产项目、2个在建项目，在建及运营电力项目总装机超过300万千瓦，年发电量突破115亿度。典型项目有柬埔寨甘再水电站BOT项目、老挝南俄5水电站BOT项目、尼泊尔上马相迪A水电站、老挝南欧江流域梯级七座水电站项目、巴基斯坦卡西姆港燃煤电站、印度尼西亚明古鲁燃煤电站、孟加拉国巴瑞萨燃煤电站等。此外，还投资于老挝水泥厂、刚果（金）铜钴矿项目等非电力项目。

3. 制造业对外股权投资（工程机械）

“一带一路”沿线国家工业化的进程离不开以工程机械为代表的装备制造业的发展。我国工程机械企业以“一带一路”倡议为契机，以徐工集团、三一集团、中联重科、广西柳工、山推股份、安叉集团、国机重工、中铁装备等为代表的大型骨干企业纷纷加大对“一带一路”沿线的股权投资，设立地区总部、海外研发中心、兼并整机及零部件制造企业、建立日趋完善的海外营销服务体系和备件供应网络。目前，徐工集团已基本建成8个海外制造基地、10个海外备件中心、5个海外研发中心，海外投资项目进一步整合协同，取得了较好的效果。三一重工积极推进“一带一路”产业布局，在土耳其、俄罗斯、美国、比利时、法国、德国、印度、印度尼西亚、孟加拉国、巴西等设有工厂或研发基地，2016年三一印度尼西亚公司销售额预计超过6000万美元。同时三一印度公司已实现较好盈利，挖掘机、汽车起重机、混凝土搅拌运输车实现本地化生产，汽车起重机和履带起重机印度市场占有率第一。2012年，中联重科与印度ELECTRO-MECH公司合资建设塔式起重机工厂签约。中联重科与白俄罗斯MAZ集团签署战略投资合作协议，将在白俄罗斯莫吉廖夫州进行环卫设备、起重设备和混凝土设备的生产和组装。

（三）通过境外经贸合作区对沿线国家开展了大量股权投资

根据商务部的统计，截至2018年9月，我国企业在46个国家在建初具规模的113家合作区累计投资366.3亿美元，入区企业4663家。其中，在24个“一带一路”沿线国家在建的82家合作区累计投资304.5亿美元，入区企业4098家；通过确认考核的20家合作区（见表5－1）累计投资201.3亿美元，入区企业873家，而这20家通过考核确认的合作区，都位于“一带一路”沿线。

表5－1　　通过我国商务部确认考核的境外经贸合作区名录

序号	合作区名称	境内实施企业名称
1	柬埔寨西哈努克港经济特区	江苏太湖柬埔寨国际经济合作区投资有限公司
2	泰国泰中罗勇工业园	华立产业集团有限公司
3	越南龙江工业园	前江投资管理有限责任公司
4	巴基斯坦海尔—鲁巴经济区	海尔集团电器产业有限公司
5	赞比亚中国经济贸易合作区	中国有色矿业集团有限公司

续表

序号	合作区名称	境内实施企业名称
6	埃及苏伊士经贸合作区	中非泰达投资股份有限公司
7	尼日利亚莱基自由贸易区	中非莱基投资有限公司
8	俄罗斯乌苏里斯克经贸合作区	康吉国际投资有限公司
9	俄罗斯中俄托木斯克木材工贸合作区	中航林业有限公司
10	埃塞俄比亚东方工业园	江苏永元投资有限公司
11	中俄（滨海边疆区）农业产业合作区	黑龙江东宁华信经济贸易有限责任公司
12	俄罗斯龙跃林业经贸合作区	黑龙江省牡丹江龙跃经贸有限公司
13	匈牙利中欧商贸物流园	山东帝豪国际投资有限公司
14	吉尔吉斯斯坦亚洲之星农业产业合作区	河南贵友实业集团有限公司
15	老挝万象赛色塔综合开发区	云南省海外投资有限公司
16	乌兹别克斯坦鹏盛工业园	温州市金盛贸易有限公司
17	中匈宝思德经贸合作区	烟台新益投资有限公司
18	中国·印度尼西亚经贸合作区	广西农垦集团有限责任公司
19	中国·印度尼西亚综合产业园区青山园区	上海鼎信投资（集团）有限公司
20	中国·印度尼西亚聚龙农业产业合作区	天津聚龙集团

二、多层次的投资保护与纠纷解决机制

（一）双边投资保护协定

20 世纪 90 年代以来，双边投资保护协定逐渐成为国际投资法律框架的主要支柱。截至 2016 年底，全球范围内的国际投资保护协定数量达到 3304 项[①]，其中双边投资保护协定有 2946 项，双边投资保护协定网络继续扩大。

一般而言，双边投资保护协定主要包括投资定义、国民待遇、最惠国

① 数据来源：联合国贸易与发展委员会网站，http：//investmentpolicyhub. unctad. org/。

待遇、公平与公正待遇、征收及补偿标准、东道国汇兑限制、东道国违约、国际仲裁等条款。这些条款对其所保护投资的形式、内容、待遇、救济措施和争端解决等，都作了明确规定。如一国投资者在另一国的投资遭受了协定中规定的不公正待遇，将有权获得赔偿。

目前，世界各国都非常重视双边投资保护协定的签订，以达到相互“鼓励、促进和保护”双边投资利益的目的，同时在东道国与投资者之间提高透明度、消除歧视性措施，支持、推动国际法标准与以上目标一致发展。对于发展中国家而言，通过签订双边投资保护协定对于增加投资者的信心、消除投资障碍、大量吸引海外投资和为海外投资提供法律保障具有重要作用。

在商谈投资保护协定时，发达国家和发展中国家，以及新兴经济体国家的目的有所不同，发达国家侧重于对其海外投资的保护，而发展中国家则侧重于促进和吸引外国投资，新兴经济体国家则兼而有之。

纵观我国商签双边投资保护协定的发展历程，大致可分为三个阶段，并根据各个阶段签署协定的特征，分别对应三种模式，具体如下：

第一阶段：1982—1996 年的保守模式。1982 年，中国与瑞典签订了第一个双边投资保护协定。这一时期中国主要立足于资本输入国，重点考虑保护本国的权益，对外国投资者的保护程度相对较低，仅承诺公平待遇和最惠国待遇，投资争议提交专设的国际仲裁庭，例如，在国际仲裁管辖问题上，这一阶段中国对外签订的双边投资保护协定中绝大多数不接受国际投资争端解决中心（The International Center for Settlement Investment Disputes，ICSID）仲裁管辖（89 个双边投资保护协定中，不接受 76 个、接受 13 个）①，仲裁范围也都限定在征收补偿数额方面。

第二阶段：1997—2002 年的自由模式。1997 年以来，在国际投资法全

① 数据来源：许敏．论 ICSID 投资仲裁对双边投资协定中的最惠国待遇条款的发展［J］．经济问题探索，2009（3）．

球化、自由化的影响下，我国有关外资政策与法律发生了重大变化，双边投资保护协定在内容上有了较大的发展。我国与一些国家，如德国、荷兰、瑞典等签署了新的协定或修改了原协定的议定书。新签订的这些双边投资保护协定呈现投资自由化、对外资保护标准不断提高的态势，具体表现为扩大了国民待遇适用范围、放宽外汇转移限制、接受国际投资仲裁管辖权等。以国际投资仲裁管辖为例，1998 年以后中国签订的双边投资保护协定中大多数接受了 ICSID 仲裁管辖权，仲裁事项明显扩展，不少双边投资保护协定已将可提交仲裁的事项扩大至与投资有关的任何法律争议，而且投资者可以选择争端解决方法，即发生争端协商不成可以向争端一方有管辖权的法院起诉，或者向 ICSID 等仲裁机构提起仲裁。

第三阶段：2003 年至今的平衡模式。随着中国对外投资规模的迅速增长，中国不仅是世界主要资本输入国，而且是重要的资本输出国，客观上要求中国在双边投资保护协定的谈判中兼顾不同方面的利益。此外，近年来的国际投资实践也表明，双边投资保护协定在为投资者提供保护的同时，也应注意为东道国对公共利益进行管理提供应有的政策空间。2012 年，中国历经了与加拿大的 18 年谈判后终于签署了双边投资保护协定。中加双边投资保护协定囊括了国际投资协定通常包含的所有重要内容，是中国迄今为止缔结的内容最为广泛的一个双边投资保护协定。

截至 2018 年，我国已经与 130 个国家签订了双边投资保护协定①，其中与 102 个国家的双边投资保护协定已经生效（具体见表 5 - 2）。随着我国对外投资的进一步发展，尤其是针对美国和欧盟的双边投资保护协定谈判仍将持续推进，这对未来我国双边投资保护协定的发展而言也存在着巨大空间，而这期间既充满了机遇也充满了挑战。

---

① 数据来源：商务部网站，http：//hzs. mofcom. gov. cn。

表 5-2　中国与他国已经生效的双边投资协定一览表（截至 2016 年底）

区域	国家	签署日期	生效日期	备注
欧洲	瑞典	1982 年 3 月 29 日	1982 年 3 月 29 日	
	瑞典议定书	2004 年 9 月 27 日	2004 年 9 月 27 日	签字即生效
	德国	1983 年 10 月 7 日	1985 年 3 月 18 日	
	德国	2003 年 12 月 1 日	2005 年 11 月 11 日	重新签订
	法国	1984 年 5 月 30 日	1985 年 3 月 19 日	2007 年 11 月 26 日重新签订，新协定取代旧协定
	法国	2007 年 11 月 26 日	2010 年 8 月 20 日	重新签订
	比利时与卢森堡	1984 年 6 月 4 日	1986 年 10 月 5 日	
	比利时与卢森堡	2005 年 6 月 6 日	2009 年 12 月 1 日	重新签订
	芬兰	1984 年 9 月 4 日	1986 年 1 月 26 日	
	芬兰	2004 年 11 月 15 日	2006 年 11 月 15 日	重新签订
	挪威	1984 年 11 月 21 日	1985 年 7 月 10 日	
	意大利	1985 年 1 月 28 日	1987 年 8 月 28 日	
	丹麦	1985 年 4 月 29 日	1985 年 4 月 29 日	
	荷兰	1985 年 6 月 17 日	1987 年 2 月 1 日	
	荷兰	2001 年 11 月 26 日	2004 年 8 月 1 日	重新签订
	奥地利	1985 年 9 月 12 日	1986 年 10 月 11 日	
	英国	1986 年 5 月 15 日	1986 年 5 月 15 日	
	瑞士	1986 年 11 月 12 日	1987 年 3 月 18 日	
	瑞士	2009 年 1 月 27 日	2010 年 4 月 13 日	重新签订
	波兰	1988 年 6 月 7 日	1989 年 1 月 8 日	
	保加利亚	1989 年 6 月 27 日	1994 年 8 月 21 日	
	保加利亚	2007 年 6 月 26 日	2007 年 11 月 10 日	附加议定书
	俄罗斯	2006 年 11 月 9 日	2009 年 5 月 1 日	
	匈牙利	1991 年 5 月 29 日	1993 年 4 月 1 日	
	捷克和斯洛伐克	1991 年 12 月 4 日	1992 年 12 月 1 日	
	斯洛伐克	2005 年 12 月 7 日	2007 年 5 月 25 日	附加议定书
	葡萄牙	1992 年 2 月 3 日	1992 年 12 月 1 日	
	葡萄牙	2005 年 12 月 9 日	2008 年 7 月 26 日	重新签订
	西班牙	1992 年 2 月 6 日	1993 年 5 月 1 日	

续表

区域	国家	签署日期	生效日期	备注
欧洲	西班牙	2005年11月24日	2008年7月1日	重新签订
	希腊	1992年6月25日	1993年12月21日	
	乌克兰	1992年10月31日	1993年5月29日	
	摩尔多瓦	1992年11月6日	1995年3月1日	
	白俄罗斯	1993年1月11日	1995年1月14日	
	阿尔巴尼亚	1993年2月13日	1995年9月1日	
	克罗地亚	1993年6月7日	1994年7月1日	
	爱沙尼亚	1993年9月2日	1994年6月1日	
	斯洛文尼亚	1993年9月13日	1995年1月1日	
	立陶宛	1993年11月8日	1994年6月1日	
	冰岛	1994年3月31日	1997年3月1日	
	罗马尼亚	1994年7月12日	1995年9月1日	
	罗马尼亚	2007年4月16日	2008年9月1日	附加议定书
	南斯拉夫	1995年12月18日	1996年9月12日	注：塞尔维亚承接了前南斯拉夫的国际协定
	马其顿	1997年6月9日	1997年11月1日	
	马耳他	2009年2月22日	2009年4月1日	
	塞浦路斯	2001年1月17日	2002年4月29日	
亚洲	泰国	1985年3月12日	1985年12月13日	
	新加坡	1985年11月21日	1986年2月7日	
	科威特	1985年11月23日	1986年12月24日	
	斯里兰卡	1986年3月13日	1987年3月25日	
	日本	1988年8月27日	1989年5月14日	
	马来西亚	1988年11月21日	1990年3月31日	
	巴基斯坦	1989年2月12日	1990年9月30日	
	土耳其	1990年11月13日	1994年8月19日	
	蒙古国	1991年8月25日	1993年11月1日	
	乌兹别克斯坦	1992年3月13日	1994年4月12日	2011年4月19日重新签署，新协定取代旧协定
	乌兹别克斯坦	2011年4月19日	2011年9月1日	重新签订

续表

区域	国家	签署日期	生效日期	备注
亚洲	吉尔吉斯斯坦	1992 年 5 月 14 日	1995 年 9 月 8 日	
	亚美尼亚	1992 年 7 月 4 日	1995 年 3 月 18 日	
	菲律宾	1992 年 7 月 20 日	1995 年 9 月 8 日	
	哈萨克斯坦	1992 年 8 月 10 日	1994 年 8 月 13 日	
	韩国	1992 年 9 月 30 日	1992 年 12 月 4 日	
	韩国	2007 年 9 月 7 日	2007 年 12 月 1 日	重新签订
	土库曼斯坦	1992 年 11 月 21 日	1994 年 6 月 6 日	
	越南	1992 年 12 月 2 日	1993 年 9 月 1 日	
	老挝	1993 年 1 月 31 日	1993 年 6 月 1 日	
	塔吉克斯坦	1993 年 3 月 9 日	1994 年 1 月 20 日	
	格鲁吉亚	1993 年 6 月 3 日	1995 年 3 月 1 日	
	阿联酋	1993 年 7 月 1 日	1994 年 9 月 28 日	
	阿塞拜疆	1994 年 3 月 8 日	1995 年 4 月 1 日	
	印度尼西亚	1994 年 11 月 18 日	1995 年 4 月 1 日	
	阿曼	1995 年 3 月 18 日	1995 年 8 月 1 日	
	以色列	1995 年 4 月 10 日	2009 年 1 月 13 日	
	沙特阿拉伯	1996 年 2 月 29 日	1997 年 5 月 1 日	
	黎巴嫩	1996 年 6 月 13 日	1997 年 7 月 10 日	
	柬埔寨	1996 年 7 月 19 日	2000 年 2 月 1 日	
	叙利亚	1996 年 12 月 9 日	2001 年 11 月 1 日	
	也门	1998 年 2 月 16 日	2002 年 4 月 10 日	
	卡塔尔	1999 年 4 月 9 日	2000 年 4 月 1 日	
	巴林	1999 年 6 月 17 日	2000 年 4 月 27 日	
	伊朗	2000 年 6 月 22 日	2005 年 7 月 1 日	
	缅甸	2001 年 12 月 12 日	2002 年 5 月 21 日	
	朝鲜	2005 年 3 月 22 日	2005 年 10 月 1 日	
	印度	2006 年 11 月 21 日	2007 年 8 月 1 日	
大洋洲	澳大利亚	1988 年 7 月 11 日	1988 年 7 月 11 日	
	新西兰	1988 年 11 月 22 日	1989 年 3 月 25 日	
	巴布亚新几内亚	1991 年 4 月 12 日	1993 年 2 月 12 日	

续表

区域	国家	签署日期	生效日期	备注
非洲	加纳	1989年10月12日	1990年11月22日	
	埃及	1994年4月21日	1996年4月1日	
	摩洛哥	1995年3月27日	1999年11月27日	
	毛里求斯	1996年5月4日	1997年6月8日	
	津巴布韦	1996年5月21日	1998年3月1日	
	阿尔及利亚	1996年10月17日	2003年1月28日	
	加蓬	1997年5月9日	2009年2月16日	
	尼日利亚	2001年8月27日	2010年2月18日	重新签订
	苏丹	1997年5月30日	1998年7月1日	
	南非	1997年12月30日	1998年4月1日	
	佛得角	1998年4月21日	2001年10月1日	
	埃塞俄比亚	1998年5月11日	2000年5月1日	
	突尼斯	2004年6月21日	2006年7月1日	
	赤道几内亚	2005年10月20日	2006年11月15日	
	马达加斯加	2005年11月21日	2007年7月1日	
	马里	2009年2月12日	2009年7月16日	
	坦桑尼亚	2013年3月24日	2014年4月17日	
	刚果共和国	2000年3月20日	2015年7月1日	
美洲	玻利维亚	1992年5月8日	1996年9月1日	
	阿根廷	1992年11月5日	1994年8月1日	
	乌拉圭	1993年12月2日	1997年12月1日	
	厄瓜多尔	1994年3月21日	1997年7月1日	
	智利	1994年3月23日	1995年8月1日	
	秘鲁	1994年6月9日	1995年2月1日	
	牙买加	1994年10月26日	1996年4月1日	
	古巴	1995年4月24日	1996年8月1日	
	古巴	2007年4月20日	2008年12月1日	重新修订
	巴巴多斯	1998年7月20日	1999年10月1日	
	特立尼达和多巴哥	2002年7月22日	2004年12月7日	
	圭亚那	2003年3月27日	2004年10月26日	
	加拿大	2012年9月9日	2014年10月1日	

资料来源：商务部条法司。

（二）自由贸易协定中的投资保护

自由贸易协定包括双边自由贸易协定和多边自由贸易协定，其中的投资章节，基本上与双边投资保护协议规定的内容是一致的。

世界上最知名的自由贸易协定当属美国、墨西哥和加拿大三国于 1994 年 1 月生效的北美自由贸易协定（NAFTA），从成立至今已运行了 24 年，该协定第十一章是有关投资保护的专章。该专章设立的有法律约束力的外国投资者与东道国间的投资争端仲裁机制，可以说是国际投资争端解决的一项重大创新。

以 2017 年 12 月中国与马尔代夫签订的自贸协定为例，在投资章节中，双方对投资保护、公平竞争及争端解决等作出了广泛规定，在保护投资者合法权益和维护东道国政府的管理权之间达成较为适当的平衡。投资章节规定，双方相互给予对方投资者高水平的投资保护，纳入了征收补偿、最低待遇标准、转移等条款；相互给予准入后阶段的国民待遇和最惠国待遇；设置了金融审慎措施、国家安全、保密信息等例外条款以保护政府管理外资的政策空间，并纳入了全面的投资者与国家间争端解决机制，为双方投资者提供充分的权利保障和救济途径。

2018 年 9 月，中国与毛里求斯宣布双方完成了《中国与毛里求斯自由贸易协定》的谈判，该协定将在履行双方批准程序后生效，这是我国与非洲国家商签的第一个自由贸易协定。虽然毛里求斯国家较小，但在整个非洲国家中发展水平较高，政治较为稳定，法律和营商环境较为健全友好，而且其拥有一定的自由贸易港和避税港特点，是中国很多企业对非投资的中转站或跳板。专家认为，该自由贸易协定将会成为中国对非开放乃至实施自贸区战略的示范模板，更好促进“一带一路”倡议对接非洲经济一体化进程。

中国与东盟十国、日本、韩国、澳大利亚、新西兰、印度等亚太地区的共 16 个国家已经就《区域全面经济伙伴关系协定》（RCEP）进行了 23

轮谈判，就货物、服务、投资、原产地规则、海关程序与贸易便利化、贸易救济、金融、电信、知识产权、电子商务等领域进行了全面磋商。与此同时，中国也在与巴拿马、尼泊尔、巴勒斯坦等十多个国家和地区就自贸协定进行谈判。中国已经签署与正在谈判的自贸区协定情况见表5－3。

表5－3　中国已经签署与正在谈判的自贸区协定情况

已签协议的自贸区	正在谈判的自贸区
中国—马尔代夫	《区域全面经济伙伴关系协定》（RCEP）
中国—格鲁吉亚	中国—海合会
中国—澳大利亚	中日韩
中国—韩国	中国—斯里兰卡
中国—瑞士	中国—以色列
中国—冰岛	中国—挪威
中国—哥斯达黎加	中国—巴基斯坦自贸协定第二阶段谈判
中国—秘鲁	中国—新加坡自贸协定升级谈判
中国—新加坡	中国—新西兰自贸协定升级谈判
中国—新西兰	中国—毛里求斯
中国—智利	中国—摩尔多瓦
中国—巴基斯坦	中国—巴拿马
中国—东盟	中国—韩国自贸协定第二阶段谈判
内地与港澳更紧密经贸关系安排	
中国—东盟（“10+1”）升级	
中国—智利升级	
正在研究的自贸区	
中国—哥伦比亚	中国—加拿大
中国—斐济	中国—孟加拉国
中国—尼泊尔	中国—蒙古国
中国—巴布亚新几内亚	中国—巴勒斯坦
中国—瑞士自贸协定升级联合研究	中国—秘鲁自贸协定升级联合研究

资料来源：商务部网站。

（三）投资纠纷解决机制

在国际投资中，如果争议是发生在投资者之间（商事主体之间），又无法通过协商、和解或调解处理，往往需要进入诉讼或仲裁程序。通常，在任一方国家的法院进行诉讼，都面临法院存在偏袒的现实风险和担心，因此，跨境投资中从投资者的角度，尽量避免约定在一方所在国家的法院诉讼；如果选择第三国，第三国法院可能拒绝受理，而且判决很可能无法在败诉方及其财产所在的国家执行。

由于法院诉讼的上述缺点，加之仲裁具有保密性、一裁终局制和专家裁判的特点，越来越多的投资者选择国际仲裁的方式来处理投资纠纷。国际商事仲裁是目前商业实践中使用率最高的争端解决方式，也是目前最兼具效益和公平的争端解决方式之一。在仲裁机构选择方面，一般多选用国际上经验丰富、信誉较高的国际商会（ICC）仲裁院、伦敦仲裁院、斯德哥尔摩仲裁院等。

如海外投资者与东道国政府之间出现争议或纠纷，解决途径也可能有多种，如东道国国内行政、司法、临时仲裁、机构仲裁、国际仲裁等，但上述解决方式均在不同程度上存在程序和实体法律适用方面的当地化色彩，相比较而言，根据《华盛顿公约》成立的世界银行国际投资争端解决中心（ICSID）仲裁机制在仲裁规则、法律适用、裁决执行等方面的去当地化特征，使其成为含有投资规则的国际条约普遍规定的投资争议解决方式，且从 ICSID 仲裁实践来看，认定东道国国内法律政策变化构成违反国际条约义务，裁决投资者胜诉的案件为数不少，因此，无论从制度设计还是实践来看，ICSID 仲裁可作为海外投资者首选的争端解决方式。

1.《华盛顿公约》与 ICSID

在国际仲裁方面，《解决国家与他国国民间投资争端公约》（简称《华盛顿公约》）首次建立投资者与国家之间的争端解决机制，为利用国际仲裁解决东道国与外国投资者之间的争端创造了国际法上的条件，同时较好地平衡了东道国与私人投资者之间的利益，营造了一种良好的国际投资环境。截至 2018 年 8 月，《华盛顿公约》共有 154 个缔约国。俄罗斯、泰

国、伯利兹、多米尼加、几内亚比绍、吉尔吉斯斯坦、纳米比亚、埃塞俄比亚八个国家签署但尚未生效。我国于1992年批准加入《华盛顿公约》，并声明根据公约第25.4条，中方仅考虑将征收和国有化导致的赔偿提交ICSID管辖。

《华盛顿公约》生效之后，仲裁作为解决国际投资争端的一种方式取得了前所未有的发展。ICSID地位不断得到巩固和发展。ICSID具有非东道国化和去政治化、去地域化的特点，其不会受到东道国或者是投资者所在国的行政或者司法的干预，且每个成员国都有权任命四个仲裁员和四个调解员。越来越多的双边投资保护协定和多边及区域性条约将ICSID仲裁列为解决国际投资争端的重要选择。截至2017年底，ICSID已经登记案件650件，其中，仲裁案件587件，其余均为调解案件。这些案件中，大部分都是根据东道国政府与外国投资者所在国之间签订的双边投资保护协定和投资合同中的仲裁条款约定而提交ICSID仲裁的。目前，ICSID处理的投资仲裁案件占全球全部投资者—东道国争端案件的70%。

2. 《纽约公约》

与诉讼相比，仲裁最大的优势是裁决的域外执行。《承认及执行外国仲裁裁决公约》（简称《纽约公约》）是国际仲裁领域最重要的条约，重点处理一国法院对外国仲裁裁决的承认和仲裁条款的执行问题。目前世界上已有156个国家和地区加入了《纽约公约》，这其中包括“一带一路”沿线绝大多数国家。

得益于《纽约公约》，国际仲裁裁决在各个国家中的承认和执行情况相对较为乐观，具有较强的“流通性”。而且仲裁往往选择在中立的第三国、由当事人选择的仲裁机构和仲裁员来进行审理，大大降低了裁判机构可能出现的偏袒风险，也减少了一方滥用不当手段干扰裁判的可能性，有利于实现公平公正。因此，约定将纠纷提交国际仲裁，往往是当事人的不二之选。但需要注意的是，“一带一路”相关各国，少数国家并非《纽约公约》缔约国，也有少数国家没有成熟的仲裁制度或仲裁制度不利于仲裁裁决的承认和执行。因此，需要甄别每个国家不同的仲裁制度，相应地定制不同的争议解决条款。

选择仲裁机构时，应重点关注仲裁机构的国际声誉和中立性，以及仲裁的经济和时间成本。跨境交易中常用的仲裁机构主要包括中国国际经济与贸易仲裁委员会（贸仲）、北京仲裁委员会（北仲）、上海国际仲裁中心（上国仲）、深圳国际仲裁院（深国仲）等境内机构以及香港国际仲裁中心（HKIAC）、新加坡国际仲裁中心（SIAC）、国际商会仲裁院（ICC）、英国伦敦国际仲裁院（LCIA）、斯德哥尔摩商会仲裁院（SCC）等知名的境外仲裁机构。仲裁机构提供的服务一般包括初步审查仲裁管辖权、处理仲裁员的指定和异议、组织庭审等行政事宜，有些仲裁机构也会对最终仲裁裁决进行一定程度的非实质审查、处理表面瑕疵。

3. 我国的各类纠纷解决机制

随着“一带一路”倡议的推进，我国在国家政策、司法裁决、仲裁机构等方面越来越重视对跨境投资争议的解决机制建设。国家采取了多种措施，以求在涉及中国当事人的争议解决中承担起相应的作用并为中国的争议解决提供一个更加透明和可预见的国内平台。

最高人民法院在 2015 年颁布了《关于人民法院为“一带一路”建设提供司法服务和保障的若干意见》，针对“一带一路”国家，中国法院可以采取法律上的互惠。由于还没有具有约束力的条约，目前，诉讼当事人必须依据互惠原则在中国执行外国法院判决。2015 年以来，已经有外国法院判决可以依据国际条约或互惠原则在中国得到执行。作为首个此类互惠原则的案例，2015 年武汉市中级人民法院执行了加利福尼亚州洛杉矶高等法院在刘利诉陶莉和童武案（刘利案）中所作的金钱给付判决。在适用互惠原则时，武汉法院援引了湖北葛洲坝三联实业股份有限公司等诉罗宾逊直升机有限公司案，在该案中加利福尼亚州联邦法院执行了湖北省高级人民法院的判决。南京市中级人民法院也执行了新加坡高等法院在高尔集团诉江苏省纺织工业（集团）进出口有限公司案（高尔案）中的金钱给付判决。与“刘利案”类似，法院通过援引昆山捷安特轻合金科技有限公司诉远东有限公司案而适用了互惠原则，该案中新加坡高等法院执行了江苏省苏州市中级人民法院的判决。这种互惠原则的贯彻落实，有利于“一带一路”建设中有关纠纷得以通过法院诉讼的方式得到解决。

2018 年 1 月，我国制定了《关于建立“一带一路”国际商事争端解决机制和机构的意见》，明确要求按照“坚持共商共建共享原则，坚持公正高效便利原则，坚持尊重当事人意思自治原则和坚持纠纷解决方式多元化原则”，建立“一带一路”国际商事争端解决机制和机构。根据该意见，参考现有的新加坡国际商事法庭和迪拜国际金融中心法庭的经验，2018 年 6 月，最高人民法院在广东深圳设立第一国际商事法庭、在陕西西安设立第二国际商事法庭，随后任命了 8 名国际商事法庭法官，并组建国际商事专家委员会，在 8 月份聘任了首批 32 名专家，其中半数以上为外籍专家。

中国的仲裁机构越来越重视国际投资争端解决仲裁机制的建设。《中国国际经济贸易仲裁委员会国际投资争端仲裁规则》（以下简称《投资仲裁规则》）于 2017 年 10 月 1 日生效。该《投资仲裁规则》和在北京新成立的贸仲投资争端解决中心旨在填补中国在国际投资仲裁领域的空白。它标志着中国设立国内仲裁机构以解决国际投资争端的首次尝试。该《投资仲裁规则》和贸仲投资争端解决中心提供了投资者—国家争端解决的传统选择（如 ICSID、《联合国国际贸易法委员会仲裁规则》以及国际商会仲裁院）之外的替代选择。

武汉仲裁委于 2016 年 10 月组建了“一带一路”（中国）仲裁院，这是中国仲裁界首家服务于“一带一路”倡议的专业仲裁院，主要受理“一带一路”建设工程和商事项目的争议或纠纷，致力于妥善处理中国企业在海外的项目投资、工程承发包和总分包之间的纠纷。

与此同时，我国最高法院也越来越重视涉外仲裁案件在我国的执行工作。2017 年 12 月，最高人民法院发布了处理仲裁案件司法审查的两部规定，即《关于仲裁司法审查案件报核问题的有关规定》和《关于审理仲裁司法审查案件若干问题的规定》。以上规定于 2018 年 1 月 1 日生效。根据该规定，当审查的法院拟认定仲裁协议无效，撤销或不予执行仲裁裁决时必须向上级法院报核。如果上级法院同意下级法院认定仲裁协议无效，撤销或不予执行仲裁裁决，其应向最高人民法院报核，由最高人民法院作出最终审核意见。如果争议的仲裁条款或裁决是涉外的，或者仲裁条款或裁决是国内的但是涉及来自不同省份的当事人，或者援引公共利益不予执行仲裁裁决或否认仲裁条款效力的，应提级报核至最高人民法院。如果系争议仲裁条款或裁决是国内的且不涉及公共利益的，由申请作出地的高级人民法院而非最高人民法院作出最终决定。

三、现行投资保护协定和纠纷解决机制保护力度不够

（一）我国在商签投资保护协定方面存在不足

相对于“一带一路”的建设要求和各类企业旺盛的对外投资需求，我国在商签双边投资保护协定方面仍然存在一些不足。

一是与部分国家尚未签署该类协定或签署但未正式生效。目前我国与 130 个国家签订了双边投资保护协定，其中生效的 102 个。与“一带一路”沿线国家签订了 56 个双边投资保护协定，与 11 个国家签订了自由贸易区协定，还有部分国家和地区（如伊拉克、巴勒斯坦、阿富汗、马尔代夫、尼泊尔、不丹、黑山）并未与我国商签投资保护协定，或者已经签署但一直未生效（如文莱、约旦、孟加拉国、波黑等国）。

以利比亚为例，根据国资委披露的信息，截至 2011 年动乱发生前，有 75 家中国企业在利比亚承建了 50 个工程承包项目，总金额高达 188 亿

美元。战争造成了合同搁浅、项目停止、驻地遭袭、大规模撤侨等结果，其损失显而易见。从 ICSID 的既往裁决认定看，我国企业在利比亚承揽的工程承包业务，应被认定为我国企业对利比亚的投资。因此若有双边投资保护协定，则可根据其中的战争及损害赔偿条款向 ICSID 等机构提起仲裁。然而，尽管中利两国的双边投资保护协定已于 2010 年签订，但该文件尚未生效。因此，中国企业向利比亚政府索赔只有基于传统的外交保护原则，尚无法根据双边投资保护协定向 ICSID 提起索赔仲裁。

二是双边投资保护协定的条款内容不够完善。从目前的发展情况来看，我国企业的对外投资活动在投资产业、投资规模、投资地区等方面都表现出新的特点，加之国际形势的新变化，原有的双边投资保护协定的条款内容不适应新的投资需求，具体表现包括：投资及投资者定义边界不明确；“准入后”条款限制投资；间接征收规定不明确；可仲裁事项的范围受限。

三是各类投资协定并存交错，容易引起法律冲突。中日韩三国互相之间的双边投资保护协定已签订，三个国家又于 2012 年达成了三边投资保护协定，而之前的双边投资保护协定仍然生效。同样的情况出现在中国与东盟签订的投资保护协定上。这种投资协定重叠交错的现象必然隐含着大量的法律冲突，增大了各国政府在投资领域多边协调的难度。

（二）沿线国家在投资保护、纠纷解决方面存在不足

深入分析“一带一路”建设所涉及国家在投资保护方面的情况，我们认为，沿线国家目前以吸引资本输入为主，比较重视通过与其他国家商签投资保护协定来吸引外资。但仍然存在对投资的保护力度有限、纠纷解决机制不健全的问题。

具体表现在以下两个方面：

第一，一些国家单方终止双边投资保护协定，使得投资保护规则的持续性较差。

以印度尼西亚为例，印度尼西亚是世贸组织和东南亚国家联盟自贸协定成员国，为建设良好的国际投资环境，印度尼西亚政府于2007年3月颁布了新的《外国投资法》，其中规定外国投资者享受“国民待遇”；外资可以进入印度尼西亚绝大部分行业；外国投资者一旦与印度尼西亚政府产生纠纷，可诉讼国际法庭仲裁。在投资协定签署方面，印度尼西亚仅与60个国家签署了投资协定。中国与印度尼西亚在1994年曾签署过双边投资保护协定，2005年到期后自动延长了10年至2015年，但在2015年3月，印度尼西亚政府书面致函中国，通知终止两国间的双边投资保护协定①。2017年，中国和中国香港分别位列印度尼西亚海外投资来源地的第3位和第4位，投资金额合计约55亿美元，占该国海外投资来源总额的17%②。可见，在印度尼西亚的对外经贸中，与中国的关系十分重要。然而，随着中国与印度尼西亚的双边投资保护协定终止，对于彼此的对外投资活动来说都是弊大于利。

第二，双边投资保护协定与东道国法律之间存在分歧或空白，导致投资保护和国际仲裁机制在一些项目中的作用无法得到充分发挥。

以阿根廷为例，中阿两国的投资合作也在不断深入发展。2016年11月30日，阿根廷官方公报刊登了《关于公私合营（PPP）合同第27.328号法律》。该法律概述了在国家政府与公私各方之间的任何公私合作合同（PPP合同）中应包括的一般原则和某些强制性条款。其中，针对PPP合同的争端解决，尽管该法允许双方同意由国内法院或诉诸国内或国际仲裁解决，但在国际仲裁的情况下，法律要求仲裁主体获得行政机关批准并向国会报告任何可能达成一致的国际仲裁条款，实际上也就是不允许事先同意国际仲裁。同时，对于PPP合同与国际投资协定（包括双边投资保护协定）的关系，该法律也没有明确规定。此外，双边投资保护协定中的一些

---

① 详见中国出口信用保险公司《国家风险分析报告2017》。

② 数据来源：商务部网站，http：//www.mofcom.gov.cn/。

条款，如保护伞条款，可能会增加东道国对投资者索赔的风险敞口。

与阿根廷类似，坦桑尼亚在2010年首次颁布《公私合作（PPP）协议法案》，但在2018年其启动了对该法案的修订，拟规定所有与公私合作（PPP）协议相关的法律纠纷通过国内法律机制解决，即将解决纠纷的最高权力赋予该国司法机构，而不是国际仲裁，这对于拟在坦桑尼亚投资的外国投资者来说是不利的，因为投资者一般更倾向于通过国际仲裁来解决纠纷。

随着大量的中国能源和基础设施公司探索并开展“走出去”参与境外PPP项目，一些国家通过法律规范PPP合同来吸引投资对于中国来说也是十分有益的，但东道国法律与双边投资保护协定衔接不好，也会导致中国企业在参与投资活动时无法通过双边投资保护协定来维护自身的合法权益。

四、加强和完善投资保护规则与纠纷解决机制

（一）签订、修订或重谈双边投资保护协定

“一带一路”建设过程中，如果相关国家没有双边投资保护协定，显然不利于双边投资发展的顺利进行。即使已有的双边投资保护协定，也会随着时间的推移和双边关系的演进，需要就有关协定条件、条款进行调整。我国与很多国家之间的投资保护协定都是20世纪签订的，当时在跨境投资领域，中国的角色主要是投资所在“东道国”，投资保护协定往往从有利于东道国的角度进行设计，对投资人而言并不一定有利。比如中国—阿联酋双边投资保护协定于1993年签订，根据其中的争议解决机制，中国投资人只能将与赔偿金额相关的争议或双方同意进行条约仲裁的争议提交国际仲裁，而其他投资争议必须提交阿联酋当地行政机关申诉或当地法院诉讼。因此，即使存在中国与东道国之间生效的投资保护协定，未必

适合当前“一带一路”大背景下中国转变为投资输出国的现实需求。因此，要根据“一带一路”建设需要，结合我国实际，对这类协定进行修订或重签，重点要加强对投资者的保护。

要尽快推动我国与尚未签订双边投资保护协定的国家，如伊拉克、巴勒斯坦、阿富汗、马尔代夫、尼泊尔、不丹、黑山等，签订该类协定，对于已经签订但未生效的部分国家，如文莱、约旦、孟加拉国、波黑等国，应根据情况尽快推动生效或重新谈判。同时，我国作为吸引外资和对外投资最大的发展中国家，尚未与世界上吸引外资和对外投资最多的美国签订双边投资保护协定。中国与欧盟于2013年启动了投资协定的谈判，也应加大谈判力度。

（二）加大多边贸易与投资保护协议谈判力度

“一带一路”建设涉及的国家众多，因此，在推进双边投资保护协定的同时也应该加强多边投资合作机制。建议参考北美自由贸易协定、《中国—东盟全面经济合作框架协议争端解决机制协议》、《中国—东盟全面经济合作框架协议货物贸易协议》等，研究商签“一带一路”沿线各国间共同适用的多边投资保护协定，在吸引区外国家企业向“一带一路”国家投资的同时，也推动沿线各国之间加强相互的投资贸易。

对于现行我国与某些国家或区域存在“双边投资协定和多边投资协定同时存在有效”的情况，需要加强双边或多边协调，尽量减少相互重叠的协定之间的矛盾，避免潜在的法律纠纷。同时，应适时撤销我国加入ICSID公约时仅同意国有化或征收补偿争议由ICSID管辖的声明以及对于《纽约公约》的“商事保留”（我国仅对按照我国法律属于契约性和非契约性商事法律关系所引起的争议适用该公约。所谓“契约性和非契约性商事法律关系”，具体是指由于合同、侵权或者根据有关法律规定而产生的经济上的权利义务关系，例如货物买卖、财产租赁、工程承包、加工承揽、保险、信贷、劳务等，但不包括外国投资者与东道国政府之间的争端）。

（三）在投资协定的基础上完善海外投资保护全面框架

针对海外投资建立全面保护框架，首先是上述重点提及的各类投资保护协定；其次是海外投资保险制度；最后是各部门协作为企业提供安全、法律等各方面的协助，如领事保护、海外安保、司法协助等。海外投资保险是各国政府为促进资本输出、保护本国投资者在东道国的投资而设立的专门为征收、政府违约、汇兑限制、战争及政治暴乱等风险提供保障的政策性保险工具，如发生该类风险，保险人（一般为该国官方机构）会给予投资者赔偿，并代位向东道国进行追偿。对于没有该类保险的国家，应尽快设立该保险制度，对于像我国这样虽然设立了该保险制度但没有立法的国家，应加快立法进程，研究制定《海外投资保险法》或制定《出口信用保险法》，并将海外投资保险纳入其中，同时应逐步在投资协定中明确我国海外投资保险机构的代位权，对外明确代表国家进行谈判和追偿。

（四）推动“一带一路”纠纷解决机制建设

1. 批准《选择法院协议公约》，促进民商事法院判决承认与执行

2017 年 9 月 12 日，中国签署了《选择法院协议公约》。该公约于 2005 年 6 月 30 日由海牙国际私法会议通过，2015 年 10 月 1 日生效，目前有 30 个成员国。公约保障国际民商事案件当事人排他性选择法院协议的有效性，被选择法院所作出的判决应当在缔约国得到承认和执行。该公约规定成员国的法院必须尊重商业协议中的专属管辖条款，通过中止本国诉讼程序以便有利于其他成员国法院的管辖。该公约还要求成员国必须同样承认及执行其他成员国法院的判决。

与仲裁所适用的《华盛顿公约》和《纽约公约》拥有 150 个成员国相比，《选择法院协议公约》只有 30 个成员国，而且美国自 2009 年签署该公约后至今尚未批准。同时，该公约的适用受限于许多例外情形。例如，该公约涵盖的判决类型或者不能被执行的判决类型包括：劳动、自然人民

事能力、破产、交通运输、海事、反垄断、人身伤害、侵权、财产权以及一些知识产权问题。

尽管目前该公约的适用地域和范围还比较有限，但其提供的承认和执行外国法院判决的法律基础为“一带一路”建设中的纠纷解决提供了很好的平台，可以提升我国在承认外国司法判决方面的国际合作力度，促进“一带一路”相关纠纷能通过法院判决的形式得到较好的解决。

2. 持续提升仲裁水平和仲裁效力

我国已经设立了深圳、西安两个国际商事法庭，武汉仲裁委“一带一路”（中国）仲裁院，以及拟建设的上海“一带一路”国际仲裁中心等专门服务“一带一路”的纠纷法庭或仲裁机构，在此基础上，我国可以与沿线国家研究共同发起设立“一带一路”国际投资争端解决中心，参照世界银行的国际投资争端解决中心（ICSID）的设置，明确仲裁规则和执行规则。对于投资者之间、投资者与国家之间、国家与国家之间的纠纷，均可提交该仲裁机构，并推动所有接受和赞同“一带一路”倡议的国家明确支持该仲裁机构的仲裁，确保仲裁结果可以得到各成员国国内法院的认可和执行。

大力支持我国仲裁机构与沿线各国仲裁机构建立联合仲裁机制，鼓励我国有条件的律师事务所参与纠纷解决，鼓励我国有实力的专家被聘为仲裁机构的专家委员或仲裁员、调解员。推动我国人民法院把域外的仲裁调解书经过司法确认获得强制执行力。“一带一路”国家之间建立相应机制，相互承认仲裁结果，本国法律部门应给予涉及“一带一路”建设纠纷的仲裁机构在财产保全、证据保全等方面的权力，并在便利、快捷司法审查的基础上积极执行仲裁裁决。

推动尚未加入《纽约公约》和《华盛顿公约》的“一带一路”国家尽快加入这两个公约。在中国与相关国家商签或修订双边投资保护协定中，也可以考虑纳入我国国际经济贸易仲裁委员会的《投资仲裁规则》和贸仲投资争端解决中心机制，并鼓励我国投资者在与东道国政府商签投资合同时选择使用该仲裁机制。

3. 投资者应善用ICSID纠纷解决机制

有些双边投资保护协定中的争议解决机制对外国投资人并非十分有利。比如中国与津巴布韦的双边投资保护协定中规定，对于除征收以外的争议，外国投资人只能通过向当地法院起诉的方式进行解决。又比如，南部非洲发展共同体之间签订的金融与投资多边协定中，外国投资人必须穷尽东道国当地的一切司法救济后，才能将争议提交国际仲裁进行裁决。这些争议解决机制对外国投资人而言既不便捷，又无法确保程序和结果的中立和公正。

考虑到国际投资争端解决中心提供了中立的国际调解和国际仲裁程序，中国企业在跨境投资中设计境外投资架构时，可以考虑选择一个与东道国签订有以ICSID仲裁作为条约争议解决机制的投资保护协定的国家来设立项目公司的控股公司。

第六章　加强“一带一路”投融资风险评估与预警

从风险管理的角度看，投融资风险评估与预警对项目的成败具有重要作用。当前，基于现有的客观条件，“一带一路”沿线国家的投融资保障机制尚未建立、评估和预警体系不健全、对沿线国家系统性风险的认识明显不足。在“一带一路”进入具体落实和攻坚的阶段时，及时分析风险评估与预警存在的问题，构建统筹协调的“一带一路”投融资保障机制、建立沿线国家风险评估预警体系、提高金融机构在风险识别和管控方面的能力，对“一带一路”投融资工作至关重要。

一、“一带一路”投融资风险评估与预警存在不足

（一）“一带一路”投融资保障机制尚未建立

投融资保障机构的作用是搭建合作平台和桥梁，为企业开拓“一带一路”市场牵线搭桥，并从事一定的风险预警和评估工作，但相关的投融资保障机制尚未建立。目前，“一带一路”沿线国家基本没有建立起专门针对沿线国家经济合作的投融资保障机构，没有从建立规范化、体系化、系列化投融资支持和服务机构的角度，考虑如何为投融资风险评估和预警提供基础支持的问题。同时，投融资保障机制尚不成熟。“一带一路”投融资保障机制应是促进项目投融资的长效机制，并重点考虑基于投融资风险

评估服务与支持的保障机制、目标、制度设计和推进步骤等问题。实际上，很多机构都有支持保障的功能，但分工不明确，定位不清晰，工作内容难以与“一带一路”投融资风险保障的现实需要相匹配。

（二）“一带一路”风险评估与预警体系不健全

首先，“一带一路”风险评估框架不明确。“一带一路”沿线国家整体风险水平较高已经为各界所公认，但风险评估的维度、主要评价指标和方法尚未达成共识。一些机构发布的风险评估报告缺乏持续性和实用性，有的评估结论还存在矛盾之处。其次，基于“一带一路”视角的风险评估体系尚未建立。如果按照西方国家现有的风险评估框架，部分“一带一路”国家风险水平过高，不建议他国与之开展贸易尤其是投资活动，但这明显剥夺了这些国家谋求经济社会发展的权利，共建共商共赢的“一带一路”建设也就无从谈起。如何从“一带一路”国家市场开发的机遇和挑战出发，科学评估沿线国家经济合作的国家风险、行业风险、买家（企业）风险，是跨国企业、金融机构和学术研究机构需要共同研究的问题。最后，信息和数据支持相对滞后，没有建立基于大数据挖掘的风险数据库。例如，我国对“一带一路”项目信贷规模、出口信用规模、外汇贷款规模等数据缺乏统一性，政府部门或者公认的权威研究机构都没有发布“一带一路”沿线国家投融资的权威统计数据或具体项目数据，不利于国家、金融机构和企业通过分析基本信息和数据构建预警模型，并以此作出科学合理的风险判断。

（三）对国家风险与系统性风险评估认识不足

由于“一带一路”沿线国家整体风险水平相对较高，对这些国家的国家风险和系统性风险的评估就显得更加重要。尤其是对于“一带一路”高风险国家的大型投资项目而言，其投融资不能仅仅考虑微观的商业经营因素，更需要考虑与项目相关的宏观的政治、经济和投资等因素。但一些企业并没有将国家风险纳入全面风险管理体系，或仅仅是“走走形式”，没有将其作为投融资决策的重要因素。实际上这一类风险一旦发生，企业根本无法独立承担，并有可能因此遭受重大损失。

案例：

2011 年利比亚战争爆发后，我国很多在利投资企业不得不放弃在当地的投资，损失惨重。根据2011 年3 月商务部公布的数据，中国在利比亚承包的大型项目一共有50 个，涉及合同金额188 亿美元（约1200 亿元人民币）。为应对这一情况，我国唯一的政策性保险机构中国信保紧急启动专项“理赔绿色通道”，于3 月18 日向葛洲坝集团、中国建材分别赔款1. 62 亿元和4815 万元。3 月28 日向北京建工集团、北京宏福建工集团分别预赔付首笔赔偿4631 万元和8568 万元，此后又进行了多笔快速赔付。但是，能够获得出口信用保险理赔的企业仅占很小一部分，大部分企业在赴利比亚投资之前，并没有考虑到中东地区动荡的严重性和持续性，也没有利用政策性保险规避战争和政治暴乱风险等国家风险，其只能独自承担巨额损失①。

二、建立开放共享的“一带一路”风险评估与预警新体系

（一）构建统筹协调的“一带一路”投融资保障机制

1. 建立“一带一路”项目投融资促进机构

“一带一路”沿线国家项目众多，大型企业、地方企业、中小企业的参与热情都比较高，但很多企业“走出去”经验不足、对各类项目的信息获取渠道不一，导致许多项目在现实推进过程中要么无人问津，要么过度竞争，不利于形成对外投资的合力。沿线国家可以考虑建立“一带一路”项目投融资促进机构，机构的主要职责包括：一是积极发挥政府与企业的桥梁、纽带作用，及时发布政府政策、最新文件解读等，做好政府政策风

① 腾讯网，https：//news. qq. com/a/20110425/000498. htm，2011 －04 －25。

险预警；二是为企业投资主体搭建法律、会计、审计等咨询服务平台，对项目进行梳理、甄别，必要时可以提供“撮合”服务，介绍有共同经济利益诉求的企业联合参与项目建设，增强企业联合抵御风险的能力；三是提供市场预测和分析，尤其是加强对国家风险、地缘政治风险、系统性风险的监测和预警，形成对外投融资的全景式风险地图，引导中资企业对外投资项目的区域和国别选择。

2. 促进多层次保险与保障制度体系建设

首先，通过各类双边和多边经贸机制和制度性安排，加强与“一带一路”沿线国家的经济战略对话、沟通和政策协调，增进互信、扩大共识，为中资企业对外投资营造良好环境。

其次，构建“一带一路”区域金融安全网，加强跨境监管政策协调，与沿线国家构建金融监管合作机制，签署双边监管合作谅解备忘录。“一带一路”沿线国家可以从加强金融微观审慎监管合作、构建区域金融合作平台等角度入手，不断增强各国经济金融联系以及金融市场韧性，增强本地区金融市场抵御外部金融危机的冲击，同时也可以降低本地区金融市场系统性风险，提高危机应对的能力。当前，可以重点推动中东欧、中东北非以及南亚地区国家金融监管当局之间签订新的监管备忘录。

案例：

中国与这些地区国家金融监管当局签订的金融监管备忘录相对较少，随着“一带一路”建设的推进，中国与上述地区的经贸联系越来越紧密，金融机构交往也更加频繁，尤其是中资金融机构可能会在综合评估以后，加快建立分支机构。因此，监管部门有必要与国外监管当局加强信息沟通，营造良好的政策环境，为中资机构进入该地区提供帮助。此外，很多国家金融机构可以混业经营，而我国证券和保险等非银行金融机构“走出去”步伐也在加快，相应地，我国对外监管合作也不能局限于银行部门，而应加强全方位监管合作。

最后，借鉴金砖国家合作经验，搭建“一带一路”保险支撑体系。这一体系应包括财产保险、信用保险、再保险等组成部分，沿线国家保险机构可以联合为企业提供商业性和政策性风险保障，鼓励企业在合理规避风险的情况下加大项目投融资力度，合力把控项目风险。

案例：

2017 年，金砖国家工商理事会中方金融组提出倡议，邀请五国范围内领先的保险及再保险公司，搭建金砖国家保险支撑体系，其目的是为各成员国“走出去”企业在金砖国家范畴内的境外利益构建保险合作的支撑体系，通过企业在投资目的国当地购买商业保险，再由企业所在国再保险公司提供再保险的机制设计，降低企业购买保险成本及准入门槛，为跨境投资经营提供更为便捷高效的海外风险保障。经五国一致同意，每个国家一家直保公司和一家再保公司代表本国签署了《金砖国家保险再保险支撑体系合作协议》。此项倡议为金砖国家范围内商业保险/再保险公司合作提供了商业实践，并将促进工商企业跨国投资经营活动的开展，可以考虑在“一带一路”沿线国家进行推广。

3. 加强金融安全网建设、信用环境建设

首先，建立多层次区域金融合作机制。中国目前与“一带一路”国家在一些地区性的金融合作平台上均有一定的合作，但各平台合作水平存在较大差异，要在总结经验的基础上，进一步推动和扩大中国与东南亚、南亚和中亚的金融合作，深化与中东欧地区的合作，研究探讨与中东北非的合作途径。

其次，成立各国共同出资的债务救助“资金池”，对有还款意愿、但确实没有偿债能力的贫穷落后国家实施一定程度的资金救助。但这种救助不是无偿援助，而应当主要是有偿、但给予一定程度利率和期限优惠、推动债务违约国经济社会发展可持续的救助。之所以不定性为无偿救助，主要是为了避免援助资金出资国遭受重大损失，并规避债务国的道德风险。这一“资金池”可以借助多边金融机构的力量，并将自身定位为未来建立“一带一路”多边债务违约救助组织的渐进式平台。

最后，加强跨境征信合作。开展跨境征信合作，对促进双边企业建立互信关系，降低交易费用，扩大经贸合作具有重要作用，有利于促进各项跨境活动的顺利开展。此外，随着“一带一路”国家金融领域合作不断扩大，金融市场需求正在从传统的结算向代理、融资及投行等多业务转换，伴随而来的信用风险也日趋突出。通过开展征信跨境合作，建立统一完善的征信体系，可以使金融机构提高信息可获得性和可利用率，以较低成本准确掌握国外企业整个海内外机构的运营和信用状况，使区域内更多优质企业与银行建立信息互通渠道，使金融资源不断向信用状况良好的市场主体集中，从而促进信用资源的优化配置，改善信用环境，降低信用风险。

（二）建立“一带一路”国家风险预警评估长效机制

“一带一路”沿线国家风险预警与评估，要根据“一带一路”建设的实际需要，为维护国家安全、规避系统性风险服务，坚持发展性、整体性、前瞻性和可操作性原则，建立以国家风险基础理论、评估模型和评价方法为核心，以先进、全面的国家风险数据库为基础、以完善的监控和预警体系为依托的国家风险预警与评估体系，帮助我国企业抵御宏观风险和系统性风险的冲击，更好地管控重大项目投融资风险。

第一，重视顶层设计，发挥政府高层之间的协调沟通优势，推动建立科学合理的“一带一路”国家风险预警与评估体系。发挥国家风险管理在项目投融资中的作用，服务“一带一路”建设。可以看到，多国共同参与的国家风险预警与评估体系建设工作涉及各国政府部门、研究机构、金融机构以及众多企业，不同国家各部门、各机构的出发点不尽相同，因此，可以借鉴 OECD 国家风险分析与研究的组织架构和工作内容，建立各国共同参与的“一带一路”专门研究机构，针对区域内国家以及全球风险进行预警和评估；定期发布国家风险评估报告和评级，以此作为“一带一路”项目投融资风险判断和预测的重要依据。

第二，构建基于大数据理念和技术，全面涵盖“一带一路”项目信息、国家风险信息等的国家风险数据库。一要以帮助“一带一路”沿线国家企业规避系统性风险以及无法承担的宏观风险为基本出发点，将数据库建设作为国家风险评估与预警的基本工作；二要在多层次、全方位信息和数据搜集整理的基础上，为国家风险的量化研究与管理提供强有力的支撑，特别是在政治风险和经济风险方面提供更多的数据；三要逐步实现数据库的“智能化”，数据库不仅仅是数据和信息的平面化展示，还要有独立客观的风险分析模型，并能够给出不同情景和不同条件下的差异化风险评估结果。

第三，设计基于项目投融资现实需要的“一带一路”国家风险评估指标体系。国家风险评估要尽可能贴近“一带一路”投融资项目。直面实践中的需求和问题，在评估模型指标设计上最大限度地满足项目风险管理的需要。

（三）树立全面风险管理意识，提前制定风险防控与处置措施

由于“一带一路”沿线国家风险水平较高，参建企业尤其要重视国家风险管理，重点包括以下两个方面。

一方面，企业要牢固树立全面风险管理意识，建立适合投资东道国国情和企业自身发展实际的专门化、指标化风险管理体系，将国家风险嵌入风险管理和内部控制体系中，对有可能由于国家风险、主权信用风险因素造成的损失充分评估，提前制定风险防控措施，将测算风险承受底线作为重大项目投融资的前提条件，探讨建立统一框架下反映各国风险特征的差异化风险管理体系。

另一方面，企业要重视自身无法管控的系统性风险。这类风险虽然发生的概率比较低，但一旦爆发，就会使企业陷入严重的经营困难甚至濒临

破产。因此，企业要重点防范因地缘、战争和政治暴乱、国有化和政府违约、恐怖主义袭击、汇兑制度频繁改变、经济增长、国际收支或财政收支失衡、营商环境等导致商业运营不可控因素增加的风险，并以此作为前期项目可行性研究的重要内容。

（四）整合政策性金融资源，提升风险评估与预警能力

一是加强各金融机构尤其是政策性金融机构之间在投融资方面的协作力度，充分发挥出口信用保险带动项目融资、提升信贷额度、降低信贷资金费率的独特作用，通过出口信用保险优化银行批贷放贷的流程，形成企业—银行—保险相结合三方协作关系，为融资结构优化创新创造条件，为各类企业提供“融资支持＋风险保障”的全流程服务，从各个层面、各个环节降低潜在风险。

二是与对外贸易和投资相关的政策性金融机构要在国家、行业和买家层面体现强大的信息获取能力、理赔追偿能力和风险分析能力。充分发挥出口信用保险的政策性作用，帮助企业尽可能规避、转移系统性风险，即发挥出口信用保险“风险承担者”的职能，帮助企业转移、规避自身无法承受的系统性风险；通过出口信用保险强大的理赔追偿渠道增强抵御外部风险冲击的能力和持续经营能力，同时，为企业提供尽可能多的贸易或投资东道国的风险异动信息。

三是建立多国金融机构参与的、具有独立性的外部债务研究与评估机制。可以考虑由多国金融机构和研究机构共同深入研究“一带一路”国家的经济发展和债务情况，尝试建立新的债务可持续性分析框架，对国家治理、产业结构、宏观政策等进行全面评估评审，设立债务违约“高、中、低、无法评估”四大类，根据债务国对外债务偿还能力和意愿，以及债务违约的可能性，以年度为单位动态划分各国的不同类别，为债务违约救助提供充分的依据。

第七章　建立“一带一路”投资债务违约救助新机制

债务违约救助机制是与跨境投融资密切相关的核心运行机制，债务国、债权国政府和企业对这一问题都很关注。国际上现行的债务违约救助机制还存在较大的缺欠，无法解决“一带一路”投融资所涉及的债务违约问题。沿线债务国应本着从本国实际情况出发，充分考察债务的可持续性；债权国应加强与多边组织合作，维护自身权益；域外相关国家和国际组织充分考虑债务国合理诉求，与“一带一路”沿线国家共同探索和构建债务重组和救助新模式，探索适时加入巴黎俱乐部，实现沿线国家的共同发展。

一、投融资违约救助机制的主要问题

现行“一带一路”投融资运行机制在支持“一带一路”沿线国家基础设施建设、保证重大项目如期落地、促进沿线国家资金融通等方面发挥了积极作用，但债务违约救助机制难以适应投融资体系发展的需要。

（一）多边主权债务违约救助不足

在现行国际金融治理框架中，多边债务违约救助以短期内的资金援助、债务重组和债务减免三种方式为主，在集体行动规则下有四种选择。一是由某些债权人自发成立类似“债权人会议”的组织，通过非强制手

段，按照特定规则程序以制度性论坛的形式展开谈判，代表组织有巴黎俱乐部[①]、伦敦俱乐部[②]等，其更多地侧重于债务减免和债务重组，以期在评估债务国偿债能力和偿债意愿的基础上达成协议；二是以金融主导国家的国内法为基础，通过法律手段确保谈判的开展、执行与债权人利益保护，即集体行动条款（Collective Action Clauses，CACs）[③] 和“行为准则”（Code of Conduct，CoC）[④]；三是通过国际组织强制力约束债务重组各方行动，即主权债重组机制（Sovereign Debt Restructuring Mechanism，SDRM）[⑤]；四是通过国际货币基金组织（IMF）、世界银行（World Bank）等多边金融机构寻求资金援助，更多地侧重于缓解债务国中短期内的流动性危机，以及重债穷国框架内的发展中国家（大部分为亚非拉低收入国家）的债务问题。上述四种选择中，目前实施最好的当属第一种和第四种，第二和第三种选择更多的是方法论上的探索，至今并没有很好地得到实施。可以认为，巴黎俱乐部是IMF所制定规则制度的有效补充，IMF擅长制定限制性规则，而巴黎俱乐部则更倾向通过谈判与磋商解决制度框架以外的利益共

---

① 巴黎俱乐部最终的债务处理结果以双边形式展现出来，但由于在多边框架、统一原则下债务国可以与多个国家谈判，本部分仍将其归于多边债务违约救助框架内。

② 伦敦俱乐部是私人部门公司的非正式组织和渠道，针对商业银行债务进行重新调解。与巴黎俱乐部不同，它没有永久的会员国家，伦敦俱乐部根据债务国家的要求组织债权人参与谈判，而这种非正式组织在重组完成后随即解散。巴黎俱乐部与伦敦俱乐部的主要区别是：巴黎俱乐部主要处理官方债务与债务国之间的债务重组，伦敦俱乐部主要处理非官方债权机构与债务国之间的债务重组，以及通过债券互换处理债务国债券融资方式下的债务重组（资料来源：刘东民．加入巴黎俱乐部对中国有何利弊？[EB/OL]．中国新闻网，2016－09－12，http：//www. sohu. com/a/114202492_123753）。

③ 美国不支持SDRM动议，建议推广以集体行动条款（Collective Action Clauses，CACs）为核心的合同方法。

④ 法国央行和国际金融协会（IIF）还提出了“行为准则”（Code of Conduct，CoC）作为SDRM和CAC方法的补充，以解决因债务国宏观经济政策不恰当而引发债务危机的问题。CACs与CoC作为合同方法都属市场导向的解决方法，侧重于事先协商，从而使主权债务重组程序具有一定的可预见性，最终重组形式仍需相关法律仲裁。

⑤ 2001年阿根廷债务危机后，IMF推出建立主权债重组机制（Sovereign Debt Restructuring Mechanism，SDRM）的动议，即建立一个关于主权债务重组的国际法律框架。但因可能涉及成员国的主权让渡，需要修改《国际货币基金组织章程》，最终未能推行。SDRM这类法定方法侧重于通过修改现有国际协定，以基于约定的重组程序规则来取代主权债务合同中的条款。

享与权责共担，以及各方权利义务的谈判空间。

对“一带一路”沿线国家而言，现行债务违约救助机制的缺陷主要有以下几个方面：

一是国际多边金融机构和非官方专门机构由西方发达国家组成，新兴市场国家和发展中国家没有话语权，在 IMF 等国际金融机构中难以表达合理诉求并获得公正待遇，更多的时候只能被动接受，在债务谈判中处于弱势地位。

二是巴黎俱乐部等专门机构要求债务国在接受 IMF 的改革计划和贷款条件，并已确定可以获得 IMF 贷款支持的前提下才可以谈判债务重组或债务减免问题，这在很大程度上给予了 IMF 凭借多种手段干预债务国政治、经济和社会治理的权力，也使得“一带一路”国家在接受 IMF 的援助和巴黎俱乐部的债务重组后，其经济发展道路在很大程度上要听命于西方国家及其主导的国际金融机构的安排，经济发展的自主性和可持续性受到很大制约。以重债穷国（HIPC）倡议计划为例，从到达认证点之前开始，在认证点与完成点之间以及达到完成点之后，IMF 和世界银行（包括巴黎俱乐部）都会按照该方面标准监督和评定债务国经济和产业调整政策、政府财政与债务管理能力、减贫战略文件质量和经济改革成效，尤其是达到完成点之后，如果债务国减债后效果不佳，这些组织会对债务国政策提出“纠正”建议，但实际上，这些干预会造成极大的主权侵犯，降低了债务国执政水平和政策制定能力。

案例：

世界银行曾指出非洲某国从 2013 年开始实施的增值税退税政策相关要求不符合国际通行标准，且对经济增长效果不大，建议尽快着手解决。整个减债过程中，西方国家和多边组织的干预和监督在很大程度上干涉了这一国家的主权和核心政策制定，影响了其经济政策制定的灵活性。

很多非洲国家为了获得 IMF 的援助贷款（分期支付），不得不在经济主权上作出让步。部分国家在财政政策、货币政策等方面就要听从IMF提出的改革意见，并接受其定期监督和评估，如果评估不达标，IMF就会停止发放贷款。因此，这些国家为了解决债务问题或渡过经济难关，不得不听命于IMF等国际金融组织。

三是没有从根本上提高债务国债务管理水平。IMF的贷款援助或巴黎俱乐部的债务重组经常要求债务国不得再接受特定国家的贷款，并设定了外债总额上限，这对于债务国多元化融资和利用外资拉动经济形成了很大阻碍，限制了一国政府和企业正常的吸引外资和投融资活动。对债务国主权和政策的干预实际上进一步降低了债务国政府提高经济发展水平和债务管理能力的意愿，长期听从安排的国家甚至会丧失政策制定的能力，国际组织的监督始终没有帮助这些国家形成适用本国的政策体制。

（二）双边主权债务违约救助不完善

双边债务违约救助主要在借债双方政府以及相关债权人、债务人之间谈判解决。由于“一带一路”国家签订的贸易、投资等经济合作协议不同，债务国经济实力不同，以及债务国偿债意愿不同，双边债务违约救助更加复杂，两国之间的债务救助更多依靠双边谈判协商进行，没有统一公认的准则。目前，“一带一路”国家之间尚未有重大的债务违约事件发生，但已经有斯里兰卡港口建设暂缓、巴基斯坦要求我国给予更多的资金援助（实质上就是债务重组）、马来西亚东铁项目和能源管道项目违约等有可能造成债务违约事件的发生，这些违约项目将主要通过政府谈判来处理，具有“一事一议”的特征，并没有形成双边债务违约救助的长效机制。从某种角度上看，“一带一路”国家之间的双边债务违约更多地体现出债权国对债务国的短期资金援助以及对原有债务的让步，难以避免债权方的损失。

案例：

2015 年 1 月斯里兰卡新总统迈特里帕拉·西里塞纳上任后，曾叫停中资企业投入巨资建设的科伦坡港口城项目。如果斯里兰卡政府违约，我国企业将蒙受重大损失。后来在两国政府的多次友好协商下，该项目又获批准继续建设①。

2018 年 7 月，马来西亚政府叫停东铁项目。东铁由马来西亚财政部属下政联公司马来西亚铁路衔接有限公司（MRL）拥有，并由中国交通建设公司（CCCC）承建，截至 2018 年 6 月工程已完成 14%。马来西亚政府表示，该项目最终成本接近 810 亿林吉特（约 1329 亿元人民币），政府无力承担。如果政府违约，则需要承担高达 220 亿林吉特（约 361.08 亿元人民币）的违约金，但我国企业仍将遭受重大损失②。

（三）非主权债务违约救助资源有限

非主权债务是指以营利为目的的商业性市场主体在对外经济合作中产生的、对外国市场主体的债务，政府部门以及下属的、具有较强关联性的公共管理部门或国有企业没有义务也不会对这些债务提供任何担保。一般情况下，这一类债务违约需要债权人和债务人按照市场原则进行沟通处理，国家只是在双边协定、沟通渠道、政治影响等方面给予协助。由于“一带一路”国家风险水平较高，经济和商业基础薄弱，投资和法律环境欠佳，当期限较长、金额较大的非主权债务发生违约时，单纯依靠商业性市场主体自身的力量以及商务沟通渠道可能难以解决问题。过去五年，在“一带一路”建设中增加的债务大多没有到期，许多项目正在建设，尚未运营，非主权债务违约救助问题还没有提上日程，但可以预见的是，随着时间的推移，有些项目建成投产后可能达不到预期收益，加上商业性项目

① 网易新闻，http：//news.163.com/15/0306/15/AK1KROFK00014SEH.html，2015-03-06。

② 搜狐网，https：//www.sohu.com/a/239492873_260616，2018-07-05。

投融资增多，违约事件也会增加，债务违约救助问题将会突出。

二、建立符合沿线国家实际的债务违约救助新机制

“一带一路”项目投融资要根据开放、共享的基本理念，直面新问题、新挑战，中国与沿线国家需要致力于建立债务违约救助新机制，以更加自信的姿态与国际多边金融机构进行交流与合作。

（一）加强与多边组织的合作，维护自身正当权益

随着“一带一路”建设投融资规模的持续上升，债权国和债务国与IMF、巴黎俱乐部等多边组织的利益纠葛乃至矛盾日益增多。为此，“一带一路”国家需要积极应对，加强与这些组织的合作，维护自身经济利益。针对与西方国家在债务问题上存在分歧的客观情况，要加强与西方国家在债务问题上的谈判与合作。尤其是对重大投融资项目，应提高项目透明度，强化债权管理，实时监测债务人，避免债权过度集中，加强对“海外不良资产”的管理与处置力度。

同时，应正确看待巴黎俱乐部关于发展中国家债务指标的科学性，探讨既符合“一带一路”国家发展实际、尊重投资所在国谋求经济发展的自主权利，又考虑其债务可持续性的重大项目投融资模式。借鉴吸收西方国家和多边组织处理债务违约的模式规则和做法，开展债务重组和债务违约救助。

（二）统筹兼顾沿线国家的多层次合理诉求

“一带一路”建设涉及的国家较多，市场较大，人口众多，政治经济社会历史文化的差异性使得不同国家的诉求多样。债权国和债务国要找准相互之间的利益契合点，不能自说自话，而是要考虑对方的利益诉求，尤其是债务国政府和企业的偿债意愿及能力，以及债权国政府及企业提供信贷资金的可持续性和经济利益诉求。

“一带一路”主要债权国应充分考虑主要债务国政府和企业资金需求的多样性，根据其市场开放程度、金融环境和金融体系、政府政策倾向和偿债意愿，合理安排项目投融资的节奏。同时，要注意两个方面的问题：一是不要对一个对外来资金需求很大，受美元强势和国际大宗商品价格波动影响大，导致偿债能力下降的国家进行过度投资，避免国别以及国别—行业维度下集中度过高的问题。二是要用中长期的眼光来看待项目和投融资的战略意义，有较高的短期风险容忍度，在双方短期利益无法调和时，债权国从支持债务国经济发展、培育债务国相关产业和潜在市场发展的角度出发，进行一定程度的短期利益让步，谋求长期利益，并且与可持续的投融资决策相结合。

（三）探索构建债务重组与救助新模式

“一带一路”沿线国家不能被动接受西方国家已经安排好的既有模式，而是要创新融入。同时还要探索建立区域性债务违约救助框架。

要扩大多国参与的亚洲基础设施投资银行、丝路基金、新发展银行的影响，发挥其主要致力于“一带一路”、发展中国家和新兴市场国家以及金砖国家资金互联互通的特点；充分利用这些机构在多边金融协商沟通上的优势，尝试建立大部分“一带一路”国家共同制定、共同遵守、带有一定强制性的债务违约救助准则和模式。例如，救助准则中可以规定债务国必须有积极还款的意愿并具备较强的债务管理能力，能够拿出可持续的经济和债务规划，利用一定比例的政府收入或自然资源提供担保；规定债权国不得干涉债务国内政，要从更长的时间看待债务问题等。总体而言，新的机制要达到的目的是，债务国获得债务救助之后，不靠外债，不靠外力监督，从国情出发，找到符合国内产业结构和发展模式的经济增长点，通过国民经济自身的良性“造血”功能实现社会经济的内生性发展；债权国要向世界展示，从建立公正合理的国际政治经济新秩序出发，开放共享的债务救助新机制可以起到较好效果，新型债务救助模式更加有效。

（四）“一带一路”国家可以探讨加入巴黎俱乐部的可能性

“一带一路”沿线国家中，加入巴黎俱乐部的只有俄罗斯和以色列两国。近年来，西方国家不断发出希望中国等在“一带一路”倡议中占据重要地位的国家加入巴黎俱乐部的声音。例如，2016年7月1日，在巴黎俱乐部成立60周年纪念会上，IMF总裁拉加德指出巴黎俱乐部未来的首要任务就是吸引新兴债权国加入俱乐部。2016年7月23日至24日，在成都举办的二十国集团财长和央行行长会议上，会议公报提出，支持巴黎俱乐部作为主要国家官方双边债务重组平台讨论一系列主权债务问题，并支持巴黎俱乐部持续吸纳更多新兴债权国，欢迎中国定期参加巴黎俱乐部会议，以及中方发挥更具建设性作用的意愿，包括进一步讨论潜在的成员身份等问题。此前，美法等西方国家的财长也都表示过希望中国成为巴黎俱乐部的“正式成员”。

巴黎俱乐部希望中国等国加入，一方面是为了让中国等国家承担更多的国际义务，另一方面是为了增强巴黎俱乐部自身的国际影响力。如果这些国家加入巴黎俱乐部，相关政策在出台前会经过俱乐部内部更加充分的协商沟通，对西方国家来说“溢出”效应的冲击将减小。同时，20世纪七八十年代巴黎俱乐部成员国保有的债权规模占全球的比重约为60%，现在已经不到50%，巴黎俱乐部作为一个国际上的债权国协调机构，迫切希望新兴市场国家加入以增强其在国际上的作用，如果不能持续吸纳新兴债权国加入，俱乐部的影响力将持续下降。

专栏：我国加入巴黎俱乐部的利弊分析

中国是否应该加入巴黎俱乐部，这是一个非常复杂的问题。有些专家认为应该加入，是大势所趋，利大于弊，何时加入只是时机问题。归纳起来，加入的主要考虑有：第一，加入后，在IMF框架下，以巴黎俱乐部为平台，可以提升中国在全球经济治理中的制度性话语权，进一步提升我国的国际影响力和国际信用；第二，中国加入巴黎俱乐部后可以获得关于全球债务国相关情况的更充分的信息，减少债权国之间产生冲突，避免因债务国财政情况的不可控酿成债务危机，进而有助于我国债务的回收、减少债务风险暴露；第三，可以增加和主要债权国的政策协调，交流外债管理的经验与方法。

反对者则认为我国一直以来都是作为参与者和巴黎俱乐部保持沟通，这种现状可以保持，而不是加入。不加入的主要原因有两个：第一个原因是保持中国对外经济政策的自由度。目前，巴黎俱乐部成员国中除俄罗斯外，其他 20 个国家都是 OECD 国家，目前中国还没有加入 OECD 组织，仍然是发展中国家，还不宜加入由欧美等发达债权国组成的巴黎俱乐部。目前，巴黎俱乐部组织主要是以西方国家为一方，与发展中国家商讨债务重组、减免等事项，中国加入其中与中国自身强调的发展中大国的定位存在潜在冲突，其他发展中债务国可能觉得中国和西方国家站到一起对付发展中国家。第二个原因是保持中国之后相关政策和决策的自由度。巴黎俱乐部虽没有任何成文的规定，但是强调只同那些与国际货币基金组织（IMF）签署了有关经济调整方面的协议的债务国进行谈判。而 IMF 的经济调整主张主要是按照“新自由主义”的药方开出来的，其适用性已经面临较大的挑战。如中国加入巴黎俱乐部后按此原则行事，对外经济政策的创新空间可能受到约束。

“一带一路”沿线国家在前述探索构建债务重组与救助新模式的同时，可以根据本国对外投资的实际情况，以更加开放的态度，适度考虑加入巴黎俱乐部的可能性。首先，以巴黎俱乐部为平台，通过在债务救助具体问题上的合作，逐步提升自身在全球经济治理中的制度性话语权，进一步提升国际影响力和国际信用。其次，通过巴黎俱乐部获得全球债务国相关情况更充分的信息，减少与相关债权国之间的利益冲突，避免因债务国财政情况的不可控酿成债务危机。再次，通过巴黎俱乐部逐步增加和主要债权国的政策协调，交流外债管理的经验与方法，以此增进西方国家对“一带一路”投融资的理解。最后，“一带一路”国家要以捍卫自身政治经济主权为先决条件，在构建新型债务重组和救助机制的基础上，将好的经验和做法与巴黎俱乐部现有制度框架和操作模式有效对接，解决现有债务救助中存在的问题，以改革、创新、共赢、共享为理念谋求主动加入，而不是屈从西方国家的意志的被动加入。

总体而言，“一带一路”沿线国家是否加入巴黎俱乐部面临相当程度的“两难”困境，但在这一问题上不能一味拒绝，也不能一直等、一直拖、一直躲。综合目前情况，“一带一路”沿线国家在考虑加入时可有如下三种方案：

最优选择：“一带一路”沿线国家带着条件加入，巴黎俱乐部现有成员国允许新成员国拥有一定的“过渡期”，并在一定期限内享有一定限度的“例外条款”；同时，承诺充分考虑新成员国提出的债务处置新模式，制定改革现有债务违约救助机制的实质性“路线图”，充分考虑债务国中长期经济、社会的可持续发展需要。

次优选择：“一带一路”沿线国家带着条件加入，巴黎俱乐部现有成员国允许新成员国拥有一定的“过渡期”，但在是否改革现有债务违约救助机制问题上仅持可以进一步讨论、协商的中立态度。

一般选择：“一带一路”沿线国家带着条件加入，但“过渡期”较短，现有成员国反对改革现有债务违约救助机制，仅在部分技术性问题上进行商讨。

需要注意的是，加入巴黎俱乐部并不是“一带一路”沿线国家的“必选项”，如果在短期内加入的条件不成熟，仍可以在保证自身政治经济主权不受侵害的前提下，保持与巴黎俱乐部的对话通道，或者尝试就某一国别、某一项目进行技术性探讨。

第八章　加强“一带一路”投融资反腐败反商业贿赂工作

反腐败、反商业贿赂是国际金融领域的重要工作。“一带一路”沿线多数国家金融监管体系尚不健全，在反腐败、反商业贿赂等方面的情况复杂，问题较多，经验不足。在“一带一路”投融资过程中，应加强国际合作，调动各方资源，做好反腐败、反商业贿赂政策协调和执行工作。

一、“一带一路”建设面临严峻的反腐败、反商业贿赂挑战

腐败阻碍经济增长与发展，严重扭曲正常的市场竞争秩序，影响资源配置，造成财政资金的浪费。OECD 研究人员发现，跨国行贿普遍增加了商业运营的成本，平均而言，贿款金额相当于总交易额的 10%，或超过企业收益的三分之一。跨国行贿同样破坏了正常的市场经济秩序，造成企业和政府之间的不良关系，一些公司利用不法手段获得了本应由其他公司正常得到的商业订单。

根据透明国际的数据，“一带一路”沿线很多国家都存在法律法规不健全、政府效率低下等问题，容易在投融资活动和项目建设中产生腐败风险。这不仅会增加“一带一路”项目的投资成本，还会造成不公平竞争行为。加之一些沿线国家内部政治斗争激烈，一方的腐败行为很容易被拿过来做文章，特别是部分国家内部对华态度存在分歧，中国企业涉腐会被人

大做文章，严重影响双边关系和我国政府、企业及金融机构的形象和影响力。

案例：

2004 年中国在菲律宾最大的基建项目——造价 5.03 亿美元的菲律宾北铁工程，因合同的签订未经公开招投标，违反了菲律宾会计与审计法，有腐败嫌疑，导致合同终止。另一个案例是某企业竞标墨西哥高铁失败案，在经过对标书进行严格审核之后，墨西哥通信和交通部公布中铁建高分中标，但随后，墨西哥总理以“公众疑虑和担心”为由撤销了中标结果，背后则是由于总统夫人受到“收受贿赂”的舆论压力，总统为保住自身形象而对投标结果作出否决。最新的一个案例是马来西亚政府 2018 年取消由我国贷款支持的东海岸铁路项目，其理由之一就是前总理纳吉布从中捞取钱财，涉嫌腐败。在我国，2013 年的“药企葛兰素史克商业贿赂案”中罚金达到人民币 30 亿元，该公司相关管理人员也被追究刑事责任。

在“一带一路”投融资中，尽管在很多地区和国家“通融费”或“代理费”、“咨询费”以及贿赂可能是获取商机的必要手段，但这也会成为投资者丧失竞争机会、受到法律制裁的导火索。腐败问题是“一带一路”投融资所面临的重大挑战之一。

在国际合作中，加强反腐合作是国际社会的共识。在 2017 年的“一带一路”高峰论坛上，习近平主席表示，中国要加强反腐败国际合作，将“一带一路”建成“廉洁之路”，这是对中资企业在参与“一带一路”建设中保持廉洁、拒绝腐败和商业贿赂的明确要求。

（一）国际社会多维度打击跨国腐败和商业贿赂

在国际经贸和投融资活动中，如何防止腐败、防止商业贿赂，国际社会积累了丰富经验。

1977 年美国制定的《反海外腐败法》（Foreign Corrupt Practices Act,

FCPA），可谓射向跨国腐败活动的第一支利箭。该法出台的直接背景是1976年2月被曝光的“洛克希德事件”，多国政界和财界要员，包括日本前首相田中角荣在内，都被卷入美国大型军火制造商洛克希德·马丁公司的行贿事件中，给国际社会以强烈震撼。FCPA禁止美国公司向外国政府公职人员行贿，并且明确了企业的合规管理责任，同时美国致力于将FCPA的范围扩大以加强国际影响，比如1998年修正案将FCPA管辖范围进一步扩大，将外国企业或自然人在美国境内实施的违反FCPA的行为也列入FCPA管辖范围。1991年美国联邦量刑委员会颁布的《针对组织机构的联邦量刑指南》（The Federal Sentencing Guidelines for Organizations，FSGO）明确把公司是否建立了“有效的合规机制”作为法院对公司处罚时应考虑的重要因素。

英国于2011年生效的《反贿赂法》（Bribery Act），对公司合规和反贿赂的要求更加严格，要求公司不仅自身要合规经营，而且需要对供应商、合作伙伴、代理等的合规负责，企业如果没有防止贿赂行为的措施，将承担严格的法律责任，除非企业可以证明具备“足够的程序”预防贿赂发生，“足够的程序”包括企业需要建设适当的合规项目、建立比较完善的合规机构和合规制度等明确要求。

法国的反腐败法《萨宾二法案》（Sapin II）也于2017年5月正式生效，在反海外腐败方面借鉴了美国《反海外腐败法》和英国《反贿赂法》的有关内容。

部分“一带一路”国家也出台了相应法律法规，例如缅甸的《反腐败法》（2011年）、俄罗斯的《反腐败法》（2008年）、越南的《反腐败法》（2005年）等。

FCPA专门约束美国企业的海外贿赂行为，这也使得美国企业在与那些尚未出台同类法规国家的企业开展竞争时，处于事实上的不利地位。对此，美国经济界表达了强烈不满。作为回应，美国国会在1988年对FCPA

进行了修订，并积极开展国际协作，推动多国缔约，旨在将防止向外国公职人员进行不正当利益输送纳入各国共同遵守的义务范围。

1997 年经合组织（OECD）接受美国的建议，制定并出台了《关于打击国际商业交易中贿赂外国公职人员行为的公约》，公约旨在协调各国力量，共同打击行贿外国公职人员的行为，公约就行贿外国公职人员罪、法人责任、制裁、司法管辖权等各方面均作出详细规定，要求各缔约国进行相关立法和执法及提供司法协助。该公约于 1999 年生效，迄今已有 34 个经合组织成员国以及俄罗斯、巴西等 7 个非成员国共计 41 个国家签署该公约。

联合国作为预防和打击跨国犯罪的重要国际组织，也高度关注国际合作中的反腐败问题。2000 年 11 月 15 日，联合国大会通过了《联合国打击跨国有组织犯罪公约》。条约针对重大跨国犯罪中的资金追讨和犯罪人引渡等问题，明确规定各缔约国应在搜查、追诉，以及在相关司法程序上予以最大限度的相互合作。2005 年联合国通过了《联合国反腐败公约》，努力从源头上遏制腐败行为的发生，公约针对公职人员在收受贿赂、非法侵占公共财产等相关行为的定罪，以及没收犯罪所得收益、财产返还等方面的国际合作作了详细规定。比如，在预防性反腐败政策和做法方面，规定各缔约国均应努力制定和促进各种预防腐败的有效措施，同时促进社会参与，提高透明度；在具体的国际合作方面，规定各缔约国与腐败有关的案件调查、诉讼、审判程序，以及引渡请求、预防和检测犯罪所得的转移、追回资产等方面提供最广泛的司法协助，切实加强国际合作。

作为有影响力的国际组织，世界银行也发布了《廉政合规指南》（World Bank Group Integrity Compliance Guidelines），并于 2010 年与其他几家国际多边开发银行如亚洲开发银行等共同签署了联动制裁协议，任何触发了联动制裁机制的公司，将会受到这几家国际多边发展银行的共同制裁。

2014 年亚太经合组织（APEC）北京会议通过了《北京反腐败宣言》，中国作为该宣言的发起者，还参与发起并通过了《亚太经合组织预防贿赂和反贿赂法律执行准则》、《亚太经合组织有效和自愿的公司合规项目基本要素》等重要文件。

（二）中国在反腐败国际合作方面力度仍需加强

1997 年，当 OECD 出台《禁止在国际商业交易中贿赂外国公职人员公约》时，中国未参与，2000 年联合国成立《联合国反腐败公约》特设委员会、着手起草这份国际性反腐败法律文件时，中国则从一开始就参与了进来。借助这份 2003 年正式通过、2005 年生效的公约，中国加快了国际反腐败的合作进程。从 2002 年到 2017 年 6 月间，在双边合作方面，与中国签订了引渡条约的国家从 19 个增加到了 48 个，签订了刑事司法协助条约的国家从 8 个增加到 59 个，检察机关间签署了双边合作协议或合作谅解备忘录的国家达到 90 多个，此外，中国还与 190 多个国家建立了国际执法合作关系。多边合作方面，为推动《联合国反腐败公约》的有效执行，2006 年国际反贪局联合会（International Association of Anti-Corruption Authorities，IAACA）在北京成立，通过这一组织，中国在反腐败方面进一步深化了国际交流与合作。

2012 年以后，国家加大对反腐败国际合作的工作力度。2014 年 10 月召开的十八届四中全会进一步将“加强反腐败国际合作，加大海外追赃追逃、遣返引渡力度”明确写入党的重要文献；在机构整合方面，首先是中纪委调整内部结构，组建国际合作局，随后由中纪委、最高法、最高检、外交部、公安部等 8 个机构合作成立指挥国际追逃追赃行动的“司令塔”——中央反腐败协调小组国际追逃追赃工作办公室。在国际沟通机制上，2014 年 APEC 会议审议通过《北京反腐败宣言》，提出组建亚太经合组织反腐败执法合作网络（ACT-NET），这项机制的建立也意味着亚太地区的反腐败活动正式从理论层面的交流迈入实质上的合作阶段。该宣言最大的成果之一，是在推进国际反腐败合作的情报分享上达成了一致。这一系列的实质性动作将中国的反腐败国际合作推上了快车道。在此基础上，中国迎来了掌握国际反腐败合作主导权的机会，2016 年 二十国集团杭州峰会通过了《反腐败追逃追赃高级原则》和《反腐败行动计划（2017—2018 年）》，并决定在中国设立反腐败追逃追赃研究中心。这些成绩表明，在反腐败国际合作的问题上，中国不仅提出了原则，还同时提出了具体实现的组织机制和行动计划，正以“三位一体”的方式构筑国际反腐败的新格局。

近些年的一些案例表明，腐败风险已经成为影响我国境外投资合作的重点风险之一。研究显示，腐败已成为中国企业海外扩张的最大干扰。投资运营中的腐败导致国有资产流失，制约着企业的健康发展与持续盈利能力，不利于传播良好国家形象。

在现有实践的基础上，我国仍需进一步加强海外反腐败和反商业贿赂工作，特别是针对当前海外工程承包和海外投资项目，部分中资企业都在当地聘请“代理人”或“经纪人”并向其支付大额佣金、咨询顾问费等情况，相关部门要加强监管和审计监督，同时对海外媒体已经报道出来的涉嫌商业贿赂或腐败的中资企业或金融机构，进行追踪调查。

目前我国还没有专门的反海外商业贿赂或反海外腐败法律，也没有加入 OECD《禁止在国际商业交易中贿赂外国公职人员公约》，在国内法或国际法方面的缺位，也不利于进一步推进我国反海外腐败和反商业贿赂工作。

（三）“一带一路”沿线国家催生腐败的因素多

从 2015—2017 年世界银行治理指数、透明国际清廉指数和世界经济论坛非法支付和贿赂指标可以发现，“一带一路”沿线 65 个国家的廉洁水平与得分差距很大。在高腐败国家，政商关系普遍扭曲，企业在这些国家经营投资，往往主动或者被动卷入腐败案件，面临着较高的行贿、索贿的腐败风险。在政治环境不稳定的国家，如某些多党制国家，若执政党不能赢得民众持续信任，政权频繁更替，则会导致政府执政能力走低和政策断裂。为了获得持续的政治承诺与支持，企业往往会贿赂所在国家的官员、政党或政治职位候选人，导致其发生违反职责的行为。

世界银行《2017 年全球营商环境报告》显示，“一带一路”沿线国家商业环境差距较大。某些国家在税收情况、注册财产、洽办证照、获取信贷、破产处理、中小投资者保护与合同保障等方面评分与表现均不理想。欠佳的商业环境往往带来中国企业投资不便、生产与运营成本上升、财务费用提高、利润缩水，企业往往会通过行贿官员，绕过市场监管与相关法律，获取更多的交易机会与利益。

某些沿线国家存在反腐“软政权”现象，反腐败机构效能低下，反腐法规得不到有效实施，“潜规则”普遍盛行，这会降低在这些国家投资的外国企业的廉洁预期，提高企业通过行贿达到商业目的的负向激励。

文化也是影响腐败的一个因素。文化影响着人们的心理、行为和预期，进而影响着腐败的治理效果。在某些国家，“人情”文化盛行，人们在潜意识里对腐败持宽纵、同情甚至羡慕的态度，存在用“送礼”“走后门”获取利益的思维惯性，廉洁价值缺失，廉洁文化薄弱，这无疑将增加企业的腐败风险。例如，在国际交流合作、海外市场开发等对外交往活动中，为影响对方决策或商业交易结果，提供或接受超出合理限度的业务招待，不当索要或接受礼品等。

政府项目是腐败重灾区。根据 OECD 的有关研究，由政府发起的公共项目是跨国公司行贿重灾区，57% 的跨国行贿行为是为获得政府项目合同；海关是跨国行贿第二大灾区，12% 的跨国行贿旨在疏通报关；税务领域紧随其后，6% 的跨国行贿是为得到优惠税收待遇。在受贿者中，国有或国家控制的企业员工所占比例最大，达27%，海关人员占11%，卫生部门官员占7%，国防官员占6%，税务官员占4%，交通官员占3%。

以2014年3月日本咨询企业行贿越南国有铁路公司为例，日本交通技术株式会社当时向日本检方供认，企业曾经贿赂越南国企官员，从而获得一个为河内城铁建设项目提供咨询的机会。随后有多名越南交通系统公职人员因此遭停职、受调查，越南铁路总公司副总经理陈国栋等人遭警方逮捕。

2014年美国惠普公司因其在俄罗斯、波兰和墨西哥的子公司为获取商业利益违反美国反腐败相关法规，该公司同意向美国司法部和联邦证券交易委员会支付约1.08亿美元罚款。惠普俄罗斯分公司承认，曾为获得俄罗斯联邦检察总长办公室的合同贿赂俄政府官员，违反美国《反海外腐败法》的反行贿和会计条款。另外，惠普波兰分公司和墨西哥分公司承认为分别获得波兰国家警察总局和墨西哥石油公司的合同而违反《反海外腐败法》的会计条款。

（四）多环节容易发生腐败风险

投资决策环节。投资决策是企业决策的核心，也是腐败高发环节。一是在监督信息不对称的条件下，海外企业决策者可能利用信息优势和隐蔽性行为违规决策，导致腐败风险。决策者规避国家制度和监管要求，违反决策程序，违规决策投资合作事项导致商业贿赂。二是在欠佳的商业环境下，投资中的信贷融资也存在较大的腐败风险。投资往往涉及融资信贷，获取信贷便利程度是世界银行衡量商业环境竞争力的重要维度。但在贷款利率高、周期短的国家，容易引发企业通过商业贿赂获取信贷的风险。三是受投资国欠佳的商业环境与自身不良商业习惯的影响，在投资合作方的选聘中，收受代理、中介机构、顾问以及其他业务伙伴的商业贿赂，或在商业谈判、合同签署环节采取不当行为、失密泄密导致向对方行贿或者收受对方贿赂的腐败风险。

产权交易环节。产权交易是企业“走出去”的重要目的之一，也是潜在腐败风险的高发环节。首先，投资国政治与法律风险导致产权交易中的腐败风险。海外收购和并购一方面面临投资国的政治审查。另一方面，面临与国内不同的繁杂法律规定与程序，如果未能完全合规或者不符合政治审查标准，则可能面临腐败指控。其次，产权交易中尽职调查环节存在较大腐败风险。在收购或境外上市过程中，需要对卖方企业进行法律、会计、财务、技术等方面的尽职调查。尽职调查一般选聘投资国的第三方机构，存在来自卖方企业和第三方机构的商业贿赂风险。

招标投标环节。招标投标是腐败问题易发多发的领域。首先，廉洁度较低的政治环境可能加剧投标中商业贿赂的风险。政治廉洁度较低的国家，打击商业贿赂不力，政商间不当利益交换较为普遍。企业甚至设立专业的“行贿部门”在投标中行贿政要。在此背景下，在国际业务投标中，外国企业为谋取竞争优势，实施商业贿赂的潜在风险较大。其次，不健全的商业环境可能导致招标、采购中收受贿赂的腐败风险。在商业腐败治理不力的国家，商业交易透明度较低，企业海外招标、采购活动存在收受投标人商业贿赂，帮助其获得竞争优势的腐败风险。

项目运营环节。一是项目管理在对外交往活动中存在较大的腐败风险。项目运营，尤其是基础设施建设项目运营，具有投资周期长、环节多、利益关联方多的特点，必然涉及较多的对外交往，如招待、参观、会议、培训、交流、捐赠等。在商业廉洁程度较低的国家，企业为了维持与当地官员和商业伙伴的良好“关系”，保持项目顺利运行，存在赠送礼品、礼金等腐败风险。二是海外项目运营人员存在滥用职权的腐败风险。在监督信息严重不对称的情况下，海外项目运营人员可能违反国有资产监督管理制度、涉外人员守则和公司有关规定，收受商业贿赂，利用职权之便干预采购、施工、监理、竣工验收，为利益相关方谋取不当利益。

二、多措并举，加大海外反腐败、反商业贿赂力度

（一）加快海外投资运营反腐败立法，强化海外投资运营监管

建立完善的反海外腐败法是防控企业在参与国际项目中腐败风险的制

度保障，通过立法，既可以促使中资企业拒绝贿赂外国公职人员，也可以让心存侥幸、不合规运营的中资企业受到制裁，树立中国政府和企业的廉政形象。虽然《中华人民共和国刑法》《中华人民共和国反不正当竞争法》《关于禁止商业贿赂行为的暂行规定》对官员受贿规定了严厉的刑事制裁，但对中国企业在海外的行贿行为尚无法律规定。为了维护国家形象，规范中国企业在境外的行为，从长远角度保障中国企业的国际竞争力，应抓紧制定我国的《反海外腐败法》。同时，在境外采购方面，也应该研究制定《中国企业境外采购反腐败指引》，引导与推动企业廉洁采购、实现可持续发展。同时，应注重把国内监管与国际监管有机结合，把国内的监管做法和体系真正延伸到国外，形成对腐败全面的监督覆盖。

（二）政府加强指导、预警和监管，建立腐败或商业贿赂黑名单制度

我国政府可以依靠外交、商务等各方面渠道和能力，对企业开展境外运营进行反腐败和商业贿赂方面的指导、预警和监管，同时借鉴世界银行等多边金融机构的做法，建立境外经营合规黑名单制度。首先是加强对中资企业投资腐败风险的宣传教育，牢固树立合规经营的意识。走出国门早、投资经验丰富的部分企业已经开始高度重视海外投资风险评估，但对腐败风险的评估还没有放在重要位置。近年中资企业由于不合规经营遭到巨额惩罚，这再次警示企业加强海外投资腐败风险防范意识。其次要建立反腐败预警机制和黑名单制度。政府部门或非政府组织成立专门的项目组，深入研究“一带一路”沿线国家腐败状况与反腐败的情况，为企业提供有针对性的指引。

（三）金融机构采取有效措施，遏制、预防和打击腐败和贿赂行为

首先应在贷款及保险合同中加入反腐败和反贿赂条款，明确借款企业、被保险人或相关方有行贿行为，将构成违约，将触发提前还款，在保险合同项下保险人有权拒绝赔偿。在发展援助贷款和官方支持的出口信贷中，应参照《经合组织理事会关于贿赂和官方支持的出口信贷问题的建

议》，采取适当措施制止或打击其支持的商业交易中的行贿行为。比如，在批准信贷、担保、保险后，如证实确实存在行贿行为，则应采取拒绝付款、拒绝赔偿或追回已经支付的款项等措施。同时，金融机构之间应该共建共享行贿行为黑名单，建立联合制裁机制。以世界银行为例，截至2015年10月，因为欺诈、行贿等腐败行为，全球共有910家企业或个人被列入制裁黑名单，其中中国企业44家。由于多边金融机构之间有联合制裁机制，即互认对方的制裁名单，被世界银行列入黑名单，即意味着也被世界银行旗下各成员、亚洲开发银行、非洲开发银行、欧洲复兴开发银行、亚洲基础设施投资银行等列入制裁名单，禁止这些企业参与它们所支持的项目。中国也应该针对“一带一路”建立类似名单制度，约束和监管进入“一带一路”的企业和个人。

（四）强化企业主体意识，提高合规能力和预防腐败的能力

企业“走出去”要建立合规合法经营的意识，建立健全企业防控腐败的机制。2017年5月23日中央全面深化改革领导小组第三十五次会议审议通过的《关于规范企业海外经营行为的若干意见》指出，要“加强企业海外经营行为合规制度建设”。在业务中，既要讲究投资策略，又要努力做到不急功近利，选择做腐败风险小的业务，努力杜绝腐败风险。要建立合规经营的企业文化，树立企业依法合规经营的理念，坚决拒绝腐败。建立公司跨国合规经营的考核机制，设置内部监管机构、明确腐败严惩机制，减小发生腐败的概率。在投资风险评估中，注重腐败风险的评估，针对企业运营面临的腐败类型或事件，采取有针对性的措施。

（五）利用国际组织平台，搭建政府间反商业腐败的合作与联络机制

廉洁丝路建设必须积极依托联合国、二十国集团、APEC、金砖国家等多元化国际组织平台，以《联合国反腐败公约》、《经合组织关于打击国际商业交易中贿赂外国公职人员行为的公约》、《二十国集团反腐败追逃追赃高级原则》、《北京反腐宣言》等为依据，融入国际反腐败合作网络，压

缩企业海外腐败空间。我国尚未签署加入《经合组织关于打击国际商业交易中贿赂外国公职人员行为的公约》，而俄罗斯、巴西、土耳其等国均已经加入，我国有必要认真研究是否以及何时加入该公约的事宜。同时，加强我国反腐败机构与“一带一路”沿线国家反腐败机构“点对点”式反腐败合作，签署合作协议，加强协调，统一标准，构建反腐联络机制、定期磋商机制与信息交换机制，将双边企业腐败风险防控合作纳入制度化轨道，包括调查取证、职务犯罪诉讼移管、引渡与资产追回、移交赃款赃物等。在有效惩治腐败犯罪的同时，保障中国企业的合法权益，增强中国的负责任大国形象。

第九章　实现“一带一路”投融资信息公开透明

国际社会普遍认同，“一带一路”建设是中国向全世界提供的公共产品。作为一项公共产品，要让沿线国家和国际组织能够从中获取共同利益、创建共同价值，关键在于公共产品的分配和使用过程中的制度建设，因此公开透明是必然要求。外交部长王毅在2018年全国“两会”期间也指出，“‘一带一路’是中国提出的阳光倡议，共商共建共享是推进‘一带一路’的黄金法则，这六个字决定了‘一带一路’合作具有鲜明的平等性、开放性和普惠性，也就是说，无论是规划合作蓝图还是实施具体项目，都由参与方商量着办，一切都在阳光下运作。没有一家独大，而是各方平等参与；没有暗箱操作，而是坚持公开透明；没有赢者通吃，而是谋求互利共赢”。“一带一路”的公共产品属性和“共商共建共享”的合作理念决定了“一带一路”建设必须秉承公开透明的原则，这样才能最大程度地吸引各个国家、各类资本参与，实现互利共赢。

一、“一带一路”建设透明度不足及其带来的问题

“一带一路”倡议自提出以来，国际社会有关其透明性的疑虑始终存在。经过五年的实践，“一带一路”建设取得长足进展，但由于中国在政策出台、项目实施等过程公开程度不足，事前、事中、事后等方面的信息

披露还不充分，透明性问题确实客观存在，这在一定程度上制约了“一带一路”建设的吸引力和后续发展。

（一）支持政策不透明

由于“一带一路”涉及国家众多，而且我国多次强调，“一带一路”建设不是另起炉灶，而要与沿线国家的国家战略、发展愿景、总体规划等实现有效对接，寻求共建“一带一路”的合适切入点。因此，具体实施过程中，“一带一路”建设充分考虑了沿线每个国家的特殊国情，尽量避免设立量化的、硬性的投资规则，通过减少正式的安排来提高灵活性。这带来的问题是，中国与沿线国家主要通过签署双边协议的方式加强合作，这些协议一般缺乏约束力，一旦项目推进过程中出现问题，很难对东道国形成有效制约。同时也容易使谈判过程更加复杂，东道国往往希望通过“一带一路”建设实现各自的经济、政治利益，甚至极个别国家为获取利益最大化而进行利益勒索。沿线国家在“一带一路”推进过程中的利益纷争将严重影响“一带一路”倡议的实施效果及远景。如果我们能够提高政策的透明度，通过相关制度建设，规范沿线国家的利益诉求，就能破除部分国家不切实际的幻想。通过务实、开放的制度平台，实现各国真正的共商、共建、共享。

此外，政策不透明也容易引起国际社会对中国“一带一路”倡议的质疑。如一些西方舆论认为“一带一路”是中国为了抢占沿线国家市场、控制能源资源、通过债务控制他国政治；一些人指责“一带一路”项目质量不高、效益较低、破坏环境、滋生腐败，是新殖民主义，等等。这些质疑固然不乏部分西方国家戴着有色眼镜看待中国，但“一带一路”建设如能进一步公开透明，是完全可以用事实回应这些质疑和批评的。

（二）实施过程不透明

国际社会对“一带一路”建设实施过程不透明的主要质疑表现在以下两个方面。

1. 是否有透明的财务计划

2018 年以来，国际上关于中国是“债权帝国主义”的论调一度升温，认为中国的投资增加了东道国的债务负担。这虽然不是事实，但也提醒我们要增加对“一带一路”具体项目尤其是那些重大工程的透明度。“一带一路”国家多为新兴经济体，经济基础长期薄弱，政权更迭相对频繁，国家偿债能力短期内较弱，中国对“一带一路”沿线国家的投资势必要考虑更多的金融与财政变量。如果有透明的投资规划与财务预期，无论对国内投资者还是国际投资者都会产生较大的吸引力，对国际社会的舆论猜测同样也是一种有力的回应。

2. 是否进行公开招标

基础设施互联互通是“一带一路”建设的重点。在国际基建领域，公开招标是一项硬性标准，也是确保公平竞争、吸引优质投标人、保证项目顺利进行的关键。目前一些西方公司虽然对“一带一路”建设有很大的兴趣，但实际行动的不多，主要原因是认为很多项目的资金来源于中国的国有银行或主权财富基金，很多参与的企业是国有企业，因而担心面临不公平的竞争。而且“一带一路”很多项目由政府推动，外界对项目的前期运作不了解，政府公共采购的规则不明确会阻碍合作，并导致法律纠纷和项目延期。

案例：

欧盟对“一带一路”标志性项目——匈塞铁路（自匈牙利首都布达佩斯至塞尔维亚首都贝尔格莱德，全长 350 公里）的调查充分说明了这一点。2017 年初，英国《金融时报》报道，欧盟委员会正在调查匈塞铁路的财务可行性，并调查该项目是否违反了“大型交通项目必须进行公开招标”的欧盟法律。报道称，欧盟委员会的调查涵盖匈牙利和塞尔维亚政府分别签订的协议，但主要焦点是匈牙利作为欧盟成员国受欧盟采购法律约束，而尚未加入欧盟的塞尔维亚则适用较宽松的规则，若不遵守欧盟招标法律，可能被处以罚款并遭到起诉。欧盟认为，在匈塞铁路匈牙利段的招投标工作中，两家中国公司和一家匈牙利公司组成的联合体投标成功，而且是唯一的竞标方，这不符合规程。欧盟调查构成了匈塞铁路建设的一道坎，目前已对工期造成较大延误。匈塞铁路2015年12月正式启动建设，原计划2017年建成，2018年通车，目前已延期至2023年底前建成。

（三）项目信息不透明

目前，国际社会普遍反映难以获取有关“一带一路”建设的权威统计信息。我国尚未形成对“一带一路”建设进展的统一、定期、完备的数据发布平台。美国布鲁金斯学会2017年10月曾发布报告说，“一带一路”在许多地方很受欢迎，但中国不公开贷款金额、期限和获得资金的具体项目十分让人困惑。大部分贷款来自国家开发银行和中国进出口银行这两家大型国有政策性银行，但它们并不发布有关向不同国家发放贷款的最新数据（包括贷款条款），那些参与建设公路、铁路、港口、发电站和其他类型基础设施的中国大型国企也经常拒绝分享数据。为此，研究人员不得不花大力气进行估算。2018年1月25日，美国国会就“一带一路”进行听证时，美国国际战略研究中心（CSIS）的专家称，一些“一带一路”项目，早期阶段的信息最难获得，特别是在招标阶段。外界不知道这些项目什么时候开始，只有项目已经开展了或结束了才得知。而如果在项目早期阶段能够获取有效信息，外国企业就有机会参与到“一带一路”建设中来。此外，关于什么是“一带一路”项目的信息也不统一。中国没有对项目进行分类，且对于什么才是合格的“一带一路”项目没有公认的定义。“一带一路”倡议于2013年11月正式启动，但在实际统计中，有一些数年前就启动的项目也被计算在内（例如，始于2002年的瓜达尔港项目以及2008年的汉班托塔项目）。

不仅国外人士难以获取“一带一路”建设完整信息，国内对“一带一路”权威信息的需求同样迫切。上海社会科学院于2017年对国内17个主要城市3000名城镇居民所作的问卷调查显示，随着“一带一路”的国际影响越来越大，人们最想了解的信息排在前三位的依次是：对国家发展有什么好处？（选择率为50.3%）；实施了哪些重大项目？（选择率为41.3%）；做了哪些重大规划？（选择率为39.2%）。其他依次是：对个人发展有什么好处？（选择率为37.9%）；中国对外投资的效益怎么样？（选择率为34.1%），面临着哪些重大的风险？（选择率为33.7%）；中国为实施“一带一路”倡议投了多少钱？（选择率为29.1%）。

这说明人们对“一带一路”相关信息的透明化有较高的诉求，渴望获得一些权威的信息，同时也从侧面表明信息不透明可能成为影响“一带一路”吸引力的重要障碍。

二、世界银行增加投资透明度的主要经验

世界银行集团是为发展中国家资本项目提供贷款的最重要的国际金融机构。根据世界银行集团网站公布的信息，2008年以来，该集团积极致力于提高业务和研究工作的公开性、透明度和问责性。这项工作的两个支柱之一是“公开数据动议”，为此采取了一系列改革措施，免费开放了过去仅限付费订户使用的数据；另一个支柱是信息获取政策，对世界银行项目、分析调研和行政管理信息以及执董会会议纪要等信息的披露作出了突破性的改变，全部对广大公众公开。旨在提高世界银行业务透明度和问责性的相关动议包括“项目成果地图”和“援助流向”网站发布有关项目所在地以及世界各国提供和接受的发展援助信息。这些工具促进对项目成果及其影响的监测，提高透明度，加强国家层面的对话和公民参与。“世界银行金融”动议通过一个网站，以社交型、互动型的方式，向利益攸关者提供原始的、未经修饰的金融信息，包括世界银行对各国的贷款承诺额

和支付额；世界银行自身的审计财务报表；以及世界银行负责管理的一些信托基金的信息。这样用户可以对数据进行切割，进行可视化，将本国的项目在网络中共享，为提高透明度提供了又一条途径。“项目实施状况与成果”（ISR）报告是报告世界银行资助项目的实施绩效和成果的一个关键性工具。所有 ISR 都通过世界银行外网公开发布。

项目管理上，在多年的运行和发展过程中，世界银行通过对债务国的资金援助和技术援助，以项目作为载体，积累并开发了一整套项目可行性研究、项目设计、项目实施、项目监测、项目评估的管理框架和模型。世界银行项目管理的一个显著特点就是注重过程监控，基于受众参与式的指标监测是其重要手段。项目设计初期，根据项目建设特点量身定制了适合评价的监测指标，依据其指标，设计监测指标体系和监测手册，同时开发监测数据库系统。通过监测技术和方法，对项目实施情况进行跟踪监测，并按年度提供监测分析结果，以帮助管理部门充分了解项目进展情况和存在的问题，为项目管理提供技术支持和重要依据。同时，通过阶段性的督导检查及备忘录、进度报告等手段，进一步提高项目执行的透明度。

三、增强“一带一路”投融资透明度

经验表明，充分的信息披露，对于投融资项目的有效实施和可持续性是必不可少的，有助于相关利益团体之间的磋商、合作，提高项目投融资的质量。增强“一带一路”项目投融资透明度，可从以下五个方面着手。

（一）坚守底线，设定“一带一路”建设信息透明边界

提高透明度并不意味着所有投融资的信息都要披露。如何披露、披露到什么界线，需要政府层面、企业与金融机构等市场主体层面制定较为统一的规范，涉及国家安全、社会稳定和商业秘密等信息，是不能披露的底线。

与此同时，可以进一步提高信息透明度。参照世界银行、亚洲开发银行、欧洲复兴开发银行等国际组织提供项目信贷的通行做法，拟定“一带一路”项目投融资最低信息披露标准、大纲、框架或目录，作为社会各界的参考依据。以世界银行为例，作为公共机构，其2002年制定的信息披露政策中明确其公开的信息包括：

1. 业务信息，包括经济和各部门工作、国别援助战略、项目信息文件、技术信息文件、项目评估文件、发展政策文件、信贷发放文件等十多项资料，但同时也指出，在特殊情况下，如果存在重大保密、敏感或影响与世界银行关系问题，世界银行可限制撰写文件的发布。此类文件对封面附带说明，显示其是限制公开发布的。

2. 研究和数据库，包括经济分析、研究成果、外债数据等，私人非担保债务的总量估计、短期贷款及未来借债和偿还流动数据均对外公开。

3. 财务信息，世界银行每季度对外公开财务报表，包括资产负债表、收益表等，以及相关的财务政策和风险管理战略的介绍。

对于“一带一路”项目建设而言，参与者涉及公共部门和私人部门，信息披露的边界会有所不同。不过，制定并公开信息披露标准，将会进一步促进项目投融资的透明度建设。

（二）搭建平台，宣传解释中国方案与战略意图

国际社会对“一带一路”建设信息透明度的质疑，在相当程度上还因为存在误解、误读和信息不对称的缘故。实际上，中国有关“一带一路”建设的规划、项目建设和统计资料会在不同场合、不同程度地发布，只不过因为语言障碍、文化差异、发布平台分散和宣传力度不够等原因，信息未能充分传递到国际社会和各利益相关者。因此，可充分整合各方的资讯来源，包括发改、外交、商务、财政、金融监管、行业协会等各个层面的信息资料，通过一个权威、知名、统一的官方窗口，多语言、多媒介、多形式向社会各界发布。同时，充分利用各种官方与非官方场合，积极搭建

各种研究交流平台，包括峰会、论坛、研讨会、博览会等形式，为有信息咨询需求的相关组织与个人提供沟通交流的渠道。

通过这些信息交流与发布平台，充分解释中国“一带一路”项目投融资的战略意图、经济与社会意义，最大程度地减少各种舆论猜测，为有意愿参与“一带一路”项目建设的国际投资者提供透明的信息来源。

（三）督促监督，提升各部门相关信息透明度

事实上，关于“一带一路”建设，有很多可以公开披露并产生积极社会效益的信息，只是因为相关部门对信息披露的重要性认识不够、执行不力、缺乏积极性等造成透明度不足。比如投融资政策、项目建设机会、项目建设统计、工程进展、招投标信息、融资渠道和参与方等，是可以通过信息披露来满足国际投资者的需要。

加大“一带一路”投融资中的反腐败、反商业贿赂、反欺诈和反洗钱等工作，发挥各种社会媒体的监督功能，充分披露相关项目的信息透明度。

（四）支持保障，为信贷规则透明度建设提供相关服务

对于“一带一路”项目投融资中涉及的商业纠纷、投资者权益保护案件，应切实发挥国际商事法庭等法律服务机构的重要作用，为“一带一路”项目投融资提供有力的司法服务和保障。坚持严格公正司法，平等保护中外当事人合法权益，努力营造稳定、公平、透明的法治化营商环境。大力加强法庭信息化建设，充分运用智慧法院建设成果，为中外当事人提供高效、便捷、智能化的司法服务。坚持共商、共建、共享原则，建立完善诉讼、调解、仲裁有效衔接的多元化纠纷解决机制，吸收、整合国内外法律服务资源，依法妥善化解“一带一路”商贸和投资争端，打消国际投资者对司法不透明的疑虑，增强其参与“一带一路”建设的信心和积极性。

（五）加强研究，为透明度建设提供理论和舆论支持

充分发挥金融机构、高校及各类智库在“一带一路”建设中的积极作

用。加强各类政策解读、市场深度分析和专题项目研究对提高“一带一路”建设透明度较强的助推作用。加大对“一带一路”相关潜在机遇、项目风险、社会效益和政策难点等方面的研究分析，有助于进一步提高中国与沿线国家合作共建信息透明度。通过对相关国家债务状况、经济前景、项目建设的研究，可进一步为国际投资者提供富有价值的决策参考，减少信息不对称，降低项目投融资的不确定性。

第十章 推动人民币国际化，为“一带一路”注入新动力

加强资金流通是“一带一路”建设顺利推进的重要保障，使用人民币则是沿线各国降低货币兑换成本、增强金融风险抵御能力的有效手段。“一带一路”建设与人民币国际化相辅相成，相互促进，人民币国际化必将更好地服务于“一带一路”建设。

一、人民币在“一带一路”建设中使用情况及面临的障碍

（一）人民币在“一带一路”建设中使用情况分析

1. “一带一路”建设带动人民币国际化发展

人民币跨境结算。“一带一路”建设实施以来，沿线人民币结算量大幅增长，与我国发生人民币跨境收付业务的国家和地区不断拓宽。根据中国人民银行发布的《2018 年人民币国际化报告》，截至 2018 年 3 月，与我国发生人民币跨境业务的国家和地区达 242 个，发生业务的企业超过 34.9 万家、银行超过 386 家，137 个国家和地区的境外银行在境内开立了 5028 个同业往来账户。2017 年，与中国香港地区的人民币跨境收付金额占比为 49.7%；之后分别是，新加坡占比为 9%，德国占比为 5.6%，日本占比近 5%。其中，新加坡、德国、日本、韩国、英属维尔京群岛、荷兰、马来西亚等国家和地区的收付金额占比较 2016 年均有大幅上升。2017 年，我

国与“一带一路”沿线国家办理人民币跨境收付金额超过1.36万亿元，占同期人民币跨境收付总额的14.7%，其中货物贸易收付金额6309.6亿元，直接投资收付金额1307.9亿元，其他投资收付金额2671.5亿元，跨境融资收付金额2607.2亿元。

人民币清算安排。人民币跨境清算安排，不仅是人民币国际化的重要支柱，也是提升我国金融实力和保障金融安全的基础。2017年，中国人民银行先后与中国银行纽约分行、中国工商银行莫斯科股份公司、中国农业银行迪拜分行签署《关于人民币业务的清算协议》。2018年，中国人民银行先后与中国银行台北分行、中国工商银行新加坡分行续签《关于人民币业务的清算协议》，并授权美国摩根大通银行担任美国人民币业务清算行。截至2018年12月底，人民币清算安排已覆盖23个国家和地区，遍布东南亚、欧洲、美洲、大洋洲和非洲，其中“一带一路”涉及7个国家，具体情况见表10－1。

表10－1　　　　境外人民币业务清算行分布情况

序号	国家和地区	时间	清算行
1	中国香港	2003年12月	中国银行（香港）有限公司
2	中国澳门	2004年9月	中国银行澳门分行
3	中国台湾	2012年12月	中国银行台北分行
4	新加坡	2013年2月	中国工商银行新加坡分行
5	英国	2014年9月	中国建设银行（伦敦）有限公司
6	德国	2014年6月	中国银行法兰克福分行
7	韩国	2014年7月	交通银行首尔分行
8	法国	2014年9月	中国银行巴黎分行
9	卢森堡	2014年9月	中国工商银行卢森堡分行
10	卡塔尔	2014年11月	中国工商银行多哈分行
11	加拿大	2014年11月	中国工商银行（加拿大）有限公司
12	澳大利亚	2014年11月	中国银行悉尼分行
13	马来西亚	2015年1月	中国银行（马来西亚）有限公司
14	泰国	2015年1月	中国工商银行（泰国）有限公司

续表

序号	国家和地区	时间	清算行
15	智利	2015 年 5 月	中国建设银行智利分行
16	匈牙利	2015 年 6 月	匈牙利中国银行
17	南非	2015 年 7 月	中国银行约翰内斯堡分行
18	阿根廷	2015 年 9 月	中国工商银行（阿根廷）股份有限公司
19	赞比亚	2015 年 9 月	赞比亚中国银行
20	瑞士	2015 年 11 月	中国建设银行苏黎世分行
21	美国	2016 年 9 月	中国银行纽约分行
22	俄罗斯	2016 年 9 月	中国工商银行（莫斯科）有限公司
23	阿联酋	2016 年 12 月	中国农业银行迪拜分行
24	美国	2018 年 2 月	美国摩根大通银行

资料来源：中国人民银行。

为进一步整合人民币跨境清算渠道，提高人民币跨境支付结算效率，人民银行分期组织建设人民币跨境支付系统（Cross-Border Interbank Payment System，CIPS），为人民币国际化铺设“高速公路”。CIPS（一期）于 2015 年 10 月 8 日顺利投产，CIPS（二期）于 2018 年 5 月 2 日全面上线。截至 2018 年 11 月末，CIPS 共有 31 家直接参与者，782 家间接参与者。其中，亚洲 594 家（境内 320 家），欧洲 99 家，非洲 30 家，北美洲 25 家，大洋洲 17 家，南美洲 17 家，覆盖全球 89 个国家和地区。截至 2018 年三季度末，CIPS 累计处理业务 104.92 万笔，同比增长 14.3%；累计处理业务金额 19.01 万亿元，同比增长 102.2%。

人民币货币互换。2008 年之后，中国为维护区域金融稳定，促进中国与对象国的双边贸易和投资便利化，助推人民币国际化，广泛地与其他国家和地区签订双边货币互换协议。人民币国际化启动初期，由于境外人民币存量有限，不能方便境外企业和居民的交易需求。通过货币互换，境外货币当局能够向本国商业银行和企业提供人民币融资和满足支付中国商品进出口的人民币需求。近年来，中国货币互换对象覆盖面逐步扩大，从东盟、日本、韩国逐步扩大到中亚、南亚、欧洲和拉美，“一带一路”沿线国家和地区是货币互换的主要对象。截至2018年12月，共有37个国家和地区的中央银行和货币当局与中国人民银行签订了双边货币互换协议，总金额达到3.3万亿元人民币，其中包括“一带一路”沿线22个国家，中国人民银行与匈牙利、阿尔巴尼亚、欧洲、瑞士、斯里兰卡、俄罗斯、卡塔尔、冰岛、印度尼西亚等央行签订双边货币互换协议超过14000亿元人民币，具体情况见表10-2。

表10-2　中国人民银行和其他中央银行或货币当局双边本币互换一览表（截至2018年12月）

国家和地区	协议签署时间	互换规模	期限
韩国	2009.4.20 2011.10.26（续签） 2014.10.11（续签）	1800亿元人民币/38万亿韩元 3600亿元人民币/64万亿韩元（续签） 3600亿元人民币/64万亿韩元（续签）	3年
埃及	2016.12.6	180亿元人民币/470亿埃及磅	3年
澳大利亚	2012.3.22 2015.3.30 2018.3.30	2000亿元人民币/300亿澳大利亚元 2000亿元人民币/400亿澳大利亚元（续签） 2000亿元人民币/400亿澳大利亚元（续签）	3年
阿尔巴尼亚	2018.4.3	20亿元人民币/342亿阿尔巴尼亚列克	3年
尼日利亚	2018.4.27	150亿元人民币/7200亿奈拉	3年
马来西亚	2018.8.20	1800亿元人民币/1100亿马来西亚林吉特	3年
英国	2018.11.12	3500亿元人民币/400亿英镑	3年
印度尼西亚	2018.11.19	2000亿元人民币/440万亿印尼卢比	3年
中国香港	2009.1.20 2011.11.22（续签） 2014.11.22（续签）	2000亿元人民币/2270亿港元 4000亿元人民币/4900亿港元（续签） 4000亿元人民币/5050亿港元（续签）	3年
马来西亚	2009.2.8 2012.2.8（续签） 2015.4.17（续签）	800亿元人民币/400亿马来西亚林吉特 1800亿元人民币/900亿马来西亚林吉特（续签） 1800亿元人民币/900亿马来西亚林吉特（续签）	3年
白俄罗斯	2009.3.11 2015.5.10（续签）	200亿元人民币/8万亿白俄罗斯卢布 70亿元人民币/16万亿白俄罗斯卢布（续签）	3年

续表

国家和地区	协议签署时间	互换规模	期限
印度尼西亚	2009. 3. 23 2013. 10. 1（续签）	1000 亿元人民币/175 万亿印尼卢比 1000 亿元人民币/175 万亿印尼卢比（续签）	3 年
阿根廷	2009. 4. 2 2014. 7. 18（续签）	700 亿元人民币/380 亿阿根廷比索 700 亿元人民币/900 亿阿根廷比索（续签）	3 年
冰岛	2010. 6. 9 2013. 9. 11（续签）	35 亿元人民币/660 亿冰岛克朗 35 亿元人民币/660 亿冰岛克朗（续签）	3 年
新加坡	2010. 7. 23 2013. 3. 7（续签） 2016. 3. 7（续签）	1500 亿元人民币/300 亿新加坡元 3000 亿元人民币/600 亿新加坡元（续签） 3000 亿元人民币/600 亿新加坡元（续签）	3 年
新西兰	2011. 4. 18 2014. 4. 25（续签）	250 亿元人民币/50 亿新西兰元	3 年
乌兹别克斯坦	2011. 4. 19	7 亿元人民币/1670 亿乌兹别克苏姆	3 年
蒙古国	2011. 5. 6 2012. 3. 20（扩大） 2014. 8. 21（续签） 2017. 7. 6（续签）	50 亿元人民币/1 万亿蒙古图格里克 100 亿元人民币/2 万亿蒙古图格里克（扩大） 150 亿元人民币/4. 5 万亿蒙古图格里克（续签） 150 亿元人民币/5. 4 万亿蒙古图格里克（续签）	蒙古
哈萨克斯坦	2011. 6. 13 2014. 12. 14（续签）	70 亿元人民币/1500 亿哈萨克坚戈 70 亿元人民币/2000 亿哈萨克坚戈	3 年
泰国	2011. 12. 22 2014. 12. 22（续签）	700 亿元人民币/3200 亿泰铢 700 亿元人民币/3700 亿泰铢	3 年
巴基斯坦	2011. 12. 23 2014. 12. 23（续签）	100 亿元人民币/1400 亿巴基斯坦卢比 100 亿元人民币/1650 亿巴基斯坦卢比（续签）	3 年
阿联酋	2012. 1. 17 2015. 12. 14（续签）	350 亿元人民币/200 亿阿联酋迪拉姆 350 亿元人民币/200 亿阿联酋迪拉姆（续签）	3 年
土耳其	2012. 2. 21 2015. 9. 26（续签）	100 亿元人民币/30 亿土耳其里拉 120 亿元人民币/50 亿土耳其里拉（续签）	3 年
乌克兰	2012. 6. 26 2015. 5. 15（续签）	150 亿元人民币/190 亿乌克兰格里夫纳 150 亿元人民币/540 亿乌克兰格里夫纳（续签）	3 年
巴西（已失效）	2013. 3. 26	1900 亿元人民币/600 亿巴西雷亚尔	3 年
英国	2013. 6. 22 2015. 10. 20（续签）	2000 亿元人民币/200 亿英镑 3500 亿元人民币/350 亿英镑（续签）	3 年

续表

国家和地区	协议签署时间	互换规模	期限
匈牙利	2013. 9. 9	100 亿元人民币/3750 亿匈牙利福林	3 年
阿尔巴尼亚	2013. 9. 12	20 亿元人民币/358 亿阿尔巴尼亚列克	3 年
欧洲央行	2013. 10. 8	3500 亿元人民币/450 亿欧元	3 年
瑞士	2014. 7. 21	1500 亿元人民币/210 亿瑞士法郎	3 年
斯里兰卡	2014. 9. 16	100 亿元人民币/2250 亿斯里兰卡卢比	3 年
俄罗斯	2014. 10. 13	1500 亿元人民币/8150 亿卢布	3 年
卡塔尔	2014. 11. 3	350 亿元人民币/208 亿元里亚尔	3 年
加拿大	2014. 11. 8	2000 亿元人民币/300 亿加元	3 年
苏里南	2015. 3. 18	10 亿元人民币/5. 2 亿苏里南元	3 年
亚美尼亚	2015. 3. 25	10 亿元人民币/770 亿德拉姆	3 年
南非	2015. 4. 10	300 亿元人民币/540 亿南非兰特	3 年
智利	2015. 5. 25	220 亿元人民币/22000 亿智利比索	3 年
塔吉克斯坦	2015. 9. 3	30 亿元人民币/30 亿索摩尼	3 年
摩洛哥	2016. 5. 11	100 亿元人民币/150 亿迪拉姆	3 年
塞尔维亚	2016. 6. 17	15 亿元人民/270 亿塞尔维亚第纳尔	3 年

资料来源：中国人民银行。

人民币直接交易。为促进双边贸易和投资，自 2012 年起，中国人民银行开始采取措施推动人民币直接交易市场发展，在银行间外汇市场推出人民币对日元、澳元、英镑等货币的直接交易，其中涉及“一带一路”国家的货币包括阿联酋迪拉姆、沙特里亚尔、匈牙利福林、波兰兹罗提、土耳其里拉和泰铢等。银行间外汇市场人民币直接交易成交活跃，流动性明显提升，降低了微观经济主体的汇兑成本。

2. 存在的问题

“一带一路”沿线皆非主要货币发行国，区域内贸易、投融资活动大多使用以美元为代表的第三方货币。尽管我国已成为世界第二大经济体、第一大贸易国，但我国国际贸易的主要市场仍是以欧元或美元作为计价结算货币的欧美国家和地区，人民币的计价功能受到很大限制。我国与主要贸易伙伴的进出口贸易结构是，主要从日本、巴西、澳大利亚、韩国和我国台湾等进口大量中间产品，在我国国内加工、组装成成品，成品主要出口美国和欧盟等发达国家。与此同时，我国大量进口能源、石油等资源，这些资源在国际市场上多以美元进行计价。总体来看，人民币在“一带一路”的使用情况低于预期。

从跨境结算来看，2016 年，中国与“一带一路”沿线国家跨境贸易人民币实际收付 7786 亿元，占同期人民币跨境收付总额的 7.9%。2017 年，“一带一路”人民币跨境收付金额超过 1.36 万亿元，占同期人民币跨境收付总额的 14.7%。2016 年和 2017 年的情况表明，“一带一路”人民币跨境结算水平低于整体 25% 的水平，其中占比超过 10% 的只有 7 个国家，占比 5% ~10% 的只有两个国家，其余 55 个国家的比例均在 5% 以下。从人民币使用分布上可以看出，主要集中在几个核心地区，具体情况见表 10 –3。

表 10 –3　　人民币跨境收付金额占比

年份	国家	人民币跨境收付金额占比（%）
2015	越南	1.10
2016	越南	1.40
2017	越南	1.10
2015	新加坡	10.70
2016	新加坡	8.20
2017	新加坡	9.00
2017	马来西亚	1.00

资料来源：中国人民银行。

从货币互换来看，虽然我国与“一带一路”国家签订了大量的货币互换协定，但在实际经济活动中，人民币使用的情况并不理想，见表 10 –4。

表 10－4　　货币互换协议人民币使用情况　　单位：亿元

时间	境外货币当局动用人民币余额
2015Q1	175.04
2015Q2	246.02
2015Q3	230.05
2015Q4	499.44
2016Q1	447.58
2016Q2	210.62
2016Q3	210.99
2016Q4	221.49
2017Q1	222.00
2017Q2	221.87
2017Q3	221.67
2017Q4	221.50
2018Q1	220.72
2018Q2	320.66
2018Q3	324.80

资料来源：中国人民银行。

从货币直接交易来看，金融机构有参与交易的意愿，但“一带一路”沿线国家的货币交易量较小，货币汇率波动较大，需要中资银行在这些国家的分支机构、当地金融机构以及第三方金融机构共同参与交易，人民币与“一带一路”沿线国家货币的直接兑换存在办理程序复杂等问题，目前来说，这些国家还是较难获得人民币使用。

（二）当前资本账户和金融监管政策制约“一带一路”投融资

近几年来，由于国内外经济环境变化，国内外金融市场经历了持续的较大的波动，导致我国对跨境资金流动的金融监管政策出现了一些重要调整，有的虽然在名义上没有限制，但实际操作中采取较为严格审慎的监管举措，在一定程度上影响了“一带一路”投融资活动。

第一，外汇管理政策滞后于形势发展。国内企业境外经营账户管理依据1997年发布的《境外外汇账户管理规定》（〔97〕汇政发字第10号）执行。当前国内外形势与该规定发布时相比发生了较大变化，企业难以按照该文件内容进行境外账户管理。而且，外汇管理政策透明度较低。监管机构对银行多采用“窗口指导”，各银行对窗口指导存在不同理解，出现了同一笔业务有的银行可以办理，有的银行不可办理，甚至同一家银行不同分支机构办理标准也不一样，增加了企业境外业务发展、项目谈判的难度。

第二，跨境资金流动受到较为严格的审查和限制。近年来，国家对跨境资金流动进行干预和调控，严控境内资金汇出境外，对维护人民币汇率稳定和保证我国外汇储备安全产生了良好效果，但在客观上外汇审核手续较为繁杂，使得企业跨境资金池通道受阻，部分项目所需资金无法保证及时汇出，增加了企业的资金运作成本。外汇管制中“外贸转口业务中不允许支大于收”则导致了一些现货转口业务只能盈利不能亏损，与实际业务不符。此外，内地企业境外发债融资，如果通过正常的途径申请，在发债完成后经批准方可调入境内使用。由于申请流程比较麻烦，很多境内企业常选择“内保外债”进行融资，即在境外注册一家壳公司，境内银行或母公司提供担保，由境外公司发债从而避开诸多政策壁垒。但是这种资金不允许回流，给企业调动资金带来困难。

第三，境外发债登记备案较为繁琐，缺乏灵活性。2015年，国家发展改革委发布《关于推进企业发行外债备案登记制管理改革的通知》，企业境外发行债券制度正式从审批制变更为备案登记制。不过，在实际工作中，企业发行境外债券需要向相关部门申报备案，程序繁琐、时间窗口要求较高，缺乏灵活性。同时，缺乏有效的部门协调机制，相关部门在企业境外投资监管等方面的协同效应较弱，在发债审批等领域依然存在多头监管问题，给企业境外投融资带来不便。

第四，境外投融资衍生金融工具使用限制严格。企业在“一带一路”

的投融资活动中，面临较大的市场风险，包括所在国利率、汇率和大宗商品价格的波动等。在这种情况下一般应积极利用利率、汇率等衍生产品，加强与金融机构合作，制定合理对冲方案，降低市场风险。但在实际工作中，相关的国资监管机构较为审慎，对企业提出了严格的考核要求，许多企业难以灵活运用衍生工具规避市场风险。

第五，境外直接投资的行业指导政策存在局部制约。近年来，针对部分企业借对外投资转移资产的非理性投资行为，国家相关部门进行了及时规范，2017 年发布的《关于进一步引导和规范境外投资方向指导意见的通知》规定，房地产、影城、体育俱乐部等被纳入限制类境外投资，企业在非主业领域的大额投资、非理性投资将受到严格审核。这些措施在实际操作中也会波及企业的正常对外投资行为，特别是在“一带一路”沿线，如何界定理性和非理性投资，往往存在自由裁量，使投融资受到一定制约。

二、完善金融市场建设和监管，打通境内外金融市场

（一）完善大宗商品以人民币计价结算

“一带一路”沿线国家中，中东、俄罗斯以及中亚地区是原油、天然气等资源出口国，而中国、印度和东盟等主要新兴经济体则是重要的进口国，从市场供求决定价格的经济学最基本原理来看，“一带一路”相关国家应该是原油、天然气等商品的价格重要决定者。然而，由于以能源产品为基础资产的金融衍生品极其发达，能源产品的现货价格已经很难主要由市场供求决定，而是显著地受到期货价格的影响，而原油期货市场则主要在欧美发达国家，由国际主要金融机构主导，且原油及其金融衍生品价格使用美元标价，美元币值和美联储货币政策对其也有显著影响，从而将国际货币体系不合理的缺陷进一步放大。

同样地，黄金市场也面临类似情况，黄金价格主要由伦敦市场和纽约

市场的参与者决定。原油期货市场、黄金市场（现货和期货）是国际金融市场的重要组成部分，人民币能否在这两个市场定价中起到一定作用，关系到人民币国际化能否真正成功。

2014 年 9 月，黄金交易所国际板正式在上海自贸区上线运行，会员可通过自由贸易账户参与 3 个品种的交易，国际会员还可以交易黄金主板市场上的 8 个品种。2015 年 7 月又推出“黄金沪港通”，启动内地与香港两大主要黄金市场的互联互通。2016 年 4 月，上海黄金交易所发布全球首个以人民币计价的黄金基准价格，未来可望形成与“伦敦金”和“纽约金”三足鼎立的态势。

原油期货交易在上海自贸区成立之初，就提上了议事日程。2013 年 11 月，经中国证监会批准，上海期货交易所出资设立了上海国际能源交易中心股份有限公司。国际能源交易中心注册在上海自贸区，是面向全球投资者的国际性交易场所。2018 年 3 月 26 日，以人民币计价的原油期货在上海国际能源交易中心挂牌交易。2018 年 9 月 7 日，上海原油期货上市后推出的首个主力合约——原油期货 SC1809 完成交割，首次交割量共计 60.1 万桶，交割金额 2.93 亿元（单边），交割结算价 488.2 元/桶。这是我国原油期货上市以来的首次交割，市场对此高度关注。交割的完成，一方面说明品种业务走通全流程，制度设计经过了市场检验；另一方面也打通了期货服务实体的“最后一公里”，在一定程度上体现了该品种服务实体经济功能的发挥。首次交割的顺利完成，也集中反映了实体企业对我国原油期货的认可，是期货服务实体经济的最好注脚，有利于吸引更多实体企业参与和利用原油期货市场。

虽然从短时间看，以人民币计价的上海原油期货打破由美元计价石油的局面难度较大，但是长远看，以多种货币共同定价石油将是未来发展的大趋势，人民币在世界石油期货定价权的竞争中理应谋取一席之地。一方面，页岩油革命增加了美国的原油供给量，美国在原油供需方面的角色正在发生改变，美国对亚洲石油的依赖程度明显下降，这给中国增强在亚洲的石油定价权带来契机。另一方面，在当前国际形势不断变化和金融全球化进一步加深的背景下，一些石油出口国政府已经提出了用除美元以外货币进行结算。2017 年 9 月委内瑞拉政府发布了以人民币计价的石油和燃料价格，中国外汇交易中心于 2017 年 10 月推出了人民币对卢布的交易同步交收业务，中俄两国的“石油人民币”双边设施得到进一步完善。由此可见，国际原油由多种货币定价的趋势将不可阻挡，发展“石油人民币”具有重要的现实基础。同时，我国推出的石油期货交易中，对于采用人民币为交易结算单位的石油出口国，可以持其所获得的人民币到上海黄金交易所兑换为黄金，这一举措将建立起石油、黄金和人民币之间更加紧密的联系，有助于加快人民币国际化的步伐。

当前，以人民币计价的原油期货已经起步，下一步，能否得到国外投资者的认同成为决定我国原油期货市场影响力的关键因素。2018 年 4 月，财政部规定境外机构投资者从事原油期货交易所得暂不缴纳企业所得税，境外个人投资者从事原油期货交易所得三年内免缴个人所得税，同时在交割方面，从事原油期货保税交割业务的境内外投资者均暂不缴纳增值税。与此同时，为方便国际投资者，尽管原油期货交易采用人民币计价和结算，但同时接受美元等外汇资金作为保证金使用。为避免税收政策变化对交易价格的影响，原油期货采取“净价交易”（计价为不含关税、增值税）的方式。上述措施有利于吸引投资者开展人民币原油期货交易。但由于目前资本账户尚未完全开放、人民币汇率市场化改革尚未完成，对于国际投资者的盈利如何兑付以及兑付额度、比例等，监管部门尚未出台细化规则，未来需要加快相关措施的推进力度。

在完善大宗商品人民币计价服务方面，可以重点推进以下工作：一是加快优化“上海金”定价机制，探索白银、铂、钯等贵金属人民币定价机制。通过引入更多的国际金融机构、增加交易品种、放宽交易限制，提高交易便利度，扩大人民币计价结算在大宗商品贸易及期货等领域的发展空间，以更好实现“期现合作”。二是优化大宗商品人民币市场参与主体和结构。以国别为突破，构建适合大宗商品贸易的账户体系，鼓励产业链上下游重要企业进入期货市场交易。吸引跨国公司、国际重要原油贸易商、投资银行等更多国外交易者参与市场。三是完善大宗商品人民币交易机制。利用汇率风险管理工具和供应链贸易金融产品等，合理降低投资者运营风险与成本，提高交易活跃度和水平。四是加强人民币外汇市场建设。从长远来看，随着境外投资者拥有越来越多的人民币敞口，将产生大量的外汇对冲需求，人民币汇率的波动、对冲便利性和成本都会成为投资决策或资产配置的一部分，外汇市场将越来越成为整个配置中必不可少的环节。与此同时，如果短期内国际投资者出现大量兑付，又可能对人民币汇率、跨境资本流动形成压力，监管部门要把握提升市场活跃度和防控风险之间的平衡。

（二）持续推动资本市场开放

截至2018年9月末，境外机构和个人持有境内人民币金融资产规模增加至4.98万亿元，其中境外机构持有境内人民币股票和债券余额分别为1.3万亿元和1.7万亿元。2018年12月底，人民币合格境外机构投资者（RQFII）投资额度攀升至6466.72亿元（见图10－1）。中国资本市场开放步伐不断加快，尤其是银行间债券市场接近完全开放，为“一带一路”国家提供了巨大的投资机会，也为人民币国际化向纵深发展奠定了基础。

1. 建设国际化的熊猫债市场

熊猫债是支持“一带一路”建设的重要融资方式，同时也是人民币国际化的重要载体。熊猫债市场的发展不仅为国内投资者提供了分享境外发行主体增长收益的机会，也为进入银行间债券市场的境外机构投资者提供了更多投资品种；同时，熊猫债市场的发展，还会带来更多的信用评级、承销、经纪、会计、审计等金融中介服务需求，进一步促进国内金融市场

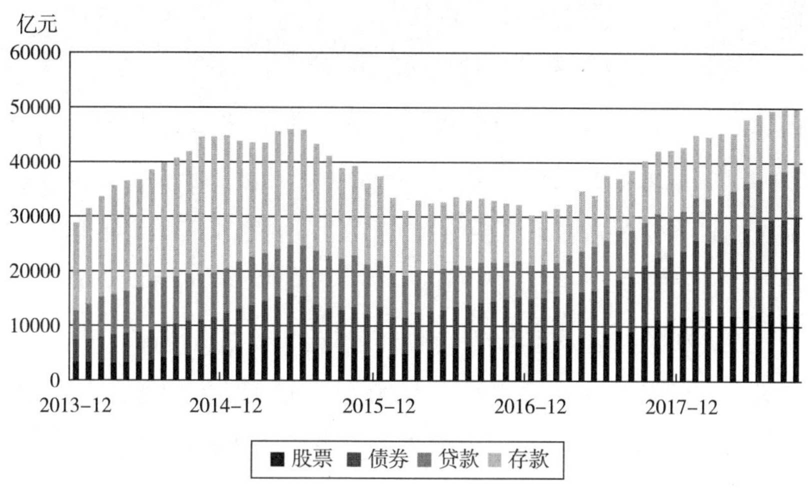

资料来源：Wind。

图 10－1　境外机构和个人持有境内人民币金融资产

发展。2015 年 9 月以来，熊猫债发行频率明显加快，发行主体包括境外金融机构、招商局香港等境外企业以及境外政府。截至 2017 年底，熊猫债累计注册额度 5007 亿元，累计发行 2203 亿元，新发行 719 亿元，发债主体包括境外非金融企业、金融机构、国际开发机构以及外国政府等。2018 年，上交所、深交所分别发布完善“一带一路”熊猫债融资机制的相关要求，支持境内和“一带一路”沿线国家相关机构和优质企业及国际金融机构在我国发行人民币债券。2018 年 9 月 25 日，人民银行和财政部联合发布了《全国银行间债券市场境外机构债券发行管理暂行办法》，被誉为“熊猫债”市场的首部系统性管理办法。该办法在总结前期试点经验并借鉴国际经验的基础上，进一步明确了境外机构在银行间债券市场发债所应具备的条件、申请注册程序，并同时就信息披露、发行登记、托管结算以及人民币资金账户开立、资金汇兑、投资者保护等事项进行了规范。在此便利措施的带动下，预计我国熊猫债市场将获得更大发展。今后，我国应鼓励更多“一带一路”沿线国家的政府、金融机构或企业通过发行熊猫债募集资金，用于“一带一路”项目建设。

2. 持续扩大资本市场“互联互通”

在股票市场方面，继“沪港通”、“深港通”之后，2018 年有关“沪伦通”的制度进展显著提速。所谓“沪伦通”，是上海证券交易所（上交所）和伦敦证券交易所（伦交所）的互联互通机制。2015 年 9 月，上交所和伦交所宣布启动“沪伦通”项目。经过两年多的准备，“沪伦通”取得重要进展，相关监管及市场机制建设工作已步入最后阶段。据申万宏源测算，第一年的沪伦通初步规模为 1600 亿～1800 亿元人民币，长期看整体规模约为 8000 亿元人民币，将成为人民币跨境使用的重要推动力之一。

与“沪港通”、“深港通”不同，“沪伦通”属于跨国交易。中英相关企业需要发行存托凭证（DR），通过 DR 的互挂及跨境转换，实现上交所和伦交所的双向互联互通。在具体形式上，“沪伦通”分为东向 CDR 和西向 GDR。所谓“东向 CDR”，即中国存托凭证，境外上市公司将部分已发行上市的股票托管在当地银行，由中国境内的存托机构发行，在境内 A 股市场上市，以人民币结算，供国内投资者买卖交易。所谓“西向 GDR”，即全球存托凭证，境内上市公司根据存托协议将公司股份托管在境外存托银行，由境外存托银行发行，在境外证券市场上市，供国际投资者买卖交易。“沪伦通”联通了境内外资本市场，将在层次上强化人民币国际金融交易职能。一是扩大人民币资产配置品种和范围，以中英股市增强人民币资产吸引力。中国股市市值位居全球第二，2018 年纳入 MSCI，对全球投资者的吸引力正在上升；英国拥有欧洲最大的股票市场，伦交所受理了超过三分之二的国际股票承销，汇聚全球资金，为人民币配置使用提供广阔空间。二是推进国内资本市场成熟发展，助力人民币国际化。国内金融市场的广度、深度和弹性是货币国际化的重要根基之一。目前，我国资本市场仍处于国际化发展初期。“沪伦通”有利于促进国内资本市场与国际接轨，倒推相关制度规则、理念与行为模式改革，改善参与者结构，扩大交易规模，推进适度竞争，提升中国资本市场的成熟度和国际影响力，为人民币国际化注入底气。三是携手伦敦、上海两大国际金融中心，为人民币使用提供广阔平台。根据2018年3月英国智库Z/Yen集团发布的“全球金融中心指数”(GFCI)，伦敦、上海分列全球第一大和第六大金融中心，在营商环境、人力资源、基础设施、发展水平、声誉及综合等方面实力突出。以“沪伦通”为第一步，未来伦敦、上海将携手实现优势互补，共促发展，为人民币跨境流通与交易提供支持。

在债券市场方面，2017年5月，中国人民银行就开展内地与香港债券市场互联互通合作（债券通）事宜作出公告。“债券通”作为沪深港通的自然延伸，是继沪港通、深港通之后，推动人民币国际化的又一重要进展。当前，债券通的运行机制以“北向通”为主，即境外投资者投资内地银行间债券市场。债券通自2017年7月3日开通以来，市场参与规模稳步增长，交易活跃度不断提升，2018年6月的日均成交量达65.5亿元，较一季度增加一倍。截至2018年6月末，来自21个国家和地区的356家境外机构投资者通过“债券通”进入银行间债券市场，类型涵盖商业银行、基金公司、资产管理公司、证券公司、保险公司及基金和资管产品等，交易券种以国债、政策性金融债、同业存单为主。未来，推动债券通“南向通”，推动国内债券市场开放，对于形成人民币境内外循环体系至关重要，应加快推进“南向通”的落地，持续扩大金融双向开放水平，为人民币国际化提供良好的制度基础。

（三）丰富离岸人民币金融产品

随着跨境人民币业务范围的扩展和近年人民币国际化的稳步推进，离岸人民币业务获得快速发展。最早的离岸人民币业务应追溯至2003年12月香港金融管理局正式启动香港离岸人民币业务。2006年，香港正式开展人民币业务，中国金融监管当局也开始允许内地的金融机构在香港发行离岸人民币债券。2009年，中国人民银行与香港金融管理局正式签署双边货

币互换协议。在此背景下，离岸人民币金融产品的种类不断丰富，离岸人民币市场体系开始建立。目前，香港、新加坡、台湾、伦敦、卢森堡是主要的人民币离岸市场。

近年来，离岸人民币市场的发展使离岸人民币业务量和产品类型均显著增加。以香港为例，目前香港最主要的人民币业务为离岸人民币存款、投资存款（亦即挂钩存款）、点心债等。2006 年底，香港的离岸人民币存款仅为 228 亿元，但到 2014 年底，最高升至 10035.57 亿元。根据香港金管局的资料，2012 年初，包含存款证在内的离岸人民币债券存量还不足 3000 亿元，但到 2015 年底已接近 6500 亿元。在离岸衍生产品市场方面，香港交易所于 2012 年 9 月推出美元兑离岸人民币期货，在 2016 年推出一系列新的人民币期货产品，包括人民币兑日元、欧元。此外，港交所还在 2017 年推出美元兑离岸人民币期权。香港交易所数据显示，美元兑离岸人民币期货是离岸人民币货币期货的主要品种。按合约张数计算，截至 2017 年底，美元兑离岸人民币期货占离岸人民币货币期货的 98.5%。随着近年来离岸人民币资金池的扩张以及离岸人民币业务的逐渐丰富，离岸衍生品发展也较为可观。其中美元兑离岸人民币期货的季度合约成交张数从 2015 年三季度的 8.7 万张上升至 2018 年一季度的 32 万张。从 2017 年 3 月 20 日起，美元兑离岸人民币期权开始买卖，2018 年一季度实现 2359 张合约成交量。而欧元兑离岸人民币期货、日元兑离岸人民币期货、澳元兑离岸人民币期货均由 2016 年 5 月 30 日开始买卖，但这些品种的成交并不是十分活跃。在 2015 年以后，由于人民币贬值预期升温，离岸人民币资金池和业务量出现一定程度的收缩。2017 年 6 月，香港的离岸人民币债券存量降至 5022 亿元，人民币存款降至 5260 亿元。然而，随着 2017 年以来人民币贬值预期的扭转，离岸人民币资金池重新回稳，截至 2018 年 11 月香港人民币存款已回升至 6175 亿元水平，为 2016 年 11 月以来的高位。

与此同时，伦敦离岸人民币市场快速发展，从“初具规模”到“举足轻重”，成为西方最大、全球第二大离岸人民币中心。特别是2015年汇改以来，伦敦离岸人民币市场异军突起，表现更为突出。伦敦成为全球最大的人民币外汇交易中心。在汇率波动上升的背景下，伦敦凭借其传统优势成为全球第一大离岸人民币外汇交易中心。根SWIFT统计，2018年3月，英国人民币外汇交易份额达38.63%，远高于香港市场（26.65%）。英国人民币外汇交易量稳步增长，2018年二季度日均交易额达690亿英镑，环比增长13.5%，同比增长32.9%，较三年前增长96.9%。其中，英国银行机构、非英国银行机构以及其他金融机构交易份额分别为21.7%、32.0%和46.3%。伦敦成为全球第二大离岸人民币支付与清算中心。根据SWIFT统计，2018年4月英国人民币支付交易全球占比为5.97%，仅次于香港。2018年6月，伦敦人民币清算量9254.8亿元，同比增长23.43%；累计人民币清算规模达4.79万亿元，同比增长34.6%，建设银行伦敦分行也随之成为亚洲以外最大的人民币清算行。中国与英国间跨境人民币使用迅速增加。2018年6月，两国跨境人民币收支金额为325亿元，同比增长129%；累计结算金额达1762亿元，同比增长143%。在商品贸易项下，中英跨境人民币结算573亿元，在跨境人民币结算总额中占比为32.5%，在同期中英进出口总额中占比达24.7%。

展望未来，在人民币国际化的大趋势下，未来离岸人民币业务仍有着广阔的发展空间。以香港为首的离岸人民币金融市场，除了将服务重点放在突出提供人民币跨境清算结算、存贷款、信用担保等基础性金融产品上，还可进一步提供绿色人民币债券、人民币计价的资产证券化产品（ABS）、人民币再保险等产品，优化人民币现金管理和风险管理等服务，在促进跨境人民币融资及人民币结算等多项功能的同时，帮助推广人民币的使用。具体而言，绿色债券凭借可持续性强、公开透明、融资效率较高、金融风险分散等特殊优势，能够支持“一带一路”建设的资金需求。此外，企业亦可通过资产证券化产品出售基础资产，从离岸市场获取人民币融资，用于境外贸易和投资。离岸人民币融资方式的丰富将为“一带一路”建设提供更多便利，也能在“一带一路”倡议的进程中推进人民币国际化。

在离岸中心布局方面，不仅要发展好香港、伦敦等人民币离岸中心，还要回应其他地区的积极性，发挥伦敦对英联邦国家的辐射作用，发挥巴黎对北非及法语国家的辐射作用，重点选择新加坡、悉尼、首尔、东京、孟买、约翰内斯堡、卡萨布兰卡、阿布扎比、阿斯塔纳等地发展人民币离岸市场网络。要针对各中心的优势推出相应的人民币产品，逐步将离岸市场布局到这些地区，建立以香港为总中心，其他金融中心为区域中心的人民币离岸市场体系，助推人民币国际化。随着人民币可自由兑换，可按照市场需求配置海外人民币金融资产，鼓励各个中心竞争合作。与此同时，要加快上海金融中心建设，确保海内外市场的有效连接。

（四）建立“一带一路”投融资产品交易中心

“一带一路”金融需求庞大且复杂。沿线各国金融市场发展程度不一，很难形成统一的定价发行和风险管理模式，不利于降低“一带一路”项目投融资成本。在此情况下，建立一个统一的金融产品交易平台就显得尤为重要，而上海作为最重要的人民币金融中心，具有天然的优势。目前，上海正在积极推动金融市场双向开放和互联互通，吸引金融机构积极参与“一带一路”建设，加强与“一带一路”沿线国家和地区的金融“纽带”关系。截至 2017 年末，上海通过自由贸易账户累计与“一带一路”沿线国家和地区发生跨境收支 2886 亿元；上海证券交易所、中国金融期货交易所等与巴方伙伴合作收购巴基斯坦证券交易所的 40% 股权，迪拜黄金与商品交易所挂牌以“上海金”计价的期货合约，一系列合作正在稳步推进。下一步，依托上海自贸区金融改革创新，进一步对接“一带一路”金融服务需求，把上海建设成为“一带一路”投融资中心和全球人民币金融服务中心。

银行要积极探索“一带一路”项目开发培育模式和机制，支持上海建立“一带一路”重大项目储备库。可以建立跨区域联合风险分担管理合作模式，成立市场化运作全球性风险管理平台，加强风险管理工具创新，促进各方共同参与“一带一路”项目全球化风险管理。

加快人民币金融产品的创新力度，丰富人民币利率互换、期货、期权等金融衍生工具，做大离岸人民币资金存量，拓宽人民币回流渠道。加快发展人民币国际信贷市场，加强债券市场国际合作，增加短期国债发行规模，活跃短期国债市场，发展资产支持证券、熊猫债和木兰债，提高境内外机构参与度。做好与国际交易平台、中央托管机构的业务、机制与制度间的跨境市场衔接。

三、完善人民币国际化政策体系

（一）完善宏观政策和监管之间的协调

由于中国经济的国际影响力不断提升，货币政策对“一带一路”的外溢效应不断增大。作为负责任的大国，我国在制定和调整货币政策时，要充分评估对“一带一路”投融资活动的影响以及对相关国家金融资产价格及偿债能力的影响。因此，要推动货币政策合作与协调，提高对企业和金融机构监管的透明度、监管标准的统一性。在政策环境多变的背景下，应加强对企业和金融机构境外风险管理的指导，提升应对风险的能力。可考虑出台企业境外风险管理指导意见，将管控风险、锁定成本、减少不确定性等理念纳入制度规范中，促进企业强化管理和控制风险。进一步明确企业在境外风险管理中可以承受的风险额度，在额度之内给予企业一定的自主权。适度放松对企业从事衍生品交易的限制，减少审批环节，引导企业合理利用衍生品积极灵活应对市场风险。完善对企业管理相关风险的激励约束机制，充分调动企业在业务开拓和风险管控中的积极性和主动性。

（二）稳妥有序地推进资本账户可兑换

稳步推进资本项目可兑换，对我国经济发展和促进“一带一路”投融资具有重要意义，有助于我国更深层次融入全球化发展，达到以开放促改革、促发展的效果。坚持改革开放和防范风险两大基本原则，转变管理理念，主动适应全面开放新格局，进一步促进贸易自由化便利化，切实服务实体经济发展。不断提升监管成效，防范跨境资本流动风险。为更好地支持真实合规的对外贸易投资活动，进一步完善内保外贷管理，在堵塞漏洞的基础上，制定专门办法，支持“一带一路”建设，简化内保外贷审批流程，给予具有资质的企业一定金额的内保外贷额度，在额度范围内备案即可对外提供担保。放宽内保外贷项下资金回流限制，允许内保外贷项下境外债务人通过向境内放贷、股权投资等方式将担保项下资金直接或间接调回境内使用。

积极探索资本项目外汇管理服务实体经济发展的新领域、新方法，稳步推进跨境证券投资外汇管理改革，扩大金融市场双向开放，稳妥有序推进资本项目可兑换。进一步健全宏观审慎政策框架下的外债和资本流动管理体系，不断强化资本项目统计监测和事中事后监管，切实防范跨境资本流动风险。在外汇管理方面对企业“一带一路”投融资给予一定的政策倾斜和灵活性安排，进一步支持开展具备真实业务背景、确有购汇需求、已有合同约定的购汇业务，避免因货币汇兑引发违约风险；避免外汇政策频繁波动，为企业开展境外业务提供稳定预期，减少政策不确定性带来的损失。进一步增强外汇政策时效性，根据国内外经济形势及时修订完善外汇管理制度，简化外汇收支手续，利于企业安排款项支付时间。

完善企业境外发债制度。境外发债融资是企业优化资产负债结构的重要手段。由于当前企业境外融资程序多、时间长，不利于企业及时调整债务结构、降低债务成本。应适当简化发债手续，对确有境外融资需求的企业实行一定的灵活性政策。比如，企业可按全年申报发债额度，并在批复额度内根据实际情况灵活掌握，实行“先发行后登记”管理。

（三）扩大和提升央行货币互换协议的作用

历史经验表明，货币合作在货币国际化中的作用巨大。人民币国际化历经近十年发展，成果显著，已成为全球第六大支付货币、第八大外汇交易货币、第七大储备货币。这既为中国与“一带一路”沿线国家的货币合作提供了契机，也为人民币国际化提供了新的机遇。“一带一路”沿线国家经济容易受到外部冲击影响，在货币合作方面有较强的动力。良好的货币合作机制不仅有利于深化中国与相关国家的金融合作，推动贸易和投资发展，为经贸合作注入强大动力，也有助于加强“一带一路”沿线国家的金融安全网建设，提高相关国家应对金融危机的能力。

当前，人民币在东亚地区已经具有进行贸易结算和金融投资的基础，但尚未成为区域内真正的“锚货币”，还需要加强区域货币金融合作。我国应积极推动清迈协议向制度化方向发展，完善区域经济监控和政策对话机制，引入本国货币建立地区性货币基金，这将有助于人民币成为区域内主要的区域货币。同时，加快弥补区域金融市场和基础设施建设的短板，加快开发区域资本市场，增强本币在区域债券市场的作用，设计共同发行区域债券计划，设计公司债券发行计划，建立区域信用评级机构，助力人民币成为区域内重要的金融投资交易货币。

持续扩大双边货币互换规模，重点推动“一带一路”沿线国家签署货币互换协议。2008 年以来，人民币国际化主要通过两条主线展开：其一，中国人民银行与其他国家或地区的货币当局进行双边货币互换；其二，全力推进人民币跨境结算及建设清算网络和离岸金融市场。“一带一路”涉及多个国家、多个币种，相互之间的金融沟通协调并不多，双边货币互换在支持双方货币合作方面发挥了积极的作用。随着“一带一路”倡议逐步推进，相关经贸往来日益活跃，金融需求也将持续扩大，客观上需要各方共同推动货币互换等相关金融合作，促进双方经贸和投融资发展。

推动双边货币互换资金在贸易、投资及储备等多领域的运用。人民银行签署的货币互换协议除在危机时期提供流动性支持以外，更重要的作用在于推动双边贸易和投资。如果双方企业需要对方经济体货币，可以向商业银行提出申请，商业银行再向中央银行提出申请，中央银行之间动用双边本币互换。通过货币互换，对方货币当局在获得人民币后，能够向商业银行并最终向本国企业提供人民币融资，以支持从中国进口商品。同样，该国家或地区向中国出口也可直接收取人民币。通过这种货币互换安排，能够有效规避汇率风险，降低汇兑费用，推动双边与多边的贸易增长。同时，一旦出现流动性问题，还可以通过双边货币互换协议提供支持。中国人民银行通过与“一带一路”沿线国家签订双边本币互换协议，支持双边本币的使用，有助于推动中国与相关国家和地区的贸易与直接投资发展。

（四）探索建立央企层面的海外资金交易结算中心

目前，为了促进集团资金使用效率最大化，降低财务成本，国内大型央企普遍建立了资金池管理制度。部分企业在境内、境外分别设立一个资金池，然后进行跨境资金划拨，或者不开设境外资金池的总归集账户，境外成员的资金直接归集到境内资金池的主账户中。但 2015 年汇改以来，受人民币汇率波动上升、贬值预期加大等因素影响，国家对跨境资金流动的干预和调控增加，严控境内资金汇出境外，使得企业跨境资金池通道受阻，部分项目所需资金无法保证汇出，降低了人民币跨境流动的便利度。

为了应对我国或东道国的相关资本管制，我国部分央企已经作出了一些有益的尝试。例如，近年来津巴布韦美元外汇短缺，某中资企业与当地另一家中资企业达成美元互换协议，后者拥有大量美元头寸，可以在津巴布韦向前者提供美元，前者则在国内偿还人民币给后者，这不仅解决了前者在津巴布韦的美元融资问题，还减少了我国的美元流出。

未来可以考虑在部分存在外汇管制而我国“走出去”企业又相对集中的国家，通过中资银行建立整个企业层面的海外资金交易结算中心，协调各中央企业进行货币互换，使有外汇收入的企业和有外汇需求的企业实现直接对接，降低企业汇兑风险。

（五）鼓励企业和金融机构合理运用套期保值工具

企业进行金融衍生品交易应以规避风险、锁定成本为目的，严格限制套利和投机交易。

一是要督促企业制定完备的金融衍生品交易管理办法。明确开展金融衍生业务必须基于真实订单合同或者贸易合同，必须以保值为目的，交易品种、规模、方向、期限必须符合套期保值交易有关特点，严禁投机。认可套期保值产生的财务成本与人力成本，明确区分套期保值与投机行为，并以此设立套期保值的绩效评价方法。对于海外投资项目，在决策前充分考虑外汇可能带来的折算风险，并将保值成本带入投资回报测算模型或独立评估。

二是要选择合适的金融衍生品交易业务。以简单可行、风险可控为原则，重点选择结构简单、流动性强、风险可控的金融衍生品，一般不从事风险及定价难以认知或评估的复杂业务，不从事与公司业务不匹配的金融衍生品业务，不从事中长期金融衍生业务。若标的资产（或负债）存续期限将覆盖完整经济周期，则以自然对冲为主要原则，不开展衍生业务。

三是加强企业与金融机构的信息交流和套保合作。鼓励企业定期与金融机构进行信息交流，掌握国际市场最新动态。充分发挥金融机构在利率汇率等风险管理方面的经验和优势，及时调整套保策略，提前锁定相关风险。

（六）加强“一带一路”出口信贷机构的合作和政策协调

充分发挥出口信贷对“一带一路”投融资的支持作用，吸引更多的区域内资金和市场主体参与“一带一路”建设。可考虑由我国相关机构牵头组织沿线国家的同业机构，进行政策调研和协调，设立一个平台机构，同业之间进行磋商、会谈与交流。在政策协调的基础上，探讨业务合作，争取通过联合信贷、共同保险、再保险等合作，支持更多的区域内或区域外市场主体参与“一带一路”投融资中来。

可以优先考虑“境外担保”方面的协作。在跨境投融资中，如担保人位于境外，或担保物位于境外，应详细审查当地法律对担保人和担保物的有关规定，如是否具备担保资格、担保能力、履约能力等，特别是当地法律关于限制担保人提供担保或限制某些资产设立抵质押的规定，如登记要求或前置审批要求、转让与变现要求等。在“一带一路”国家之间建立具有法律约束力的协约，建立区域内抵质押物登记查询、法院判决执行、抵质押物处置的协作关系，创建更好的投融资环境。

第十一章 加强“一带一路”投融资其他软环境建设

“一带一路”投融资工作，除了以上提到的七个方面外，对于企业社会责任、跨境税收、金融创新、中介服务和技术标准对接等工作，也需要不断加强和完善。

一、落实“一带一路”环保、劳工和企业社会责任

环境保护和劳工就业是“一带一路”建设的共同目标和责任。企业履行社会责任，有利于企业获得长期经营收益，是“一带一路”建设中构建人类命运共同体的必然要求。要充分宣传和践行“绿色”和“生态环保”的理念，加强政策沟通、凝聚多方共识，推动各方在环境保护、劳工权益、社会责任等方面加强政策协调和国际合作，通过商签双边或多边环境保护协议、劳工协议等方式，引导并监督市场主体加大对环保、劳工等方面的投入力度和合规要求，推动绿色“一带一路”建设。同时，要加大对绿色投融资的支持力度，发展绿色金融，在投融资协议中增加“环保条款、劳工条款、企业社会责任条款”，提高“一带一路”建设的民众认可度，促进民心相通。

（一）加强“一带一路”沿线各国间环境保护协调

1. 加强“一带一路”沿线各国间环保法律的协调

沿线各国的环保法律与体制存在巨大差异。每个国家都有自己的法律

体系、法律程序和司法体制，经贸合作必须遵守东道国法律。“一带一路”建设中的合作，从投融资到项目建设，都要依当事国法律办事。合作中出现纠纷，各国的纠纷解决机制也不一样。这就需要熟悉各国环保法律与环保标准，在项目签署时就要有环保方面的准备。同时，加强对沿线各国环保法律的研究，一方面取长补短，为我所用；另一方面，向沿线国家的环保立法、环保产业等提供经费、技术方面的支持和赞助，帮助在环保方面较为落后的国家建设环保制度、法律和行业，并有针对性地提出建议，为在这些国家的“一带一路”投融资奠定较好的基础。

2. 加强与国际机构的互动，分担环保压力和责任

为更顺利地推进“一带一路”建设，应吸引国际组织与机构参与，共同履行并分担环保责任。联合国工业发展组织等国际机构已经在中国丝绸之路沿线城市选择两个绿色工业园试点，组建了一个“联合国工业发展组织绿色丝绸之路项目——绿色工业园区”项目，并出台了“建设指导原则”。现选定新亚欧大陆桥新丝绸之路的东部起点城市连云港新区和大陆桥西边的乌鲁木齐经济开发区，同时还计划搭建丝绸之路沿线的市场联盟，联合国环境署、开发计划署、联合国南南合作特别局均已参加。借鉴世界银行、亚洲开发银行等在投资中保证环保的做法，在具体援助项目上提出环保要求，但不介入东道国环保主权来推进“一带一路”的项目合作。多年来，世界银行支持的项目，凡涉及其投资的，均要求环保保证，否则不予投资。

3. 借力借势 NGO 做好环保工作

由于各国社会治理方式不同，政府的地位与作用也有很大不同。对于中国在非洲的一些项目，当地 NGO 担心中国过剩产能和污染企业转移，因此持反对态度，导致项目受挫。中国在缅甸投资建设水坝和油气管道对环境影响较大，即使投入巨资用于环保且当地政府支持，也遭到了民间组织与普通民众的反对。总之，如何接近并联手项目当地的民众与民间组织，对合作项目落地有直接影响。因此，要选择和支持有诚信的环保民间

组织走出去，积极开展民间交流。中国环保民间组织数量很大，也对中国环境保护起了很大作用。应当重视发挥环保民间组织在“一带一路”倡议实施中的作用，通过政府、大项目等，由对外投资者和企业选择和支持有诚信的环保民间组织跟随项目走出去，深入投资地进行民间交流与沟通。

4. 开展沿线环保科学考察，建立和完善环保国际信息平台

依托我国“走出去”企业的力量，加强对“一带一路”沿线国家的科学考察，建立预警和保障系统，加强国际环保合作，建立环保国际信息平台。

国内对沿线国家相对缺乏一手资料，不了解当地的文化习俗，所以一定要尽快组织对“一带一路”沿线国家的科学考察，收集沿线各国家地区的资源、环境承载力、人口、国情条件等信息，建立一套较为完整的信息系统平台，实现区内国家信息共享，为政府提供科技支撑和及时的咨询。同时，还应该制定一个应急、监测和预警系统。协助企业解决在“一带一路”建设过程中可能遇到的各种环保问题。

此外，应继续支持并做好国内有关部门对国别环保信息的积累整理工作，了解各国国情条件及资源分布与潜力，实现资源和环境的信息共享沟通。做好环保政策的国别交流，借助平台监督国内投融资对东道国环境的影响情况。为便于各方了解具体情况，避免误解，这些平台应是开放式的，让相关国家多种主体参与。

5. 建立和完善对“走出去”企业的环境管理制度

要把环境标准和责任作为“一带一路”投融资立项的基本条件。如果投资项目不符合环境标准，一票否决。“一带一路”项目的实施要符合统一的规范和标准，同时要借鉴节能减排的国际公约，使建设项目从规划设计到开工建设的全过程都符合环保标准。要对对外投资企业建立监理制度和环保信用评估体系，建立黑名单制度，要对大企业的绿色投资形成评价体系，项目的环保信息应该公开透明，企业环保不达标不能“走出去”。同时，做好工程后端的环保监察。做好企业“走出去”的环保培训工作，

所有企业和人员走出去之前，均应该接受环保培训。

6. 建立和完善绿色金融制度

建设绿色“一带一路”，担负投融资重任的各市场主体，特别是金融机构，应发挥至关重要的作用。在国际投融资活动中，世界银行、亚洲开发银行、亚洲基础设施投资银行等多边机构，一直强调在投融资中重视环保问题。2016 年，世界银行执行董事会批准了全新的环境和社会责任框架，以提高贷款项目环保和社会责任标准。新框架加入了全面的劳工和工作条件保护标准、非歧视原则和社区医疗及安全措施，并提高贷款项目相关各方参与度。新框架的推出旨在满足和应对开发事业出现的新需求和新挑战，提高贷款项目效率和透明度，改进开发成果。同时，世界银行还将大幅提高对相关借款国家在执行新框架方面的资金帮助，确保它们在社会责任和环境保护方面发挥更积极的作用。世界银行早已把环境因素纳入贷款、投资和风险评估程序。国际经验证明，越来越多的国家政府和国际组织倾向于运用经济杠杆来引导环保。

目前，我国参与“一带一路”投融资的主力金融机构，如国家开发行、中国进出口银行、丝路基金等虽然很重视投融资中的环保问题，但与世界银行的标准尚有一定差距，未来如何根据“一带一路”沿线国家和民众的实际发展情况和发展诉求，建立起完整、科学、合理的投融资环保政策，是需要认真研究的问题。标准定得太高，不利于项目的推进和融资的落实，但定得偏低，又容易造成“将有限的资金投入有污染的项目”中，并引发国际社会关于中国在环保方面不负责任的质疑或误解。

环保风险案例 1：

俄罗斯“萨哈林 2 号”油气项目

在国际能源投融资领域非常知名的俄罗斯远东“萨哈林 2 号”项目就是一个因项目环保问题而遭受重大风险的典型案例。2006 年，俄罗斯环境监管当局声称要对荷兰皇家壳牌控股的萨哈林能源公司提起法律诉讼，理由是耗资200亿美元的“萨哈林2号”天然气工程不符合相关环保法律规定。俄环境监管机构称，该工程可能造成150亿美元的环境损失。俄罗斯天然资源部撤销了对项目的主体部分开展环境调查的许可，此举实际上意味着俄政府勒令停止“萨哈林2号”项目的开发。此外，俄罗斯自然资源部还声称，项目存在大量违反用水许可规定的事实，包括“萨哈林能源”的各承包商在铺设沿岸管道时对数百条河流的水文状态造成破坏，存在向河床倾倒泥土，水土保持设施修建不当等情况，且因此造成水体污染，水质变坏，河岸受损，岸线改变，河道淤塞及沿岸树木倒塌。为此，自然资源部向联邦水资源局提出收回现有的用水许可并停止向“萨哈林能源”发放新的许可证，直至该公司消除所有违反自然保护法规的行为。荷兰皇家壳牌公司拥有“萨哈林2号”项目55%的股份，日本公司三井物产（Mitsui & Co）和三菱商事（Mitsubishi Corp）持有剩余45%的股权。当时，这些投资者坚持认为此项工程的生态冲击是“短期的和可逆的”，俄罗斯当局的指控“没有确实依据”，且对检查均持十分配合的态度。最终，投资者与俄罗斯政府达成协议，壳牌转让项目30%的股权给俄罗斯国有垄断的俄罗斯天然气工业公司，而三井物产和三菱商事也分别出售10%的股权给俄罗斯天然气工业公司，由此俄罗斯取得了对这个项目的控股权，项目的环保问题也随之通过一系列整改措施得到解决。尽管从国际舆论和投资者的角度看，俄罗斯此举主要是以环保为由获取项目控制权，但不可否认，环保问题始终是国际项目建设和投融资中的大问题，决不可轻视。

环保风险案例2：

缅甸密松水电站项目

我国参与的缅甸密松水电站项目是另一个因为环境保护及原住民问题而失败的案例。2009年，中国某企业和缅甸第一电力部合作，在伊洛瓦底江的上游克钦邦修建7个梯级水电站，其中，密松水电站是7个梯级电站中最大的电站，预计建成后坝高152米，将成为世界第十五大水电项目。按照规划，伊洛瓦底江水电项目将装机2000万千瓦，建设工期15年，堪称“海外三峡”。然而这一超级工程在2011年被缅甸政府单方面以环保问题宣布停工，迄今仍未能复工，而中资公司在项目的前期的投资总额已经超过50亿元人民币，可谓损失惨重。缅甸叫停该项目背后的原因，主要是当地居民主要靠捕鱼为生，而此前在上游修建的几座水电站已经让他们的捕鱼量有所下降，进而担心该电站的修建将会导致他们的生活更加困难，同时，水库的修建让很多当地居民的家和田地被淹，这些祖祖辈辈都生活在那里的当地人非常不愿意离开自己的家乡。此外，非政府组织（NGO）已经成为缅甸政治生活中的一支重要力量，缅甸NGO工作者认为，密松水电站的相关信息从工程开始的时候就非常不透明。一些数据即使公布了，也往往和缅甸人民主观认为的数据有很大的出入，因而会让人产生强烈的不信任感。其实，密松项目在建设前就已经将所有的法律程序和环评手续做完，其中环评工作由中国和缅甸生物多样性及自然保护联盟（BANCA）共一百多位专家完成，并且获得了缅甸政府的审批。但是在这一过程中，缅甸民众的参与度确实较低，为后来一些图谋不轨者利用密松水电站煽动民众情绪留下了可乘之机。事实上，无论是在密松项目的前期还是实施中，中方都对电站附近的情况保持着密切的关注。安置电站民众、对下游生态影响展开评估。只是由于双方都缺少宣传，造成了缅甸民众的误解。中国驻缅甸使馆经济商务参赞金洪根在谈到这一问题时提到：“以前，中国是只做不说，以后，我们得又做又说。”

环保风险案例3：

美国自由港公司印度尼西亚铜金矿项目

格拉斯伯格矿区位于印度尼西亚巴布亚省的山区中，是世界上总储量最大的铜金矿。该矿的大股东是美国自由港—麦克米伦铜金公司（以下简称：自由港公司）。1967 年自由港公司与印度尼西亚政府签订第一份合约。该合约给予自由港公司 10.1 万公顷土地的采矿权，免除 30 年的土地租金和使用费以及环境保护义务，也不要求公司对当地居民进行补偿。1991 年，自由港公司又与印度尼西亚政府就新发现的格拉斯伯格新矿区签订新合约。该合约有效期至 2021 年，如经政府允许，还可将项目再延长 20 年。按新合约规定，自由港公司可继续在无环保措施的情况下运营，并且对当地居民的安置、搬迁和补偿不承担义务。自由港公司在巴布亚省的采矿活动不可避免地导致了当地环境的恶化。虽然自由港公司和印度尼西亚政府在 1991 年的合约中要求对项目进行环境影响评价，但当时的评价体系不仅包括环境影响评价，还包括经济影响评价，且后者的权重远高于前者，因而该环境影响评价沦为走过场。自由港公司在采矿过程中产生了大量的废弃岩石，每天高达 7.5 万吨。预计到 2041 年将产生约 230 平方公里的矿坑，而大部分废弃岩石都倾倒至附近的宛纳宫湖中，破坏了当地的生态环境。矿井附近临时存储岩石的场地也遭受了严重的山体滑坡和洪水危害。1997 年，印度尼西亚《环境管理第 23 号法案》开始实施。根据该法律，印度尼西亚环境保护署不断警告自由港公司，如其继续环境违法行为将面临刑事指控。1999 年，印度尼西亚《第 41 号森林法》禁止在森林保护地区勘探和开发自然资源，最终迫使自由港公司于 2006 年停止了在该区域的勘探活动。

环保风险案例 4：

必和必拓公司巴布亚新几内亚铜金矿项目

1975 年，必和必拓公司与巴布亚新几内亚政府等决定联合开发奥克泰迪铜金矿（以下简称奥克泰迪矿），成立了奥克泰迪矿产有限公司。奥克泰迪矿产生的最大环境影响缘于对尾矿的不当处置。尾矿通常应存储在预留的尾矿坝内，但奥克泰迪矿的尾矿却直接排放至奥克泰迪河和弗莱河。河流监测数据表明，该矿对河流以及周边生态系统造成了负面影响。大量废弃矿石被排放至河岸，导致河床大幅升高。河底沉积的尾矿和废渣被冲到下游，淹没了河岸两边的植物和农作物，并对林木的根系造成了不良影响。奥克泰迪河和弗莱河的鱼类数量也因此锐减，鱼类捕获量下降了90%。1994 年，奥克泰迪河和弗莱河沿线 3 万名居民向必和必拓总部所在地法院提起集体诉讼。经过两年的庭审和调解后，必和必拓最终支付了 5 亿美元的补偿金，还不得不将价值约 4 亿美元的股份无偿转让给巴布亚新几内亚政府。该项目对必和必拓造成的直接经济损失达 9 亿美元。在 2001 年，必和必拓决定提前撤出该项目，以避免产生更大风险。

（二）完善劳务合作机制与政策，促进民心相通

1. 将应急处置与日常保护相结合，保障海外劳工权益

从 2005 年吉尔吉斯斯坦骚乱到 2015 年多国对也门的军事行动，中国共采取了 14 次海外撤侨行动。2014 年，外交部全球领事保护与服务应急呼叫中心成立，其核心是应急，兼顾日常领事保护与咨询。公开资料显示，海外劳工的安全问题绝大部分是日常维权；每年在境外发生的本地雇主与来自中国的劳务人员的纠纷案中，24% 与雇主不支付劳工工资有关，20% 与无故解雇以及克扣工资、强迫退职、人格侮辱等恶性事件有关。应急型的撤侨行动并不能满足海外劳工最需要的日常维权，无法全方位保护海外劳工的安全。

为此，应更注重海外劳工日常权益保护，积极在劳工维权过程中提供有效信息与帮助；在“一带一路”沿线安全风险级别较高的国家或地区，派驻律师和社会工作者以帮助解决劳工日常的劳务纠纷，保护劳工权益；鼓励中国海外劳工参加当地的工会组织，与资方谈判，及时解决日常的维权问题。

另外，政府可设立“海外劳务风险基金”，基金来源于申请出国工作人员缴纳的费用和适当的政府补贴。海外劳工在遇到违约、工伤等意外事件时，可以由基金先进行无偿资助，然后由基金会获得索赔权并对所在国用人单位提起诉讼或仲裁。同时，企业应该积极使用政策性保险工具，如中国出口信用保险公司的外派劳务保险，如海外雇主不按时支付劳务工资，将由保险公司给予赔偿，保险公司代位取得向雇主的索赔权。

领事保护预警机制是通过各种渠道，及时向民众发布涉及海外安全的预警信息，以防范或减少危机，并加强对出国公民与在海外经营的企业的教育和培训，以提高海外公民与企业的危机应对能力。我国外交部网站与商务部网站上都设有安全风险的提醒，外交部在 2000 年也首次发布了《中国境外领事保护和服务指南》宣传手册并多次更新。这些预警信息与服务信息针对性不强，内容简单、泛化，对劳工移民帮助不大，对国际劳务市场的研究程度也远远不够。因此，应尽快建立一个统一的传递国际劳务信息的网络，定期发布相关国家的劳动就业条件、移民情况和特定国家遵守人权和劳工权利国际标准等情况，以使劳工在外出务工时作出明智的决策和充分的准备。

在培训方面，尽管商务部制定的《境外中资企业机构和人员安全管理规定》明确规定，要求涉外企业必须对外派人员进行安全教育培训，但培训机制不完善，培训效果也不理想。相关部门应组织、安排出国务工的劳工移民参加各种培训班，培训内容包括工作技能、当地国家的风俗习惯、相关语言等，从而降低安全风险，减少领事保护案件。

2. 建立专门针对海外劳工管理的机构

目前，有关劳工移民管理机构的缺失，使劳工移民在遇到民事纠纷或安全问题时不能积极、有效解决。有些国家海外劳工安全保护与管理的机构由外交部和劳工与就业部两个系统来管理与负责，分工明确。外交部及其驻外使领馆积极保护海外劳工的权利，及时协助受困海外劳工回国；而负责劳工与就业的部门则重点关注国外劳工和社会福利法律发展动态，制定相关政策以保证本国劳工得到公平待遇，包括获得法律和医疗协助。这种专门负责处理海外劳工民事纠纷与权益的常设机构有利于帮助海外劳工移民应对就业安全、人身安全与经济安全等常见问题，如遭受中介欺骗，签订虚假合同，出国后没有工作或者工资微薄；工伤的理赔标准存在争议、海外雇主克扣或拖欠工资等一系列日常问题。从目前的现实状况来看，中国的相关部门职能有所重复，涉及部门多、效率低，容易导致多头管理、权责不清，因此需要进一步厘清权责，提高效率。

3. 制定海外劳工安全保护法律与规章

我国目前针对海外劳工维权的立法层次较低，长远来看，必须着力提高保障海外劳工利益的法律位阶。相关法规缺乏统一性、规范性，存在碎片化现象、效率不高。2012 年出台的《对外劳务合作管理条例》对侵害劳工权益进行了明确规定，但在涉外劳务管理的法制化方面仍显不足。可以考虑将《劳动法》《劳动合同法》的适用效力向域外推广。以属人法为原则确定现有基本法的适用范围，将国内劳动者权益保护的依据扩展至海外劳动者，除非所在国的劳动保障标准高于国内，应使国内关于劳动者的维权标准适用于海外的华人劳工。对于雇主和雇员国籍都是中国的，不论根据属人法原则还是最密切联系原则都应该遵守中国法，这既符合国际法的原则，也符合冲突法的原则。在这一原则之下遵守“外国强制抗辩”以保证对输入国强制性法律的遵守，但对违反外国法律的举证责任则应由雇主承担。即对于受雇于海外中国公司的我国劳工而言，除非雇主能够证明违反了所在国强制性法律，否则都应以中国法为准。这种通过冲突法的适用规则维护海外劳工利益的方式是国际法允许的，也可以有效弥补当下基本立法之不足。

4. 用工企业自身加强能力建设，处理好劳工问题

中国企业必须严格遵守当地国移民局办理工作签证的规定，切勿贪图

便利，与没有资质的中介合作，利用商务签证或文化教育签证出国工作。而且，要随身携带相关的证件，理解并配合当地国的审查工作。其次，在聘用当地劳工时，应精心核算工资和培训成本，尤其注重其能力和经验，重视对当地劳工的管理工作。要加强对当地员工的培训，通过培训把他们的能力提升起来，帮助他们掌握技术，从心底里敬佩和感恩中国企业。

中资企业在保护自身合法权益的同时，应着力提高中国输出劳工的素质与结构，适度降低低技能劳工的输出比例，提高技能性和技术性劳务人员的比重。加强输出劳务人员的培训，切实提高外派劳务人员的素质。同时，应妥善处理好与项目所在地的各种关系。在当地建厂要根据实际情况制定规划，聘用当地人员参与管理和生产，学会用当地人管理当地人，积极为周边居民提供就业机会。另外，还需尊重当地的宗教习惯，按照当地的风俗开展活动，积极履行社会责任，捐资帮助当地贫民，帮助当地建设道路、医院、学校等设施。

5. 加强国际合作，推进劳工移民的全球治理

国际社会正努力、积极地保护劳工移民的权利。海外劳工是一个跨国性问题，需要国家间长期协作。作为劳工输出大国，中国一方面应该积极参与联合国、国际劳工组织与国际移民组织关于劳工移民安全保护、权利维护等相关活动，此外，还应积极利用国际劳工组织、国际移民组织、国际移民全球委员会、国际迁徙小组、移民与发展问题全球论坛、国际移民和发展问题高级别对话会议等相关国际组织与全球对话平台保护中国海外劳工移民，为推动保护海外劳工制度建设作出贡献，并争取有利地位。

积极参与区域合作机制，签订双边协议，更有指向性地保护海外劳工群体。国际通行的保护劳工移民安全的做法是各国之间签订的框架协议、谅解备忘录与保护外籍劳工的相互合作声明，目前双边合作仍是最主要的合作方式。在“一带一路”倡议实施的背景下，各个国家应与风险级别较高或劳工输出较多的国家签订双边协定或进行非正式的协商，这样可以更

加灵活务实地保护本国的海外劳工移民。

二、加强“一带一路”投融资中介服务机制建设

现阶段，“一带一路”投融资中介服务仍处于初级阶段，在诸多方面难以满足项目投融资的服务需求。“一带一路”沿线国家应加快发展相关中介机构，在财务管理、法律、信用评级、信息服务等方面提升中介机构的专业化服务水平，注重专门的“一带一路”信用评级机构以及中介服务数据库建设。

（一）加强财务管理服务的有效性

首先，推动“一带一路”沿线国家共同遵守现行国际会计准则，执行统一的会计标准，加大在会计、审计、税收管理等方面的协商力度，为会计师事务所等中介服务机构发挥更大的作用创造良好的制度条件和外部环境。

其次，加强会计、审计基础设施建设，增强财务管理与测算的科学性和可靠度，在相对贫穷落后的“一带一路”国家，可以通过援助等方式加大对会计服务的互联网技术支持力度。

再次，各国财务管理相关中介机构要适应国际贸易环境的变化，不断提高对不同监管政策的解读能力，提供更多门类的商业审计服务尤其是与企业投资全流程、项目投融资全流程、涵盖资金流向所涉及企业与金融机构的全流程审计，以帮助解决“一带一路”建设中复杂的贸易和投资问题。

最后，具有国际视角、认同“一带一路”发展理念、熟悉各国历史文化的复合型财务管理人才、专业化团队、专业化机构要多交流多沟通，必要时可以由财务管理服务业相对发达的国家建立长期培训机制，对相对落后国家的从业人员进行培训，并以此作为进入该国会计服务市场的条件。

（二）统筹发展“一带一路”信用评级机构

第一，整合“一带一路”各国现有的评级机构及其主要信用评级研究成果，尽快建立由我国主导，由各国机构共同参与的独立信用评级机构，发布专门的“一带一路”国家风险、投资风险、买家风险、银行风险、汇兑风险、债券风险等多层次的信用评级。这一机构应为商业化运营的独立的市场主体，各国政府可以提供适当的政策支持。在这一过程中，我国需要发挥主导作用，整合现有研究机构、政策性金融机构以及商业化咨询与评级公司的研究力量和研究资源，选取研究力量较强、社会影响力较大的机构承担“一带一路”信用评级机构的任务。目前中国出口信用保险公司自 2005 年开始已经连续十四年发布国家风险评级，自 2016 年开始已经连续三年发布主权信用风险评级，评级结果逐步为业界和学术界所公认，已经形成了较好的社会效应。鉴于中国出口信用保险公司为政策性金融机构，可以允许其设立由母公司出资，同时吸纳各国、各界资本共同参与的商业性的信用评级子公司，进一步整合相关资源，开展“一带一路”信用评级工作。

第二，注重评级结果的应用。在“一带一路”各国金融市场上，逐步尝试以“一带一路”信用评级为资本定价、金融产品定价的基础，不断扩大信用评级机构的国际影响力，更好地为“一带一路”国家的企业服务，形成除传统三大信用评级机构之外的、具有广泛覆盖性和代表性的、能够客观反映发展中国家和新兴市场国家在国家、行业和企业各个维度信用风险水平的新型评级体系。

第三，加强与三大国际信用评级机构的合作。要借鉴国际先进评级技术，探索开发一套适合“一带一路”特点的评级指标体系，吸引国家评级优秀人才，逐步提升评级的公信力和影响力；“一带一路”信用评级机构与三大传统国际信用评级机构不是竞争关系，而是平等互利的合作关系，要学习借鉴国际评级机构好的经验，不断增强自身的核心竞争力。

（三）持续强化法律服务水平

第一，要基于大数据理念，全面整理“一带一路”国家法律法规，建立动态更新的“一带一路”国外法查询数据库，最大限度地解决法律法规条款难以查询、具体法律条款难以把握的问题；建立“一带一路”律师事务所行业协会组织，负责数据库的建立、维护和日常运营，同时构建各国专业律师交流与合作的非正式平台，尽可能地减少法律制度和法律信息不对称带来的法律服务障碍。

第二，要将降低各国法律服务业进入门槛作为“一带一路”建设急需解决的难题，积极延伸律师事务所的服务触角，通过开展国际化与本土化相结合的法律服务，更好地为企业投融资活动服务。同时，支持经济金融领域的律师事务所发展涉外法律服务。此外，可以发挥律师事务所在债务追偿方面的重要作用，充分利用其专业服务的正向外部性，帮助企业运用当地法律挽回损失。

第三，加强专业化、精通小语种的高素质律师或律师团队的协同合作，针对“一带一路”投融资结构、国别特征、项目特点提供高质量的法律服务，尝试在“一带一路”重大项目中，配备包含投资东道国和目的国律师事务所的跨国专业律师团队，结合项目实际情况、项目投融资结构和投资目的国法律特征提供高效服务。

第四，承认“一带一路”各国法律体系的巨大差异性，尽可能签订具有正式法律效力的多双边协定，通过政府之间的协商，解决法律事务所等中介服务机构无法解决的制度性问题，扩展法律服务的空间。

（四）提升信息服务质量和数据库建设

首先，搭建政府主导、市场主体参与的投融资信息平台，分层次整合数据资源，提供企业市场开拓和风险管理所需要的不同信息。“一带一路”各国政府应鼓励咨询顾问公司、战略规划设计公司等中介服务机构拓展信息提供与分析业务，形成具有宏观层面的国别特色、中观层面的行业特色、微观层面的企业特色的多维度信息数据库。

其次，在国家风险信息层面，中介服务机构要提高信息质量，建立与投融资密切关联的国家风险数据指标体系，充分反映“一带一路”国家的风险特征。目前企业需要的已经不再是“一带一路”国家风险的基本信息，而是在长期动态跟踪和国别数据库的基础上深加工的信息，因此，迫切需要加大信息挖掘和分析力度。

再次，在行业风险信息层面，中介服务机构要建立专门的行业风险研究与服务体系，更多地考虑中观层面的行业信息维度，加大对“一带一路”国家重点发展、市场需求较大或东道国鼓励外资进入的行业的调研力度，形成可靠的信息搜集方法和行业信息渠道。同时，以“国家—行业”维度来整合相关信息，将重点国家重点行业的信息抓取和分析作为服务重点。

最后，在买家风险信息层面，一方面，中介服务机构要持续提升对一般性贸易相关买家信息的可获得性和真实性，不断拓宽在高风险国家的信息渠道；另一方面，对大的交易方要提供专门的信息服务，尽可能根据当地信息渠道提供的一手信息，形成专门的大买家、大企业信息报告，从分析交易对手综合情况的角度对投融资提供重要参考。

三、加强“一带一路”投融资跨境税收与反避税管理

税收政策是境外投融资决策因素的重要组成部分之一，会直接影响企业的经营成本和运营效益，乃至影响整个投资项目的成败得失。如何搭建有效的税务投资架构并防范潜在的税务风险，对希望拓展海外市场的企业尤为重要。

（一）跨境投融资税收概况及我国现状

在“走出去”的过程中，企业应该对税务规划和风险防范同等重视，在防范风险的前提下合理进行税务安排，以获得最优的税务效果。在复杂多

变的国际税务环境和各国不尽相同的税制下，跨国经营的投资者开始意识到其境外投融资法律形式选择、架构搭建、融资安排、商业模式等，都将对母公司及境外运营实体的税务状况产生重大影响，从而影响投资的收益。

据统计，“走出去”企业面临的问题中有60%来自税收方面，包括税收歧视、税收争议等。尤其是“一带一路”沿线国家，一方面是企业了解不足，无法合理判断并有效控制“走出去”税收风险；另一方面，也是因为很多“一带一路”沿线国家税制还不完善。随着“一带一路”建设不断深入推进，企业在投融资前，应准确了解所在国的相关税制，包括征税对象、税率、征税程序、纳税期限、税收优惠政策、违章处置等，详细掌握我国政府与相关国家签订《避免双重征税协定》或类似税务安排的情况，采取恰当合法的税收筹划方式，合理降低国际经营活动中的税负，从而达到利润最大化的目的。

企业在“走出去”开展工程承包、海外投资等经营活动的过程中，将面临繁杂的税种，主要包括销售税、进口环节税、出口环节税、增值税、印花税、股息或红利预提税、利息预提税、资本利得税、企业所得税、个人所得税等。这些税种又可以简单划分为四大类：流转税、所得税、财产税、杂项税。其中，流转税主要包括营业税、消费税、增值税、进口关税、出口关税、许可证税、印花税、资源税等；所得税主要包括公司所得税、个人所得税、利息或股息预提所得税、资本利得税等；财产税主要包括固定资产税、房产税、土地税等；杂项税是指某些国家或地方政府可能以各种名目收取的各种税费，如公路建设维护税、教育附加税、基础设施建设税、环保税等。

“一带一路”投融资活动中需要重点关注的税种有进口关税、出口关税、资源税、资本利得税、股息或利息预提所得税、企业所得税、印花税等。

在某些海外工程项目中，如项目所在国可以给予项目所需进口材料和进口设备零关税的待遇，将大幅降低项目的建设费用，在承包商已经以固定价格中标的情况下，争取某些进口物资的关税优惠，将直接影响项目的收益率，提高可融资性。在海外投资项目中，如项目企业所生产的商品主要用于出口，则应争取东道国给予出口关税方面的优惠待遇，这将直接影响甚至决定着该投资项目的经营可行性。进出口关税对于国际经济贸易活动的重要性，可以从历次国际贸易战中得到验证。1929 年资本主义国家经济陷入大萧条，正是美国政府的提高关税法案引发欧美各国竞相提高进口关税导致的，这使得很多国际贸易无利可图。2012 年，印度尼西亚政府针对包括铁矿石在内的 14 种矿产出口征收 20% 的关税，随后其他多个国家也相继提高资源产品的出口关税或者限制矿产资源出口，其中，印度、越南上调铁矿石出口关税，澳大利亚开始征收碳税和矿产资源租赁税，这明显增加了当时中国企业投资这些国家矿产资源项目的成本。

在跨境投融资中，各种所得税，如资本利得税、股息或利息预提所得税、企业所得税等，对项目投资或融资的可行性具有直接影响。以股息或利息所得税为例，各国政府普遍规定，如外国企业在本国境内未设立机构、场所，而有取得的来源于本国境内的利润（股息、红利）、利息、租金、特许权使用费和其他所得，或者虽设立机构、场所，但上述所得与其机构、场所没有实际联系的，均应就其收入全额（除有关文件和税收协定另有规定外）征收预提所得税。预提方式是由所得支付人（付款人）在向所得受益人（收款人）支付所得（款项）时为其代扣代缴税款。这类税收的税率一般在 5% ~30% 之间，对项目的投融资可行性具有重大影响。如两国之间签订有避免双重征税协定，则税率可能比较优惠，一般为5% ~15% 。

资本利得税，是对资本利得（低买高卖资产或企业股权所获收益）征税。常见的资本利得如买卖股票、债券、贵金属和房地产等所获得的收益。以 2007 年李嘉诚旗下的香港和记黄埔向英国沃达丰出售印度和记电讯案为例，该收购案交易金额达 110 亿美元，印度税务机关曾一度要求就该项交易征收27亿美元的资本利得税。2007年，为了进入印度市场，英国沃达丰通信公司从香港和记黄埔（现属长江和记）手中收购了印度和记埃莎通信公司（现名沃达丰埃莎）67%的股权。交易是通过沃达丰控股的一家荷兰公司完成的，该公司向和记黄埔旗下一家注册在开曼群岛的子公司和电国际支付了112亿美元，并收购了另一家开曼群岛公司，后者间接持有这家印度移动运营商的控股股权。后来，印度税务部门以该收购案主要标的物在印度为由，要求沃达丰国际控股集团（以下简称沃达丰）就该交易缴纳799亿卢比的税款、200亿卢比的滞纳金及罚款。而沃达丰表示，由于这笔交易是在海外进行的，因此无须向印度政府缴税，但印度当局一直试图收税，因为交易涉及印度资产。2012年1月，就沃达丰与印度税务部门之间的争议，印度最高法院作出有利于沃达丰的裁决：认定交易双方都是境外离岸公司，没有纳入印度的税收法律体系，印度税务部门对沃达丰收购在印度的资产无权管辖，沃达丰公司不负有纳税义务。该案香港和记黄埔和沃达丰能够成功避免缴纳27亿美元资本利得税的关键是和记黄埔在投资之初就搭建了有利于避税的投资架构，香港和记黄埔并非直接持有印度公司的股权，而是通过开曼公司—毛里求斯公司两层架构间接持有，按照印度与毛里求斯的双重征税协定，毛里求斯的公司在印度投资所获得的资本收益不需要向印度缴税。而根据毛里求斯税法，不征收资本利得税，不征收股息和利息支付预扣税。而开曼公司为了避免被认定为纯属为避税而搭建的结构，其在持有毛里求斯公司之外，还持有其他公司，这些公司又设置了一系列复杂的条件，包括金融机构的担保贷款、竞业禁止权、顾问支持权、期权等，这就避免了开曼公司被“穿透”认定为印度公司的马甲。

企业“走出去”开展工程承包、海外投资等经营活动的过程中，首先要按照我国税法要求，向我国税务机关纳税，企业需要按照规定办理税务登记、纳税申报和税款缴纳等工作。同时，企业还需要按照其在东道国的经营投资活动向东道国税务机关纳税。不同国家的税制或税率存在差异或利益冲突，这就需要国与国之间通过双边或多边税收协定来解决。

国际税收协定要解决的首要问题就是如何处理国家之间的双重征税问题，这是国际税收协定的基本任务。其次是要实现平等税收负担原则，最后是情报的互相交换，防止或减少国际偷漏税或不合理避税。避免双重征税协定一般都有“情报互换”条款，缔约国之间按照协定规定相互提供税收情报已经成为防止跨国偷漏税的有力手段。

世界上最早的税收协定是1843年比利时和法国政府签订的税收协定。100多年来，为了适应国际税收关系不断发展的需要，国际税收协定不断丰富，国与国之间签订税收协定已经成为普遍现象。目前，国际上已经生效的税收协定有2000多个，并且形成了具有世界意义的两个国际性税收协定范本，由联合国专家小组推荐的《关于发达国家与发展中国家间避免双重征税的协定范本》（即《UN协定范本》）和由经济合作与发展组织提出的《关于对所得和财产避免双重征税的协定范本》（即《OECD协定范本》）。各国在签订协定的活动中，不仅参照两个税收协定范本的结构和内容来缔结各自的税收协定，而且在协定大多数的税收规范上都遵循两个协定范本所提出的一些基本原则和要求。

我国在20世纪50年代就与苏联、东欧国家和越南、朝鲜等国签订友好通商条约或通航航海条约，其中就包括双方免征海洋运输收入税收的条款。之后我国又逐步与古巴、老挝、阿富汗、瑞士、加拿大、联邦德国、芬兰、英国、荷兰等国签订了互免海运收入税收或互免空运收入税收的专项税收协定。

改革开放之后，我国为了适应吸引外资和对外投资的需要，自1981年开始，逐步与有关国家缔结避免双重征税协定。1983年与日本签署了第一个综合性国际税收协定《中国与日本关于对所得避免双重征税和防止偷漏税的协定》。2006年，国家税务总局与英国、比利时等5个国家开展对原有税收协定的修订工作，完成了与香港特别行政区对原有税收安排的修订并签署了全面的税收安排。

我国对外谈判和签订税收协定的基本原则是：既遵守国际惯例，有利于吸引外资，引进先进技术，为发展我国国民经济服务，又坚持平等、互利、友好协商和有利于维护我国的主权和经济利益。在此基础上，一般坚持以下具体原则：（1）坚持所得来源国与居住国共享征税权的原则；（2）坚持税收待遇对等的原则；（3）灵活对待税收饶让的原则。这里的税收饶让是指对方国家对另一国的减免税优惠要视同该国已征税额给予减免，以便该国家为了吸引外资而给予投资者的税收优惠政策切实有效。

截至2018年6月，我国已与106个国家和地区签署了避免双重征税协定（见表11－1），减少了跨国企业的重复征税，减轻了企业税收负担，有效维护了跨国企业的合法权益，为“走出去”企业创造了良好的投资环境。其中，已与“一带一路”沿线国家签署了53个双边税收协定。同时，已与俄罗斯、新加坡、爱沙尼亚、拉脱维亚、乌兹别克斯坦、罗马尼亚等国家全面或部分修订了税收协定。下一步，将积极推动与“一带一路”沿线尚未签署税收协定的国家，特别是与我国有产能合作的国家开展协定谈签工作。

表11－1　我国签订的避免双重征税协定一览表（截至2018年6月）

<table>
<tr><th>序号</th><th>国家或地区</th><th>签署日期</th><th>生效日期</th><th>执行日期</th></tr>
<tr><td>1</td><td>日本</td><td>1983年9月6日</td><td>1984年6月26日</td><td>1985年1月1日</td></tr>
<tr><td>2</td><td>美国</td><td>1984年4月30日</td><td>1986年11月21日</td><td>1987年1月1日</td></tr>
<tr><td rowspan="2">3</td><td rowspan="2">法国</td><td>1984年5月30</td><td>1985年2月21日</td><td>1986年1月1日</td></tr>
<tr><td>2013年11月26日</td><td>2014年12月28日</td><td>2015年1月1日</td></tr>
<tr><td rowspan="2">4</td><td rowspan="2">英国</td><td>1984年7月26日</td><td>1984年12月23日</td><td>1985年1月1日</td></tr>
<tr><td>2011年6月27日</td><td>2013年12月13日</td><td>中国：2014年1月1日；英国：所得税和财产收益税：2014年4月6日；公司税：2014年4月1日</td></tr>
</table>

续表

序号	国家或地区	签署日期	生效日期	执行日期
5	比利时	1985 年 4 月 18 日	1987 年 9 月 11 日	1988 年 1 月 1 日
		2009 年 10 月 7 日	2013 年 12 月 29 日	2014 年 1 月 1 日
6	德国	1985 年 6 月 10 日	1986 年 5 月 14 日	1985 年 1 月 1/7 月 1 日
		2014 年 3 月 28 日	2016 年 4 月 6 日	2017 年 1 月 1 日
7	马来西亚	1985 年 11 月 23 日	1986 年 9 月 14 日	1987 年 1 月 1 日
8	挪威	1986 年 2 月 25 日	1986 年 12 月 21 日	1987 年 1 月 1 日
9	丹麦	1986 年 3 月 26 日	1986 年 10 月 22 日	1987 年 1 月 1 日
		2012 年 6 月 16 日	2012 年 12 月 27 日	2013 年 1 月 1 日
10	新加坡	1986 年 4 月 18 日	1986 年 12 月 11 日	1987 年 1 月 1 日
		2007 年 7 月 11 日	2007 年 9 月 18 日	2008 年 1 月 1 日
11	加拿大	1986 年 5 月 12 日	1986 年 12 月 29 日	1987 年 1 月 1 日
12	芬兰	1986 年 5 月 12 日	1987 年 12 月 18 日	1988 年 1 月 1 日
		2010 年 5 月 25 日	2010 年 11 月 25 日	2011 年 1 月 1 日
13	瑞典	1986 年 5 月 16 日	1987 年 1 月 3 日	1987 年 1 月 1 日
14	新西兰	1986 年 9 月 16 日	1986 年 12 月 17 日	1987 年 1 月 1 日
15	泰国	1986 年 10 月 27 日	1986 年 12 月 29 日	1987 年 1 月 1 日
16	意大利	1986 年 10 月 31 日	1989 年 11 月 14 日	1990 年 1 月 1 日
17	荷兰	1987 年 5 月 13 日	1988 年 3 月 5 日	1989 年 1 月 1 日
		2013 年 5 月 31 日	2014 年 8 月 31 日	2015 年 1 月 1 日
18	捷克斯洛伐克（适用于斯洛伐克）	1987 年 6 月 11 日	1987 年 12 月 23 日	1988 年 1 月 1 日
19	波兰	1988 年 6 月 7 日	1989 年 1 月 7 日	1990 年 1 月 1 日
20	澳大利亚	1988 年 11 月 17 日	1990 年 12 月 28 日	1991 年 1 月 1 日
21	南斯拉夫（适用于波斯尼亚和黑塞哥维那）	1988 年 12 月 2 日	1989 年 12 月 16 日	1990 年 1 月 1 日
22	保加利亚	1989 年 11 月 6 日	1990 年 5 月 25 日	1991 年 1 月 1 日
23	巴基斯坦	1989 年 11 月 15 日	1989 年 12 月 27 日	1989 年 1 月 1/7 月 1 日
		2016 年 12 月 8 日	2017 年 4 月 24 日	2017 年 4 月 24 日
24	科威特	1989 年 12 月 25 日	1990 年 7 月 20 日	1989 年 1 月 1 日
25	瑞士	1990 年 7 月 6 日	1991 年 9 月 27 日	1990 年 1 月 1 日
		2013 年 9 月 25 日	2014 年 11 月 15 日	2015 年 1 月 1 日

续表

序号	国家或地区	签署日期	生效日期	执行日期
26	塞浦路斯	1990 年 10 月 25 日	1991 年 10 月 5 日	1992 年 1 月 1 日
27	西班牙	1990 年 11 月 22 日	1992 年 5 月 20 日	1993 年 1 月 1 日
28	罗马尼亚	1991 年 1 月 16 日	1992 年 3 月 5 日	1993 年 1 月 1 日
		2016 年 7 月 4 日	2017 年 6 月 17 日	2018 年 1 月 1 日
29	奥地利	1991 年 4 月 10 日	1992 年 11 月 1 日	1993 年 1 月 1 日
30	巴西	1991 年 8 月 5 日	1993 年 1 月 6 日	1994 年 1 月 1 日
31	蒙古国	1991 年 8 月 26 日	1992 年 6 月 23 日	1993 年 1 月 1 日
32	匈牙利	1992 年 6 月 17 日	1994 年 12 月 31 日	1995 年 1 月 1 日
33	马耳他	1993 年 2 月 2 日	1994 年 3 月 20 日	1995 年 1 月 1 日
		2010 年 10 月 18 日	2011 年 8 月 25 日	2012 年 1 月 1 日
34	阿联酋	1993 年 7 月 1 日	1994 年 7 月 14 日	1995 年 1 月 1 日
35	卢森堡	1994 年 3 月 12 日	1995 年 7 月 28 日	1996 年 1 月 1 日
36	韩国	1994 年 3 月 28 日	1994 年 9 月 27 日	1995 年 1 月 1 日
37	俄罗斯	1994 年 5 月 27 日	1997 年 4 月 10 日	1998 年 1 月 1 日
		2014 年 10 月 13 日	2016 年 4 月 9 日	2017 年 1 月 1 日
38	巴布亚新几内亚	1994 年 7 月 14 日	1995 年 8 月 16 日	1996 年 1 月 1 日
39	印度	1994 年 7 月 18 日	1994 年 11 月 19 日	1995 年 1 月 1 日
40	毛里求斯	1994 年 8 月 1 日	1995 年 5 月 4 日	1996 年 1 月 1 日
41	克罗地亚	1995 年 1 月 9 日	2001 年 5 月 18 日	2002 年 1 月 1 日
42	白俄罗斯	1995 年 1 月 17 日	1996 年 10 月 3 日	1997 年 1 月 1 日
43	斯洛文尼亚	1995 年 2 月 13 日	1995 年 12 月 27 日	1996 年 1 月 1 日
44	以色列	1995 年 4 月 8 日	1995 年 12 月 22 日	1996 年 1 月 1 日
45	越南	1995 年 5 月 17 日	1996 年 10 月 18 日	1997 年 1 月 1 日
46	土耳其	1995 年 5 月 23 日	1997 年 1 月 20 日	1998 年 1 月 1 日
47	乌克兰	1995 年 12 月 4 日	1996 年 10 月 18 日	中国：1997 年 1 月 1 日；乌克兰：1996 年 12 月 17 日；企业所得税：1997 年 1 月 1 日
48	亚美尼亚	1996 年 5 月 5 日	1996 年 11 月 28 日	1997 年 1 月 1 日
49	牙买加	1996 年 6 月 3 日	1997 年 3 月 15 日	1998 年 1 月 1 日
50	冰岛	1996 年 6 月 3 日	1997 年 2 月 5 日	1998 年 1 月 1 日

续表

序号	国家或地区	签署日期	生效日期	执行日期
51	立陶宛	1996年6月3日	1996年10月18日	1997年1月1日
52	拉脱维亚	1996年6月7日	1997年1月27日	1998年1月1日
53	乌兹别克斯坦	1996年7月3日	1996年7月3日	1997年1月1日
54	孟加拉国	1996年9月12日	1997年4月10日	中国1998年1月1日；孟加拉国1998年7月1日
55	南斯拉夫联盟（适用于塞尔维亚和黑山）	1997年3月21日	1998年1月1日	1998年1月1日
56	苏丹	1997年5月30日	1999年2月9日	2000年1月1日
57	马其顿	1997年6月9日	1997年11月29日	1998年1月1日
58	埃及	1997年8月13日	1999年3月24日	2000年1月1日
59	葡萄牙	1998年4月21日	2000年6月7日	2001年1月1日
60	爱沙尼亚	1998年5月12日	1999年1月8日	2000年1月1日
61	老挝	1999年1月25日	1999年6月22日	2000年1月1日
62	塞舌尔	1999年8月26日	1999年12月17日	2000年1月1日
63	菲律宾	1999年11月18日	2001年3月23日	2002年1月1日
64	爱尔兰	2000年4月19日	2000年12月29日	中国2001年1月1日；爱尔兰2001年4月6日
65	南非	2000年4月25日	2001年1月7日	2002年1月1日
66	巴巴多斯	2000年5月15日	2000年10月27日	2001年1月1日
67	摩尔多瓦	2000年6月7日	2001年5月26日	2002年1月1日
68	卡塔尔	2001年4月2日	2008年10月21日	2009年1月1日
69	古巴	2001年4月13日	2003年10月17日	2004年1月1日
70	委内瑞拉	2001年4月17日	2004年12月23日	2005年1月1日
71	尼泊尔	2001年5月14日	2010年12月31日	2011年1月1日
72	哈萨克斯坦	2001年9月12日	2003年7月27日	2004年1月1日
73	印度尼西亚	2001年11月7日	2003年8月25日	2004年1月1日
74	阿曼	2002年3月25日	2002年7月20日	2003年1月1日
75	尼日利亚	2002年4月15日	2009年3月21日	2010年1月1日
76	突尼斯	2002年4月16日	2003年9月23日	2004年1月1日
77	伊朗	2002年4月20日	2003年8月14日	2004年1月1日
78	巴林	2002年5月16日	2002年8月8日	2003年1月1日

续表

序号	国家或地区	签署日期	生效日期	执行日期
79	希腊	2002 年 6 月 3 日	2005 年 11 月 1 日	2006 年 1 月 1 日
80	吉尔吉斯斯坦	2002 年 6 月 24 日	2003 年 3 月 29 日	2004 年 1 月 1 日
81	摩洛哥	2002 年 8 月 27 日	2006 年 8 月 16 日	2007 年 1 月 1 日
82	斯里兰卡	2003 年 8 月 11 日	2005 年 5 月 22 日	2006 年 1 月 1 日
83	特立尼达和多巴哥	2003 年 9 月 18 日	2005 年 5 月 22 日	针对不同所得项目分别于 2005 年 6 月 1 日和 2006 年 1 月 1 日起执行
84	阿尔巴尼亚	2004 年 9 月 13 日	2005 年 7 月 28 日	2006 年 1 月 1 日
85	文莱	2004 年 9 月 21 日	2006 年 12 月 29 日	2007 年 1 月 1 日
86	阿塞拜疆	2005 年 3 月 17 日	2005 年 8 月 17 日	2006 年 1 月 1 日
87	格鲁吉亚	2005 年 6 月 22 日	2005 年 11 月 10 日	2006 年 1 月 1 日
88	墨西哥	2005 年 9 月 12 日	2006 年 3 月 1 日	2007 年 1 月 1 日
89	沙特阿拉伯	2006 年 1 月 23 日	2006 年 9 月 1 日	2007 年 1 月 1 日
90	阿尔及利亚	2006 年 11 月 6 日	2007 年 7 月 27 日	2008 年 1 月 1 日
91	塔吉克斯坦	2008 年 8 月 27 日	2009 年 3 月 28 日	2010 年 1 月 1 日
92	埃塞俄比亚	2009 年 5 月 14 日	2012 年 12 月 25 日	2013 年 1 月 1 日
93	土库曼斯坦	2009 年 12 月 13 日	2010 年 5 月 30 日	2011 年 1 月 1 日
94	捷克	2009 年 8 月 28 日	2011 年 5 月 4 日	2012 年 1 月 1 日
95	赞比亚	2010 年 7 月 26 日	2011 年 6 月 30 日	2012 年 1 月 1 日
96	叙利亚	2010 年 10 月 31 日	2011 年 9 月 1 日	2012 年 1 月 1 日
97	乌干达	2012 年 1 月 11 日	（尚未生效）	
98	博茨瓦纳	2012 年 4 月 11 日	（尚未生效）	
99	厄瓜多尔	2013 年 1 月 21 日	2014 年 3 月 6 日	2015 年 1 月 1 日
100	智利	2015 年 5 月 25 日	2016 年 8 月 8 日	2017 年 1 月 1 日
101	津巴布韦	2015 年 12 月 1 日	2016 年 9 月 29 日	2017 年 1 月 1 日
102	柬埔寨	2016 年 10 月 13 日	2018 年 1 月 26 日	2019 年 1 月 1 日
103	肯尼亚	2017 年 9 月 21 日	（尚未生效）	
104	中国香港特别行政区	2006 年 8 月 21 日	2006 年 12 月 8 日	内地：2007 年 1 月 1 日；香港：2007 年 4 月 1 日
105	中国澳门特别行政区	2003 年 12 月 27 日	2003 年 12 月 30 日	2004 年 1 月 1 日
106	中国台湾	2015 年 8 月 25 日	（尚未生效）	

资料来源：国家税务总局。

投资者在适用税收协定享受税收待遇时，如与东道国税务当局有税务纠纷或认为自己遭受不公平待遇，应利用税收协定中规定的“相互协商程序”，申请我国税务当局与东道国税务当局进行协商。相互协商程序是指国际税收协定中规定的缔约国之间相互协商税收问题所应遵循的规范化程序。协商的内容主要包括：相互协商对协定中的条款作出具体的解释，相互协商以解决实际执行过程中出现的新问题，相互协商以解决一国企业与另一国税务当局的纠纷。为保证协定的有效实施，《OECD 协定范本》和《UN 协定范本》在“特别规定”中均设有相互协商程序条款。

为正确适用税收协定，避免双重征税，解决国际税收争议，维护中国居民（国民）的合法利益和国家税收权益，规范与外国（地区）税务主管当局涉及税收协定的相互协商工作，我国国家税务总局在 2013 年颁布实施《税收协定相互协商程序实施办法》。该办法明确相互协商程序的主要目的在于确保税收协定正确和有效适用，切实避免双重征税，消除缔约双方对税收协定的解释或适用产生的分歧。相互协商的事项限于税收协定适用范围内的事项，但超出税收协定适用范围，且会造成双重征税后果或对缔约一方或双方利益产生重大影响的事项，经我国主管当局和缔约对方主管当局同意，也可以进行相互协商。中国居民有下列情形之一的，可以申请启动相互协商程序：（1）对居民身份的认定存有异议，特别是相关税收协定规定双重居民身份情况下需要通过相互协商程序进行最终确认的；（2）对常设机构的判定，或者常设机构的利润归属和费用扣除存有异议的；（3）对各项所得或财产的征免税或适用税率存有异议的；（4）违反税收协定非歧视待遇（无差别待遇）条款的规定，可能或已经形成税收歧视的；（5）对税收协定其他条款的理解和适用出现争议而不能自行解决的；（6）其他可能或已经形成不同税收管辖权之间重复征税的；（7）中国国民认为缔约对方违背了税收协定非歧视待遇（无差别待遇）条款的规定，对其可能或已经形成税收歧视时，可以申请启动相互协商程序。

我国税务机关在加强与缔约国税务当局的相互协商方面做了大量工作，解决了很多我国企业海外经营活动中遇到的税务纠纷和不公平待遇，妥善处理了一批有影响的我国企业境外税收案件。目前，国家税务总局充分利用税收协定项下的双边磋商，开通税务纠纷受理专门通道，为跨境纳税人挽回税收损失。截至2018年，与有关国家双边磋商190多例，为跨国企业消除国际重复征税近300亿元。

案例：

中国联合网络通信（香港）股份有限公司（以下简称联通香港公司）是中国联通集团旗下在香港上市的一家公司，其总部和实际管理机构位于北京市。联通香港公司虽然在香港上市，却也是一家中国居民企业。根据《国家税务总局关于境外注册中资控股企业依据实际管理机构标准认定为居民企业有关问题的通知》（国税发〔2009〕82号）的规定，境外注册中资控股企业应依据实际管理机构标准认定为我国居民企业，联通香港公司于2010年11月被认定为中国居民企业，并从2008年度开始执行。2009年，联通香港公司和西班牙电信相互持有对方股份。截至2011年5月，西班牙电信向联通香港公司进行了4次分红。按照西班牙税法的规定，对于其境内公司向境外公司分红要代扣代缴企业所得税，西班牙电信向联通香港公司分红时，由西班牙电信代扣代缴税款，2009年12月31日以前税率为18%，之后为19%。西班牙电信共代扣代缴税款2264万欧元，约合人民币2.1亿元。但是中国和西班牙早在1990年11月就签署了《中华人民共和国和西班牙政府关于对所得和财产避免双重征税和防止偷漏税的协定》，该协定第十条规定，来源国对股息征税的限制税率为10%。西班牙居民企业向中国居民企业分红时，所征税款不应超过股息总额的10%。我国税务机关认为，联通香港公司应该享受按限制税率10%缴纳所得税的优惠待遇。经过我国税务机关的协调，联通香港公司自2011年4月起与西班牙税务当局进行了多次沟通，申请享受中国与西班牙税收协定待遇，要求西班牙税务当局退还其从2009年度到2011年度多缴的税款，多笔应退税款累计1062万欧元，约合人民币9828万元。经不懈努力，2014年，联通香港公司全额收到多缴的1062万欧元税款。

（资料来源：国家税务总局）

（二）树立大国税务形象，深度参与“一带一路”税务治理

随着经济全球化和“一带一路”建设的推进，跨境经营的公司所涉及的纳税义务日趋复杂，税务机关的征税工作也日趋具有挑战性。在这一过程中，跨国公司在不停地寻找利用利润转移和隐匿境外所得及资产而逃税的机会，而各国税务机关则把逃避税作为重点管理和打击对象，在现有应对税基侵蚀和利润转移（BEPS）行动的基础上，努力构建全球性架构，以进行税务情报交换，提升纳税义务人依法纳税的能力和意愿。我国税务机关应树立大国税务理念，深度参与全球税收合作，积极构建合作共赢的新型国际税收关系，以“一带一路”倡议为契机，推动沿线各国积极参与税收国际治理和国际规则制定，加强政策协调和监管协同，加强情报交换，在有力维护税收权益的同时，维护公平税收秩序，推动和管理纳税义务人正确履行纳税义务，为中国企业“走出去”参与国际竞争提供更加公平的环境，与广大发展中国家和低收入国家一道共同提高税收征管水平，为“一带一路”建设提供税务保障。

同时，推动完善国际税收合作与协调机制，积极参与国际税收规则制定，更加主动地发出自己的声音，增强我国在国际税收领域的影响力和话语权，使得国际税收规则向更为合理均衡的方向发展。

（三）加强国际税收管理基础性工作，服务好纳税企业

在现有《走出去企业税收指南》的基础上，进一步收集整理“一带一路”沿线国家和地区的相关税收法律规定、各国吸引投资而采取的税收优惠政策、对外签署双边税收协定等信息，建立并充实国别税收法律咨询平

台，给予参与“一带一路”建设的企业基础性的办税指导。

税务部门则依托现有征管数据，进一步拓展第三方数据，及时跟进企业投资“一带一路”沿线国家情况，了解投资分布特点、经营和纳税情况，编写税收分析年度报告，强化对外投资税收分析，根据国际经济环境变化和对外投资特点研究涉税风险特征，探索设置风险监控指标，逐步建立分国家分地区风险预警机制，提示“走出去”企业税收风险。在这方面，有的地方资产评估协会做得很好，该协会为了帮助会员机构开展国外资产评估业务，推动国内评估机构走向国际化，在2018年利用官方渠道和德勤的资源对“一带一路”国家的税法、税收政策和资产评估相关规定、规则等进行了详细深入的研究，形成了《“一带一路”沿线国家税收政策概览》，该概览对这些国家的外汇政策、会计准则、所得税与预提税等各项税收的政策、反避税政策、合并纳税要求等，分项作了详细的描述和归纳，对参与“一带一路”建设和投融资的市场主体有很大帮助。

提升税收征管能力成为各国日益增长的内在需求，在发展中国家和低收入国家尤为明显。一方面，现代化税制建立在新的理念和法理学基础上，对专业水平的要求越来越高；另一方面，加强能力建设也可以确保在不妨碍经济增长的同时组织更多税收收入。因此，“一带一路”沿线各国应聚合资源，相互支持，完善现代化税收征管体系，共同提升税收征管能力。在具体措施上，可以通过经验分享、国际援助、双边和多边合作项目，携手并肩加强能力建设。

（四）重视税收法治建设，加大税收协定签订与修订力度

一是加强税收法治建设。尽管“一带一路”沿线各国实际情况各有不同，税收制度也存在较大差异，为增进国际投资者信心，促进跨境贸易自由化和投资便利化，保持长期稳定发展，“一带一路”沿线各国都应当加强税收法治建设，提升法治化水平。通过全面落实税收法定原则，逐步完善国内税收制度和征管制度，大力提升税收政策的透明度，减少税收政策

中的不确定性。同时，各国税务机关也应当从加强税收法治入手，不断规范税收执法。

二是加大税收协定谈判和修订力度。目前我国与106个国家和地区签订了避免双重征税协定，与一些重点贸易和投资目的国还没有签订税收协定，如阿根廷、安哥拉、刚果（金）、刚果（布）等。应加大税收协定谈判、签署和修订工作力度，完善国际税收安排。特别是对于“一带一路”沿线国家中尚未签订税收协定，选择重点国家积极稳妥推进谈判。已有税收协定的，应根据形势发展进一步修订完善。

（五）优化纳税服务，善用相互协商程序，化解涉税纠纷

纳税服务是现代税收管理的重要内容，关系到税收征管的质量和效率，关系到和谐征纳关系的构建。对纳税人而言，通过纳税服务可以更加及时、准确地获取涉税信息，维护自身合法权益，了解正确适用的税收政策，降低纳税遵从成本；对税务机关而言，做好纳税服务有利于赢得纳税人的理解和配合，降低税收征收成本，营造协同共治的税收氛围。尽管各国在纳税服务方面分别经历了各不相同的认识和实践过程，但应以促进纳税遵从、降低税收征纳成本、优化营商环境，促进“一带一路”沿线国家生产要素有序流动作为共同目标与努力方向。我国税务部门要及时落实国家有关税收抵免的优惠待遇，及时维护“走出去”企业的合法利益，帮助企业享受税收协定待遇，切实保障“走出去”企业的正当权益。

目前，一些“走出去”企业普遍关注投资国的市场、资源和预期盈利，而对两国间的税收差异和税收协定了解不够，对利用税收协定获取税收优惠这一“隐性利润”知之甚少。实际上不少中国企业等于自己放弃了税收协定赋予的优惠待遇。还有一些企业，特别是一些规模、实力有限的民营企业，在国外遇到有悖于税收协定的征税或税收歧视时，不知道如何利用税收协定维护自身利益，付出了高昂的经济代价。税收协定仅适用于“缔约国一方或者同时为双方居民的人”，因此，要享受税收协定的待遇，

“走出去”企业务必重视自己的中国税收居民身份。根据《国家税务总局关于做好〈中国税收居民身份证明〉开具工作的通知》（国税函〔2008〕829号）、《国家税务总局关于做好〈中国税收居民身份证明〉开具工作的补充通知》（国税函〔2010〕218号）等文件的规定，“走出去”企业应填写并向地、市、州（含直辖市下辖区）国家税务局、地方税务局国际税收业务部门递交《中国税收居民身份证明》申请表。负责开具证明的税收部门根据申请事项，按照企业所得税法、个人所得税法以及税收协定有关居民的规定标准，在确定申请人符合中国税收居民身份条件的情况下，提出处理意见。中国居民公司境内、外分公司要求开具中国税收居民身份证明的，由其总公司所在地税务机关开具。

国家税务机关之间也应采取多种措施，提升涉税争端解决的效率和效力。跨境税收争端时有发生，原因较多，包括税制、政策、征管方面的差异以及税收协定适用不统一、转让定价立场差异等。税收争端处理不当有可能挫伤投资者信心、阻碍经济合作。“一带一路”沿线各国需要通过合作提高税收争端解决机制的效率和执行效力，提高税收确定性，加大相关资源投入，规范税收争端解决程序，完善税收争端解决机制，更好地保障投资者的合法权益，同时维护“一带一路”沿线国家的税基安全。

（六）企业应重视税收筹划，合理使用中间控股架构避税

中国企业在海外投资实践中，大多会选择借道低税率的中间控股公司间接向投资目的地国或地区进行投资，这其中既有优化整体税负的考量（即税收筹划，如希望利用更优化的税收协定网络），也出于诸如信息保密、融资或上市便利、方便对不同国家或地区的投资分别管理、未来海外进一步扩展便利性等方面的需要。对于采用中间控股架构投资的“走出去”企业而言，必须谨慎防范潜在的被中国或其他国家的税务机关实施反避税调查的风险。

首先，“走出去”企业应深入了解或调研与投资架构相关的境内外税

制和监管环境，包括投资目的地、拟选择的中间控股公司所在地，以及中国的相关税法对投资架构和未来持续经营的潜在影响。其次，在低税负地区设立的中间控股公司是否有“合理的商业目的”或“实质性经营活动”，或是否有足够的证据来说明其“合理商业目的”或“实质性经营活动”的存在。对于中间控股公司而言，“实质性经营活动”的存在既是享受与投资目的地国之间的税收协定规定的某类优惠的前提条件，也是避免落入所得税法关于受控外国企业税制规制的有效保障。最后，关联交易的结果，应避免触发相关国家或地区（如投资目的地国或中间控股公司所在国等）的转移定价反避税税制。这需要企业对相关国家的转移定价税制深入了解，防止引发转移定价调查调整。转移定价反避税调整的核心在于要求企业的功能和分析相匹配。不具有合理商业目的的税收安排，或关联交易的结果导致不同企业之间的经营结果与其功能风险不匹配的交易安排，将很容易受到税务机关的挑战。通过合理地设置和分配集团内不同企业之间的功能和承担的风险，企业集团可以在一定程度上降低转移定价调整的风险。

四、加强“一带一路”投融资的实业技术标准对接

目前，世界上很多国家由于自身不具备制定标准的能力，自愿或在发达国家的援助引导下，多选择采用美国、欧洲等先发国家制定的标准。以美国为例，几十年来，美国制定的各项技术标准逐步在全球得到广泛应用，使得美国企业在这些领域拥有巨大的影响力和话语权，在海外市场销售商品和服务时也占据巨大优势，使美国经济受益颇丰，标准已经成为维护美国全球霸主地位的主要支撑。

在参与“一带一路”建设过程中，我国境内一系列大型复杂工程的建设为企业积累了丰富的经验和能力，这为我国工程企业支持“一带一路”

基础设施建设提供了强有力的工程力量。但由于历史原因，我国的工程技术标准与国际上广泛使用的发达国家的技术标准（包括美标、英标、欧标等）具有很大的差异。虽然我们的技术水平不一定低，但我国工程技术标准长期以来处于一种“封闭性”状态，加上我国配套的工程咨询服务没有同步走出去，我国的标准并没有在国际上得到广泛的认可，在国际工程项目中应用的比例很低。这不但不利于带动我国的设备与材料的出口，而且还因我国企业对国际标准不熟悉而增大建设成本，甚至导致亏损。

与获取具体单个项目的投资回报相比，在“一带一路”建设中推动有关国家使用中国的标准，则更有利于中国企业在这个领域占领竞争的制高点，实现批量化建设和生产，从而降低造价，提升产品和项目的经济性与竞争力，提高整体发展效益和效率，并获取长期利益。可以说，采纳了中国标准，就为中国的一系列产品和工程建设打开了一扇门。我国在推进“一带一路”建设中，高度重视规则的制定和标准的输出，从铁路、桥梁、码头、核电到网络技术、家用电器、机械设备、农业技术等，正在积极制定和输出自己的技术标准，以提升中国企业的竞争力和中国国家的影响力。目前，中国在铁路、核电、航天、家电、通信等领域已经成功实现了部分标准的输出，这对于带动相关产业的出口创造了较好的竞争条件。

在推进“一带一路”建设中要进一步重视实业技术标准对接工作，发挥标准的基础和支撑作用。针对我国的标准并没有在国际上得到广泛认可，在国际工程项目中应用的比例还很低的现状，我国应成立技术标准“国际化”管理机构，统一组织和协调相关政府部门和专业组织、企业等，共同推进标准的国际化。我国相关领域的咨询服务机构应进一步适应国际市场，不断提升竞争力，开展更多国际化战略和基础课题研究，推动中国标准更好地“走出去”。对于我国技术标准领先的领域，试点参考国际通用标准完善成套标准体系，在工程走出去的同时把标准率先推出去，打造中国工程技术标准成功运用的样板和典范，充分发挥示范效应。出台相关政策，借鉴国际金融机构通行的做法，对于采用我国标准的项目，在融资利率、保险费率、税收方面给予优惠。鼓励相关专业协会主动对接相关国际行业组织，尤其是“一带一路”沿线国家或相关国家的行业组织，建立沟通交流机制，推动我国标准“国际化”。

（一）成立技术标准“国际化”管理机构

2017 年，国务院办公厅发出的《关于促进建筑业持续健康发展的意见》要求，加强中外标准衔接，积极开展中外标准对比研究，适应国际通行的标准内容结构、要素指标和相关术语，缩小中国标准与国外先进标准的技术差距；加大中国标准外文版翻译和宣传推广力度，以“一带一路”倡议为引领，优先在对外投资、技术输出和援建工程项目中推广应用；积极参加国际标准认证、交流等活动，开展工程技术标准的双边合作。到 2025 年，实现工程建设国家标准全部有外文版。

考虑由我国工程技术标准主管部门牵头，成立我国统一的技术标准“国际化”管理机构，发挥制度优势，统一组织和协调相关政府部门和专业组织、企业等，共同推进标准的国际化，避免各自为战，浪费资源。在上述机构的统一组织和协调下，借助国内外技术专家和翻译专家，对相关国际通用主要技术标准进行遴选与同步翻译，便于学习、研究、吸收以及借鉴应用，在中国标准还达不到国际上广泛应用的情况下，提高我国产业界对国际标准的熟悉度，避免因不熟悉标准而加重项目的实施难度。

（二）发展壮大咨询行业，推动中国标准“走出去”

全过程工程咨询涵盖了工程项目从立项到建成的全过程咨询服务，有的甚至还包括工程项目投入使用后运维阶段的咨询服务。对于海外工程咨询，工程咨询企业需要为中国企业“走出去”解决法律法规、政策、文化、社会环境、经济技术等问题。比如，工程造价咨询服务可在工程项目策划、决策、设计、招投标、施工审计等各个阶段或环节做好投资控制，从“少花钱、多办事”的角度为委托方提供智力服务。

“一带一路”倡议提出以来，我国已有近60家工程造价咨询企业开展国际工程咨询业务，涉及74个国家，其中“一带一路”相关国家31个，先后在俄罗斯、哈萨克斯坦、印度、伊朗、沙特阿拉伯、泰国等国家为中国企业提供全过程工程咨询服务。还有部分工程造价咨询企业承担了多项国际工程造价和合同纠纷的处理业务，为维护中国投资和工程承包方的合法利益提供了有效服务和保障。

未来，我国相关领域的咨询服务机构应进一步适应国际市场，不断提升竞争力，开展更多国际化战略和基础课题研究，推动中国标准更好“走出去”。

（三）推动成熟技术标准率先“走出去”

对于我国技术标准领先的领域，如建筑、高铁、核电、长输管道等，试点参考国际通用标准完善成套标准体系，在工程“走出去”的同时把标准率先推出去。同时定期举办国际技术标准大会，结合采用我国标准建成的大量示范性的“有形的”竣工项目，尤其是境外项目，采用“润物细无声”的方式，打造中国工程技术标准成功运用的样板和典范，充分发挥示范效应，宣传我国高水平的工程技术标准，提高国际认可度。以肯尼亚蒙内铁路（连接肯尼亚首都内罗毕和东非第一大港蒙巴萨港，全长480公里）及其延长线内马铁路（内罗毕至肯尼亚与乌干达边境城市马拉巴，全长487公里）为例，它是由中国资金、中国标准和中国技术支持建设的，全线采用中国标准，建成后将对肯尼亚和东非地区的经济起到很大的带动作用。目前，东非地区其他国家也希望借助中国资金的支持，使用中国技术、标准建设铁路，远期规划将连接肯尼亚、坦桑尼亚、乌干达、卢旺达、布隆迪、南苏丹等中非六国。未来如能将整个东非地区的铁路统一使用中国技术连成网络，将极大促进这些国家的经济发展。

（四）金融机构助推技术标准“走出去”

应借鉴国际金融机构通行的做法，要求我国向海外基础设施提供资金支持和保险保障的金融机构（尤其是政策性金融机构），编制标准的工程采购合同范本，在范本中列入强制性或鼓励优先采用中国技术标准的规定，在贷款项目中予以采用。对于我国企业投资或承包的海外项目，鼓励我国投资企业和工程承包企业在合同谈判中优先推荐采用中国技术标准，对于采用我国标准的项目，给予我国参与企业在融资利率、保险费率、税收方面的优惠。通过微观层面的“管理标准”，推动我国工程技术标准在国际上的应用。

（五）与国际行业组织对接，加强国际交流合作

鼓励相关专业协会主动对接相关国际行业组织，尤其是“一带一路”沿线国家的行业组织，建立沟通交流机制；鼓励科研院所专家学者到沿线讲学和技术交流，让他们了解中国标准，认同中国标准；利用各种资源，邀请沿线国家技术官员来华进行技术访问，进一步加大工程技术类专业的留学生招生人数，夯实标准“走出去”的环境基础。同时，引导我国工程咨询同步“走出去”，加速培养一大批能在国际工程咨询市场上提供高水平服务的专业人才，以便在工程技术标准采用决策时，有中国专业人员的声音。

国际舞台上的竞争最终是“标准”的竞争。中国应积极抓住“一带一路”倡议的历史机遇，快速推进我国技术标准的“国际化”对接，成为国际上具有影响力的“标准”。

附　　录

国际金融机构

国际金融机构是企业海外开拓项目尤其是对外承包工程项目的重要资金来源，通常国际金融机构提供资金支持的项目，需要东道国或当地政府提供配套资金。国际金融机构支持的项目对承包商也有较高的要求，此类项目以投标居多，对于成本控制能力强，管理水平高的企业，可以尝试投标国际金融机构提供资金支持的项目。

对于国际金融机构提供资金支持的项目，即便中资企业没有获得总承包资格，企业依然可以争取获得这些项目的分包或者供货业务。对于符合国际金融机构政策的项目，中资企业在前期工作过程中，也可以建议海外业主寻求相关国际金融机构的支持，为后续的商务合作增加谈判的筹码。因此，加强与国际金融机构的联系和沟通，了解这些机构资金的使用方向和政策，对于中资企业开拓海外市场有一定的促进作用。

一、世界银行

世界银行（World Bank）是世界银行集团的简称，由国际复兴开发银行、国际开发协会、国际金融公司、多边投资担保机构和国际投资争端解决中心五个成员机构组成；成立于1945年，1946年6月开始营业。凡是参加世界银行的国家必须首先是国际货币基金组织的会员国。世界银行总部设在美国首都华盛顿，有员工10000多人，分布在全世界120多个办事处。狭义的“世界银行”仅指国际复兴开发银行（IBRD）和国际开发协会（IDA）。

世界银行是全世界发展中国家获得资金与技术援助的一个重要来源。世界银行向发展中国家提供低息贷款、无息贷款和赠款，用于支持对教育、卫生、公共管理、基础设施、金融和私营部门发展、农业以及环境和自然资源管理等诸多领域的投资。部分世界银行项目由政府、其他多边机构、商业银行、出口信贷机构和私营部门投资者联合融资。

世界银行也通过与双边和多边捐助机构合作建立的信托基金提供或调动资金。很多合作伙伴需要世界银行提供帮助，管理旨在解决跨行业、跨地区需求的计划和项目。

从1947—2015年，世界银行已经在173个国家开展12215个项目；其中在中国就有384个项目，累计提供贷款551.2亿美元。

中国企业在海外拓展市场的过程中，应该重视世界银行的相关项目，虽然世界银行项目对企业的要求较高，办理手续复杂，但执行世界银行项目对提升企业在当地的影响力有较大的帮助。

世界银行网址：http：//www.worldbank.org.cn。

延伸阅读：

世界银行贷款基本条件及办理流程[①]

世界银行贷款基本条件要求

（1）贷款对象：会员国官方、国营企业、私营企业。若借款人不是政

① 资料来源：百度百科。

府，则要政府担保。

（2）贷款用途：多为项目贷款，用于工业、农业、能源、运输、教育等诸多领域。银行只提供项目建设总投资的20%～50%，其余部分由借款国自己筹措，即我们通常所说的国内配套资金。银行借款必须专款专用，借款国必须接受银行监督。

（3）贷款期限：20～30年左右，宽限期5～10年。

（4）贷款利率：根据世界银行从资金市场筹资的利率来确定。每三个月或半年调整一次。贷款利率比市场利率要低一些，对贷款收取的杂费也较少，只对签约后未支付的贷款收取0.75%的承诺费。

（5）贷款额度：根据借款国人均国民生产总值、债务信用强弱、借款国发展目标和需要、投资项目的可行性及在世界经济发展中的次序而定。

（6）贷款种类：一是具体投资贷款；二是部门贷款；三是结构调整贷款；四是技术援助贷款；五是紧急复兴贷款。

（7）贷款手续：手续繁琐，要求严格，一般需要一年半到两年的时间。

（8）还款：到期归还，不得拖欠，不得改变还款日期。

（9）风险承担：借款国家承担汇率变动的风险。

世界银行贷款办理程序

（1）项目的选定。作为项目周期的第一阶段，项目的选定至关重要，能否从借款国众多的项目中选出可行的项目，直接关系到世界银行贷款业务的成败，因此，世界银行对项目的选定工作历来非常重视。世界银行对项目的选定主要采取以下几种方式：①与借款国开展各个方面的经济调研工作；②制定贷款原则，明确贷款方向；③与借款国商讨贷款计划；④派出项目鉴定团。

（2）项目的准备。在世界银行与借款国进行项目鉴定，并共同选定贷款项目之后，项目进入准备阶段。

在项目准备阶段，世界银行会派出由各方面专家组成的代表团，与借款国一起正式开展对项目利用贷款的准备工作，为下一阶段的可行性分析和评估打下基础。项目准备工作一般由借款国承担直接和主要责任。

(3) 项目的评估。项目准备完成之后，即进入评估阶段。项目评估基本上是由世界银行自己来完成的。世界银行评估的内容主要有五个方面，即技术、经济、财务、机构、社会和环境。

(4) 项目的谈判。项目谈判一般先由世界银行和借款国双方商定谈判时间，然后由世界银行邀请借款国派出代表团到华盛顿进行谈判。双方一般就贷款协议和项目协定两个法律文件的条款进行确认，并就有关技术问题展开讨论。

(5) 项目的执行。谈判结束后，借款国和项目受益人要对谈判达成的贷款协定和项目协定进行正式确认。在此基础上，世界银行管理部门根据贷款计划，将所谈项目提交世界银行执行董事会批准。项目获批准后，世界银行和借款国在协议上正式签字。协议经正式签字后，借款国方面就可根据贷款生效所需条件，办理有关的法律证明手续并将生效所需的法律文件送世界银行进行审查。如手续齐备，世界银行宣布贷款协议正式生效，项目进入执行阶段。

(6) 项目的后评价。在一个项目贷款的账户关闭后的一定时间内，世界银行要对该项目进行总结，即项目的后评价。通过对完工项目执行情况进行回顾，总结整个周期过程中得出的经验和教训，评价项目预期受益的实现程度。

二、亚洲开发银行

亚洲开发银行（Asian Development Bank，ADB），是亚洲和太平洋地区的区域性金融机构。1966 年成立于东京，总部设在菲律宾首都马尼拉。

该行的宗旨是：通过发放贷款、进行投资、技术援助、提供银团贷款和担保，促进本地区的经济发展与合作。

亚洲开发银行的战略目标是通过提供贷款和股本投资，促进发展中成员经济的增长和社会进步；通过提供技术援助、开展贷款政策性对话，加强发展中成员决策机构的能力，促进经济向市场化转轨，改善投资环境；进一步增加联合融资，促进私有资本向发展中成员流入。

亚洲开发银行根据其业务和战略目标，提供资金支持的主要领域包括：农业和以农业为基础的工业（一般农业、渔业和牲畜、森林、灌溉和农村发展）、运输（机场、港口、公路和铁路）、通讯、供水和卫生、城市发展、健康和人口、工业、能源（油、汽、煤）、电力（发电、输电、配电），以及金融行业，促进发展中成员国金融体系、银行体制和资本市场的管理、改革和开放。

亚洲开发银行网址：http：//www. adb. org/。

三、非洲开发银行

非洲开发银行（African Development Bank，AFDB）1964 年 9 月正式成立，1966 年 7 月开始营业，1979 年美、日、西德、加、法等 21 个非本地区国家加入，中国于 1985 年加入该行并成为正式成员国。非洲开发银行总部设在科特迪瓦的阿比让，2002 年，因科政局不稳，临时搬迁至突尼斯至今。非洲开发银行是非洲最大的地区性政府间开发金融机构，其宗旨是促进非洲地区成员的经济发展与社会进步。资金主要来自成员国的认缴，其中非洲国家的资本额占三分之二。

非洲开发银行的宗旨是为成员国经济和社会发展服务，提供资金支持；协助非洲大陆制定发展规划，协调各国的发展计划，以期达到非洲经济一体化的目标。

非洲开发银行向成员国提供贷款（包括普通贷款和特别贷款），以发展公用事业、农业、工业、交通运输、卫生和教育等领域。普通贷款业务包括用该行普通资本基金提供的贷款和担保贷款业务；特别贷款业务是用该行规定专门用途的“特别基金”开展的贷款业务。后一类贷款的条件非常优惠，不计利息，贷款期限最长可达50年，主要用于大型工程项目建设。此外，银行还为开发规划或项目建设的筹资和实施提供技术援助。

非洲发展银行网址：http：//www. afdb. org。

四、美洲开发银行

美洲开发银行成立于1959年12月30日，是世界上成立最早和最大的区域性、多边开发银行。总行设在华盛顿。该行是美洲国家组织的专门机构，其他地区的国家也可加入，但资金只能用于拉美国家，非拉美国家只可参加该行组织的项目投标。中国于2009年1月正式成为美洲开发银行第48个会员国，同时也是亚洲地区第四个参加该组织的国家。

美洲开发银行的宗旨是集中各成员国的力量，对拉丁美洲国家的经济、社会发展计划提供资金和技术援助，并协助拉美国家单独地和集体地为加速经济发展和社会进步作出贡献。

美洲开发银行通过提供贷款促进拉美地区的经济发展、帮助成员国发展贸易，为各种开发计划和项目的准备、筹备和执行提供技术合作。银行的一般资金主要用于向拉美国家公、私企业提供贷款，贷款期10～25年。特别业务基金主要用于拉美国家的经济发展优惠项目，贷款期20～40年。银行还掌管美国、加拿大、德国、英国、挪威、瑞典、瑞士和委内瑞拉等政府及梵蒂冈提供的“拉美开发基金”。

美洲开发银行网址：http：//www. iadb. org。

五、加勒比开发银行

加勒比开发银行（Caribbean Development Bank，CDB）是地区性、多边开发银行，1969 年 10 月，16 个加勒比国家和 2 个非本地区成员在牙买加签署协议，成立加勒比开发银行。加勒比开发银行的宗旨是促进加勒比地区成员国经济的协调增长和发展，推进经济合作及本地区的经济一体化，为本地区发展中国家提供贷款援助。

1997 年 5 月 22 日，加勒比开发银行在第 27 届理事会年会上接纳中国为其第 26 个成员。中国在该行取得了与法、意、德同等的地位，中国通过向该行特别发展基金和双边技术合作协定基金捐款，促进了中国具有比较优势的技术与经验向加勒比地区推广，同时也促进了中国企业中标加勒比开发银行支持的项目。

加勒比开发银行网址：http：//www. caribank. org。

六、亚洲基础设施投资银行

亚洲基础设施投资银行（Asian Infrastructure Investment Bank，AIIB）是一个政府间性质的亚洲区域多边开发机构，重点支持基础设施建设。亚投行成立的宗旨是促进亚洲区域的建设互联互通化和经济一体化的进程，并且加强中国与其他亚洲国家和地区的合作。亚投行总部设在北京，法定资本 1000 亿美元。2015 年 4 月 15 日，亚投行意向创始成员国全部确定共有 57 个，其中域内国家 37 个、域外国家 20 个。虽然亚投行接收意向创始成员国已经截止，但今后仍会继续吸收新成员加入。

亚投行的运营坚持国际性、规范性和高标准，确保专业运营、高效运作、透明廉洁。亚投行将借鉴现有多边开发银行在环境及社会框架、采购政策、项目管理、债务可持续性评价等方面好的经验和做法，制定严格并切实可行的高标准业务政策。同时，亚投行将寻求更好的标准和做法，以降低成本和提高运营效率。

作为由中国提出创建的区域性金融机构，亚洲基础设施投资银行主要业务是援助亚太地区国家的基础设施建设。在全面投入运营后，亚洲基础设施投资银行将运用一系列支持方式为亚洲各国的基础设施项目提供融资支持，包括贷款、股权投资以及提供担保等，以振兴包括交通、能源、电信、农业和城市发展在内的各个行业。

亚洲基础设施开发银行的成立有以下四个方面的价值：

第一，亚投行对促进亚洲国家经济发展与区域经济一体化具有重要意义。创建亚洲基础设施投资银行，通过公共部门与私人部门的合作，有效弥补亚洲地区基础设施建设的资金缺口，推进亚洲区域经济一体化建设。

第二，有利于扩大全球投资需求，支持世界经济复苏。

第三，有利于通过基础设施项目，推动亚洲地区经济增长，促进私营经济发展并改善就业。

第四，通过提供平台将本地区高储蓄率国家的存款直接导向基础设施建设，实现本地区内资本的有效配置，并最终促进亚洲地区金融市场的迅速发展。

亚洲基础设施投资银行的网址：http：//www. aiib. org。

七、多边投资担保机构

多边投资担保机构（Multinational Investment Guarantee Agency，MIGA）成立于 1988 年，隶属于世界银行。多边投资担保机构的宗旨是向外国私人投资者对发展中成员国的投资提供政治风险担保，包括征收风险、货币转移限制、违约、战争和内乱风险担保，并向成员国政府提供投资促进服务，加强成员国吸引外资的能力，从而推动外商直接投资流入发展中国家。作为担保业务的一部分，多边投资担保机构也帮助投资者和政府解决可能对其担保的投资项目造成不利影响的争端，防止潜在索赔要求升级，使项目得以继续。多边投资担保机构还帮助各国制定和实施吸引和保持外国直接投资的战略，并以在线服务的形式免费提供有关投资商机、商业运营环境和政治风险担保的信息。

多边投资担保机构的业务战略是符合市场需求，吸引投资者和私营部门进入不同的业务领域，其重点关注和支持的领域包括：

1. 支持最不发达的国家。由于一些边缘市场，即高风险和/或低收入国家和市场往往对外国投资有巨大的需求，却无法为外国投资者提供必要的保障。MIGA 通过其政治风险担保产品和服务，保障外国投资者的利益，进而支持发展中国家吸引外部资金。

2. 支持私营部门在受战乱等冲突影响、融资困难的国家进行投资。虽然经历战乱的国家在战后一般都能吸引捐助机构大量的承诺，但援助资金最终都会减少，而私营部门投资成为这些国家战后重建和经济增长的重要支撑，由于许多私人投资者对潜在的政治风险十分警惕，MIGA 提供的政治风险保险就成了推动私营部门投资的关键因素，这是 MIGA 的另一个业务重点。

3. 支持基础设施、采矿业及复杂的融资项目。这是发展中国家经济发展的必要条件。MIGA 支持发展中国家基础设施建设，是其职能的重要体现。

4. 支持南—南投资（发展中国家之间的投资）。发展中国家的相互投资在外国直接投资中占较大份额，但这些发展中国家的私营部门保险市场并不都很发达，国家出口信贷机构往往没有提供政治风险保险的能力和实力，MIGA 通过提供相应的服务，促进南—南投资合作。

（一）MIGA 的主要产品

1. 政治风险保险

MIGA 对国际投资者在跨境投资过程中遭遇的政治风险提供保险，以鼓励外国资本流向发展中国家，进而实现其“消除极端贫困，建设共同繁荣”的宗旨。

MIGA提供的政治风险保险主要承保汇兑限制、违约、征收、战争和内乱风险，除此之外，应投资者和东道国的联合申请，可将承保范围扩大到上述风险以外的其他特点的非商业风险。

（1）汇兑限制风险

汇兑限制是指东道国政府采取的任何一种措施，限制将东道国货币转换成可自由使用的货币（美元、欧元等）或投资者及担保权人可接受的另外其他货币，并限制汇出东道国。此类风险也包括东道国政府未能在合理的时间内执行投资者或担保权人提出的汇兑申请要求。

（2）征收风险

征收是指东道国政府采取立法或行政手段，剥夺海外投资者对其投资的所有权的控制权。征收包括国有化、没收、查封、扣押和冻结资产等行为。而政府对税收、环境保护、劳动保护等方面的立法及维护公共安全等方面所采取的非歧视性措施并不在承保的范围之内。

（3）违约风险

违约是指东道国政府拒绝履行合同或违反与投资者签订的合同，导致投资者可能发生损失的风险。MIGA承保违约风险通常需要满足相应的条件：一是被保险人无法求助于司法或仲裁机关；二是司法或仲裁机关未能在合理期限内作出裁决；三是违约方拒不执行司法或仲裁的裁决结果。

（4）战争和内乱风险

战争和内乱风险是指东道国领土内的任何军事行动或动乱给外国投资者造成的损失。其中内乱通常是指针对当前政府，以推翻政府为目的的有组织的暴力行为，包括革命、暴乱、叛乱和军事政变等，对于MIGA认定的部分骚乱可承保。

2. 担保业务（信用增级）

担保是 MIGA 的一项重要业务。MIGA 的担保业务旨在为项目参与者提供东道国相关担保方不履行财务责任的风险，这里的担保方是指东道国主权、次主权和商业担保主体。MIGA 的担保业务是企业获得金融机构贷款支持的重要且有效的途径。

MIGA 的担保业务承担担保方不履行担保责任的风险，对于进入东道国的承包商或投资者，虽然东道国提供了主权、次主权或其他的担保措施，但由于发展中国家相关的担保能力或资信能力不足，许多金融机构并不能依据东道国的担保提供融资。MIGA 在评估相关的担保条件后，提供额外的担保，为东道国提供的担保增信，进而满足金融机构的要求，为项目融资提供有力的支持。

3. 增值服务

MIGA 除了提供保险和担保业务外，根据多边担保机构的性质和职责，还提供一系列的增值服务，通过向发展中成员国提供投资促进和咨询服务，帮助成员国创造良好的投资环境，吸引外国投资者参与投资。MIGA 提供的增值服务主要包括：组织投资促进会议，帮助发展中国家与投资者直接接触和对话，创造更多的投资机会；技术咨询和协助，帮助发展中国家制定和完善发展规划及吸引外资的相关政策，改善发展中国家的投资环境；推动成员国之间签订双边投资条约，针对投资者与东道国之间的争端，促成东道国与投资者解决争端。

（二）MIGA 的作用

1. MIGA 直接提供担保促进项目获得融资

提供融资担保，是 MIGA 的一个主要功能。作为发展中国家吸引投资的重要工具，弥补了资本输入国担保不足的问题，消除了外国投资者对投资风险的顾虑。促进会员国间投资流动，尤其是发展中国家吸引外资，这是 MIGA 的宗旨，也是对世界银行的有效补充。

2. MIGA 提供政治风险保险促进外国投资

通过提供货币汇兑险、征收及类似措施险、违约险、战争和内乱险及其他非商业风险保险，鼓励外国投资者向发展中国家投资。MIGA 提供的各类风险保障是典型的政治风险保险，是外国投资者在向投资环境较差的发展中国家投资时，顾虑最大的风险。由于 MIGA 分担了投资者难以应对的各类政治风险，很显然，将极大地促进外国资本流入发展中国家。

3. MIGA 促进成员国之间投资

根据多边担保机构公约的规定（第 23 条），MIGA 应为促进投资流动进行研究和开展活动，旨在改善投资环境，促进外资流向发展中国家。MIGA 通过提供担保和保险，努力消除会员国间资金流向发展中国家的障碍，同时，MIGA 还可以协调世界银行的其他相关机构，尤其是国际金融公司，促进项目融资。此外，MIGA 还可以有效地解决投资者和东道国之间的争端。

对于本国没有 ECA 机构的国家，MIGA 提供的担保和保险服务可以为这些资金进入发展中国家提供保障，消除这些投资者对政治风险的担忧，进而促进资本流向发展中国家。

MIGA 作为多边机构，利用其背景，可以更好地促进投资者与东道国之间的合作，消除隔阂和猜疑。在发生争端时，更可以直接介入缓和或转移双方的对立情绪，有利于争端的合理解决，而避免投资者所在政府与东道国政府间的外交政治解决方式。

4. MIGA 弥补各国 ECA 的不足

不同国家的 ECA 机构通常仅支持本国企业对外开展业务，而 MIGA 提供的担保或保险，对合格投资者的国籍要求较为宽松，可以向不同国籍的投资者投资同一项目提供服务，这将大大提高多国籍投资者参与项目成功的可能性。

MIGA 提供再保险服务，通过向会员国的商业保险机构提供再保险服务，鼓励私营保险公司对发展中国家会员国的非商业性保险提供担保，以此促进投资流向发展中国家。

5. MIGA 通过增值服务促进发展中国家获得投资

MIGA 在提供担保和保险的同时，还向发展中国家提供吸引外资直接投资的工具、方法和技能。通过向成员国发布投资机会信息、提供技术咨询、协助制定相关政策等服务，提升会员国的能力，进而促进发展中国家获得投资。

（三）MIGA 与其他出口信贷机构的区别

1. 支持的投资者范围不同

MIGA 支持所有会员国成员间及非会员国投资者投资会员国的投资者，支持的投资者范围更加广泛。

官方 ECA 机构通常仅支持本国的投资者的跨国投资。

2. 收费方式不同

MIGA 的收费分为前期费用和担保或保险费用，前期费用包括申请费和审核费，保费按年收取。

3. 担保的条件不同

作为世界银行成员，MIGA 受益于各成员国与世界银行间良好的合作，可以接受其他官方 ECA 机构不能接受的担保条件，有利于促成项目的融资。

4. 追偿的方式不同

MIGA 支持的项目在出现争端和违约时，可以利用世界银行对各成员国的影响，通过非外交渠道解决投资者与东道国的争端。

部分官方 ECA 机构通常利用外交渠道，使用双边政府的谈判解决争端。

（四）获得 MIGA 支持的条件和流程

MIGA 作为在发展中国家开展业务重要的资源，其提供的保险、担保和相关服务有一定的限制和要求，中国企业在开展跨国投资或承包工程业务过程中，如果寻求 MIGA 支持，应该了解其对国别、行业和业务类型的要求。

1. 获得 MIGA 支持的条件

（1）国别要求

MIGA 业务仅限于支持其会员国，相关投资项目为跨境投资，且资本以向发展中国家流动为主。

（2）行业要求

MIGA 优先支持为会员国减少贫困的投资，支持绿地投资，对项目的经济效益有一定的要求，支持除煤炭、核、烟草、赌场和军品在内的大部分行业。

（3）业务类型

MIGA 提供的保险和担保可以支持股权投资、股东借款、金融机构贷款、其他类型贷款等，但不支持贸易类型的业务。

2. 申请 MIGA 支持的流程

获得 MIGA 的支持，除了了解国别、行业和业务类型要求外，还应该清楚 MIGA 支持项目的受理条件，并了解相关的流程。

（1）MIGA 受理项目的基本条件

除了对国别、行业及业务类型的要求外，MIGA 提供保险及担保对项目的金额和比例、承保期限和费率也有相应的要求。

项目金额要求：4000 万美元以上，不设上限；没有合同金额比例的要求；包括股本金和股息，和/或贷款本金和利息；股权赔付 90%，债权赔付 95%（最高可至 99%）。

项目期限：3 年以上，20 年之内。

项目保费厘定：保费厘定由国别、行业、项目基本条件，以及要求承保类型等因素决定；保费按年（或半年）收取，依据保险（担保）金额按比例计算。

（2）受理机构和流程

获得 MIGA 支持，一般需要通过申请和审批两个阶段。

申请阶段是 MIGA 受理项目的基础，该阶段需要企业提供项目的基本情况，包括项目规模、业主情况、承包商情况等内容；该阶段收取申请费用 1 万美元，如果经过初步审核项目不能进入审批阶段，该费用退回。

审批阶段是在提交申请后，经初步审核认为满足 MIGA 的相关条件，提交 MIGA 董事会审核，并启动相应的尽职调查工作。该阶段，MIGA 会调动相关资源，对项目进行尽职调查，由于尽职调查有必要的投入，MIGA 会收取相关的费用，该费用一般为 2 万 ~ 10 万美元。此费用主要用来支付尽职调查期间的差旅费和相应支出，通常情况下无需另外支付费用即可以完成相应的工作，个别项目有追加费用的可能。

MIGA 在许多会员国均设有办事机构，通常会有专人负责保险及担保业务的受理，企业可以通过 MIGA 网站获得相关的联络信息。

MIGA 中国的网址：http：//www. MIGA. org。

本国成分与本国利益

一、本国成分要求的内涵和实践

（一）经济政策中的本国成分要求

本国成分要求（Domestic-content Requirements，DCRs）也叫作当地成分要求（Local-content Requirements，LCRs），是一项很古老但至今普遍实施的经济保护政策和非关税壁垒（Nontariff Barriers，NTBs），一般可简称

为“成分政策”（Content Policy）。本国成分，简单来说，是指一件商品、一个项目或一项服务的总价值中来源自本国的部分。本国成分比例，就是指本国成分占总价值的比例，有时也称为“国产化率”。例如，一件在宜家商场出售的沙发，制造地为中国，其总价值为2000元，其中来自中国的原材料、加工、包装、运输和营销推广所占的价值为1200元，来自孟加拉国的布料价值为200元，来自越南的木材价值为600元，那么严格来说该商品的中国成分为1200元，中国成分比例为60%（1200/2000）。理论上，任何一件物品和一个项目，都有其本国成分，只不过有的容易计算和核查，有的不容易计算，核查更难。

作为一项经济政策，本国成分要求主要在政府采购和使用公共财政资金支持的活动中实施，后者包括财政补贴、税收优惠、官方支持的出口信贷和出口信用保险等活动。其背后的政治考虑主要是“要把纳税人的钱花在支持国内企业和国内商品上，而非他国企业或他国商品”和“保护国内产业”。本国成分要求的主要经济目的是：（1）保护和创造国内就业，而非他国就业；（2）将商业机会导向国内企业，而非外国公司；（3）保护国内幼稚产业（Infant Industry）或具有战略意义的产业，促进经济发展；（4）控制某些进口规模较大的行业的贸易逆差。

本国成分政策有很多种具体表现形式，有时很直接明确，有时比较模糊而不易识别和计量。按照对本国或本地经济的保护程度，可以将本国成分要求进行强弱等级划分。比如“要求合同中的全部商品和服务都来自本国或当地公司”是最强也最直接的本国成分政策，“要求采购的商品中至少有25%的价值是本国生产”、“国产化率达到40%”和“外商在合资公司中的股份占比不得超过50%”等则稍弱一些，这两种都是数量型或价格型本国成分政策，容易识别和计量；而“优先给本国企业或商品发放许可或认证”和“在给外国企业或进口商品发放认证时采取限制措施”等非数量型政策，则是比较模糊且不易计量的本国成分政策。据统计，世界上很

多国家都采取成分政策对本国经济进行保护，表1为2010年世界主要国家对国内产业的本国成分政策情况。以澳大利亚为例，该国主要在7个领域颁布了本国成分要求，涉及产业的产值达5110亿美元，占当年本国GDP的45%。

表1　　2010年各国实行本国成分要求的比较数据

国家	本国成分要求个数（个）	2010年本国GDP（10亿美元）	所涉及行业的产值（10亿美元）	占本国GDP的比重（%）
澳大利亚	7	1132	511	45
加拿大	5	1577	948	60
法国	2	2560	1409	55
希腊	1	301	143	48
瑞士	2	528	493	93
美国	14	14587	4137	28
发达经济体本国成分要求的平均水平	5	3100	1245	62
阿根廷	8	369	151	41
巴西	15	2088	483	23
中国	10	5927	3335	56
埃及	1	219	116	53
印度	9	1727	809	47
墨西哥	1	1036	645	62
俄罗斯	5	1480	766	52
沙特阿拉伯	1	435	419	96
南非	3	364	207	57
发展中国家本国成分要求的平均水平	4	749	375	64

数据来源：美国彼得森国际经济研究所（PIIE）。

具体行业方面，各国根据国情而不同，一般在对于本国经济特别重要但尚未成熟的领域实施一定的本国成分政策。比如，2009年，我国政府规定风电投资项目所使用的设备中来自中国的部分不低于70%，对于进口的设备则要经过国家能源局的认证。又如，我国政府为了保护汽车产业，在加入世贸组织之前一直对汽车领域实施明确的本国成分政策。20 世纪 80 年代，我国政府确定汽车产业为国民经济支柱产业后，对该行业进行补贴并鼓励合资以获取国外先进技术，2001 年加入世贸组织之后，我国政府取消了汽车领域直接的本国成分要求，但仍然要求外资在合资企业中的股份占比不得超过 50%。巴西政府则在其医疗领域强制要求公立医院采购国内企业生产的医疗器械和药品，以保护其稚嫩但被国家高度重视的国内医疗产业。

在不同时期，各国的本国成分要求也有所变化。一般来说，在经济危机或经济不景气时，一国政府会通过提高本国成分要求以追求增加就业和拉动内需。美国曾在 20 世纪 30 年代通过“购买美国生产”（Buy American）政策达到了复苏经济和拉动国内就业的效果。2009 年金融危机时，美国再次推行了此项政策，实施 7870 亿美元的财政刺激政策以实施《美国复苏和再投资法案》，该法案要求所有使用这些资金购买的钢铁产品必须是“美国制造”。很多国家也纷纷效仿美国采取了类似政策。据统计，在 2008—2009 年金融危机期间，各国新采取的本国成分政策达 117 项。

（二）出口贸易中的本国成分要求

出口贸易中的本国成分，是指在一笔具体出口贸易中原产自本国的货物和服务在该笔出口合同的总价值中所占的比例。

在国际贸易中，与关税、进口配额、许可证、最低限价、技术性贸易壁垒、绿色贸易壁垒、直接政府补贴等类似，本国成分要求也是一项贸易保护措施，并被各国广泛使用。具体体现为，在出口贸易中要求只有达到一定本国成分比例的出口合同才能享受官方出口信贷或出口信用保险的支持或其他的官方支持政策。在 2008—2009 年金融危机之后，本国成分要求在很多国家的对外贸易政策中受到重视，根据美国彼得森国际经济研究所的统计，2010 年各国在出口贸易领域实施的本国成分政策影响了全球约

1.1万亿美元的货物与服务贸易，占当年全球贸易量的6%。与关税、补贴、进口配额等贸易保护措施不同，本国成分政策一般不增加财政负担，也不会引起贸易纠纷。本国成分要求并不违反“世贸组织政府采购协定”（除非个别国家有特殊规定），关于服务贸易的要求也不违反《服务贸易总协定》，一般不会引发贸易摩擦和纠纷，实施起来相对容易，阻力较小。

对于不同的商品类型，其本国成分的计算方法和计算难度是不同的。对于很多附加值低、直接在本国制造的商品，由于其本国成分比例基本是100%，同时其附加值较低，只要在本国制造就可以了，再要求企业进行本国成分的详细计算似乎是没有必要的，比如在本国生产制造且用于出口的一盒纸巾。但对于单价高、部件多、附加值高的大型机电产品等资本品来说，计算本国成分不但比较方便，而且很有必要，因为其背后所带动的就业、税收和相关产业链都非常可观。比如，一套发电设备，价值5亿元，包含1000个部件，其中总价值1亿元的200个部件配件是进口的，这种情况下，就很有必要计算本国成分比例，计算过程和计算方法也比较简单和明确。对于这台发电设备，本国成分比例达80%，本国政府应该大力支持。如果该设备中4.5亿元的部件都是进口的，本国成分比例只有10%，那么本国政府支持的意愿和可能性都将大大降低。正是考虑到这种计算的必要性和可操作性，目前各国政府一般都不对简单的或附加值低的一般商品提出本国成分要求，而是重点在大型设备、成套设备等资本品出口或消耗财政资源较多的出口项目上提出本国成分要求。

实践中，各国一般通过本国的官方出口信用机构（ECA）来实施本国成分政策。比如，美国主要通过其进出口银行（EXIM Bank of USA）来实施其出口贸易中的成分政策，具体要求是：进出口银行只对（1）出口合同总价格的85%与（2）出口合同中的全部来自美国的商品或服务部分中的较小者提供融资和保险支持。法国则通过COFACE要求获得官方信用保险支持的条件是“本国成分不低于合同总金额的20%”。韩国则通过贸易保险公社（K-sure）要求本国成分一般不低于30%。对于本国成分要求，OECD国家并没有统一要求，在其官方支持的出口信贷君子协定中，对此也没有作出约定，而是各国根据国情制定各自的本国成分要求。

对我国来说，出口贸易中的本国成分要求主要体现在官方支持的出口信贷、出口信用保险业务和优惠买方贷款、援外优惠贷款业务中。比如，我国政府要求中长期出口信贷和信用保险支持的出口应满足一定的本国成分要求，其中对于大型单机和成套设备出口项目的中国成分要求不低于60%。优惠买方贷款、援外优惠贷款业务也执行相应标准。

（三）本国成分政策在ECA的实践

ECA机构内部，一般将其融资或保险业务根据所支持的出口商品类型或期限进行划分。对于融资或保险期限较短的一般商品出口贸易，一般称为短期出口融资或短期出口信用保险（一般在1年以内，最多2年）；对于期限中等或较长的（2年以上，最多可达20年，个别为40~50年）资本品出口，一般称为中长期融资或中长期出口信用保险。目前，各国ECA主要在中长期融资或保险中对所支持的出口项目提出本国成分要求，而对于支持一般贸易的短期融资或保险业务，由于上文提到的计算本国成分的必要性和可操作性原因，一般将本国成分要求简化为“在本国生产”（Made in）或“由本国生产”（Made by）要求，即强调产品在本国境内生产或强调由本国企业生产（不论生产该产品的本国企业是位于境内还是境外）。

在中长期融资和保险项下，各国的官方ECA会在出口企业申请出口信贷或信用保险支持时要求出口企业提供该笔出口贸易或商务合同中的本国成分情况。出口企业将商务合同中来自本国的设备、原材料、劳务、技术咨询等进行加总，除以该笔商务合同的总金额，得出本国成分比例，并将计算中使用的各项明细、计算方法、计算结果等提供给ECA机构或相关政府部门进行审核。

各国 ECA 机构通常会依据“本国成分声明”评估出口企业货物或服务的本国成分情况。我们发现，对每笔交易都详细计算本国成分比例的做法已经逐渐被各国所抛弃，主要原因是详细计算给出口企业带来了很大负担，ECA 机构也没有精力详细核查出口企业的计算准确与否。当前的做法是，ECA 机构只要求出口商就达到一定金额的交易提供本国成分情况，而且一般也不会特别详细地进行核查，而是主要依据出口商提供的“本国成分声明”来判断和评估出口货物或服务的本国成分情况。

在具体执行本国成分政策时，ECA 机构有时还要求出口企业提供商务合同中的外国成分（Foreign Content）和当地费用（Local Costs）情况。外国成分一般指出口货物或服务中包含的来自非本国的成分，与本国成分概念相对应。而当地费用一般指在实施商务合同过程中来自进口国当地的费用和成本。比如在建设某水电站过程中，会有大量的施工机械、劳务人员、水泥钢材等来自进口国当地。很多时候，ECA 机构不仅规定商务合同中的本国成分要求，还规定在外国成分或当地费用达到一定比例时的具体承保要求。比如，美国进出口银行规定“在出口货物的外国成分超过合同金额的 15% 时相应降低融资金额或保险金额。”OECD 君子协定明确，官方支持的最大金额为出口合同金额（包括来自第三国的货物和服务，但不包括当地费用）的 85%（另 15% 一般为预付款）和当地费用（不超过出口合同金额的 30%）。

有些 ECA 机构通过“警告条款”来保证出口商声明的真实有效。如果出口商在本国成分方面造假，将失去 ECA 和本国政府的信任，在其后续交易中得到本国政府和 ECA 机构融资或保险支持的难度将显著增加，甚至会受到法律惩罚。比如，美国进出口银行的警告条款中就明确载明：“出口商深知本国 ECA 机构将通过其提供的信息提供保险支持，并承担因错误和虚假信息造成的任何法律后果，包括刑事后果。”

对于中长期项目，部分 ECA 机构还要求出口商及时告知项目实施过程中的本国成分变动情况。也有少数国家的ECA会将本国成分信息再提交给相关政府部门进行审核。

在中国，除中国信保和中国进出口银行作为ECA机构按照国家要求对其支持的出口业务中的本国成分进行审核外，商务部也特别重视使用我国政策性信贷或保险资源所支持的出口业务中的本国成分情况。商务部协调管理的负责大型机电设备、成套设备和境外工程承包项目的两个商会，即中国机电产品进出口商会和中国对外承包工程商会，会对金额超过3亿美元的出口项目中的中国成分情况进行审核。

（四）各国ECA机构的本国成分政策

各国ECA机构的本国成分政策并不相同。根据2007年对世界主要国家的统计，在中长期资本品出口，即中长期出口信用保险业务方面，英国UKEF、法国Coface官方账户和荷兰Atradias官方账户对本国成分的要求均是不低于20%，并可能根据具体项目提出更高要求。韩国K-sure的要求是不低于30%。加拿大EDC为不低于40%。德国Euler Hermes、南非ECIC SA和澳大利亚EFIC为不低于50%。美国进出口银行并没有设定具体的下限，但其在提供融资和保险时执行“合同金额的85%或合同中全部美国成分”这两者从低的政策。在普通商品出口，即短期出口信用保险方面，西班牙、美国采用made in（在本国境内生产），荷兰、法国、澳大利亚、捷克、德国、芬兰、波兰、土耳其等国采用mostly made in（主要或大部分在本国境内生产），而新加坡和加拿大强调made by（由本国企业在本国或境外生产）和made mostly by，墨西哥、比利时和意大利则更进一步，采用conceived by（对于含有本国设计成分的商品都可以支持）。从made in到conceived by，反映的是本国成分政策的逐步放宽和更加灵活。

各国ECA机构的本国成分政策会根据本国经济环境、政治环境的变化而变化。但总的趋势是，随着经济全球化和产业链的全球布局，各国都在不同程度地降低本国成分要求。德国Euler Hermes和澳大利亚EFIC都从

60%将为50%，芬兰 Finnvera 从33%降为10%，瑞士 SERV 更是从50%直接改为零要求。

研究还发现，有些国家针对不同行业和进口国的情况区别设定本国成分政策。法国 COFACE 会对高科技和知识密集型行业设置不同的标准，例如法国的准自动化产品的本国成分要求达到50%，个别情况会调至80%。丹麦 EKW 针对不同的进口国家设定不同的本国成分要求，针对某些发展中国家的出口信用保险基本上没有关于丹麦成分、当地成分或第三国成分的要求限制，且这类规定会基于丹麦的国家利益而灵活变动。奥地利 OEKB 基于进口国的级别分类来对出口项目中的本国成分区别对待。芬兰 Finnvera 中长期业务会根据国家利益和提高自身竞争力来考虑区分国别来设限，比如对0~2类国别，本国成分要求是10%，对4~6类国别，要求是50%。

二、本国成分要求的缺陷与面临的挑战

本国成分要求作为一项经济保护措施，在服务其所追求的经济与政治目标的同时，也存在一些缺陷。比如，扭曲了市场主体的采购或生产决策，增加了进口商的成本，对一国经济的具体影响很难计算，政府也不清楚为实施该政策而到底付出了多大的代价，很多成分政策比较模糊、不透明，导致了腐败和寻租，等等。同时，如果本国企业已经是低成本供应商，即便没有本国成分要求，相关方也可能主动从本国采购，这种情况下，本国成分要求对本国经济的积极影响或保护作用可能并不像预想的那么大。为了更好地理解本国成分政策，我们对本国成分政策存在的缺陷与面临的挑战进行了初步研究，但碍于篇幅，这里并不做深入探讨。

（一）本国成分要求的缺陷

1. 增加采购成本

本国成分要求提高了企业或政府采购成本，扭曲采购决策，有时还造

成时间的拖延和效率的下降。当政府在基础设施项目中提出本国成分要求时，这种缺陷更加明显。比如在新能源、水利工程、公路码头、电信工程和一些制造行业中，本国企业可能并不拥有制造优势，本国采购的成本很多时候高于外国采购，质量可能也不如外国商品，这导致了成本的升高。从本国生产商角度来看，这也扭曲了生产商的投入决策，如果没有成分政策，生产商可能就不会对一项没有竞争力的产品进行投入，而是将宝贵的资源投入更有前景的领域。更深层次的负面影响是，由于受到保护，国内企业可能像“温室的花朵”一样满足于现状，丧失斗志和竞争力，从长远看反而害了自己。从消费者角度，如果政策实施导致产品价格上升，会增加消费者负担甚至减少消费，或者减少其他消费和投入。为了满足本国成分要求，项目方还可能不得不花费大量时间在本国寻找合适的供应商，这对时间和效率都是一种浪费。一般而言，如果一个国家的 GDP 规模越小或产业链越不完整，实施本国成分政策带来的这种弊端越明显，因为国内可提供相应商品的企业有限。反之，对于 GDP 规模较大的国家或在特定行业具有完整产业链的国家，实施成分政策的这种副作用相对较小。

2. 不透明且不易衡量

本国成分要求很难做到完全透明，执行政策的成本与收益很难衡量。首先，政策执行者或监督者很难投入大量精力详细审核所涉及的每个项目或贸易合同中的本国成分，采购方或出口商也因为要向政府提供计算明细而耗费大量精力和时间，增加了负担；其次，实施本国成分政策的成本不会在预算账户中列示，相关监督方如国家审计部门也很难评判该政策取得的效果与付出的成本；再次，一个行业的本国成分要求通常会对下游企业产生价格影响，但却很难核算，特别是对一些新进入该行业的企业；最后，在服务贸易崛起的今天，如何在服务贸易中计算本国成分，本国成分要求是否可以适用于服务贸易，都是一个问题，尚没有较好的答案。部分专家认为，本国成分政策带来的“好处不确定，坏处却很多”。根据美国彼得森国际经济研究所的统计，2008年国际金融危机后，世界各国新采取的117项本国成分政策导致全球贸易每年减少约930亿美元，在保护了相关行业370万个就业岗位的同时，也对这些国家数百万就业岗位造成了负面影响。

3. 易诱发腐败和寻租

本国成分要求容易诱发徇私腐败和寻租。本国采购或定向定价采购等非市场手段是本国成分要求的重要形式，这类措施赋予了政府采购和执行部门较大的裁量权，容易诱发腐败。尤其是本地生产商和投资者较少的情况下，贸易投资政策中的本国成分要求更易产生徇私腐败的负面影响。

（二）本国成分要求面临的挑战

随着经济全球化的深入发展和各类贸易协定的推进，本国成分要求也面临一些新的挑战。

1. 经济全球化挤压贸易保护政策

随着TPP、TTIP、RECP等多边经贸协定的相继推进，全球经贸联系日益紧密。尽管贸易保护主义与贸易壁垒措施仍在保护国内经济中发挥重要作用，但对于那些采取对外开放型经济模式的国家而言，单纯的贸易保护无法从根本上增强本国经济发展水平，着眼本国长远利益才能从根本上促进本国经济可持续发展。对于本国成分政策而言，由于存在上述缺陷，更是受到很多国际经济专家的反对，这些专家强烈要求在世贸组织政府采购协定中和新的多边贸易谈判中增加对本国成分内容的谈判，或者要求实施国对该政策设定一个具体的期限，即设定“定期废止”条款（Sunset Provision）。

2. 国际分工协作使贸易投资呈现多国成分

供应链的全球化发展在逐渐改变商品和服务的来源与构成。国际分工协作的日益深化和专业化使传统贸易和海外投资项目更多地体现多国成分和世界属性。由于不同国家的比较优势不同，货物或项目成为各国比较优势的集合体，长期看有利于全球资源整合与世界可持续发展。仅仅盯住本国成分已经逐渐不能适应国际化生产步伐，不利于一国享受全球经济发展和市场化竞争带来的福利。对于最终的消费者而言，很多情况下，本国成分政策也限制了消费选择或增加了消费成本。单纯盯住本国成分的政策，已经逐渐不能得到国内选民的支持，政治家们在考虑类似保护政策时需要重新权衡。

3. 大环境倒逼本国成分政策“进化”

随着新经济理论和实践的发展，世界各国的政治家和经济学家都在追求与时俱进，避免本国的发展战略和经济政策落后于他人。从贸易立国到投资立国，从贸易大国到贸易强国，从低端初级产品贸易到高端高附加值产品贸易，从货物贸易到服务贸易，从本国制造到本国智造，从本国生产到本国设计，从重视 GDP 到重视 GNP，等等，都体现了一国经济战略和政策的演变和进化。在这种大环境下，本国成分政策作为一项古老的经济保护政策，也面临“进化升级”的压力与挑战。如何跟上浩浩荡荡的世界经济潮流，在不断变化的大环境中更好地服务于本国经济和政治，是本国成分这一传统经济保护政策面临的重大课题。

总体来看，本国成分要求作为一种贸易保护手段，在实践中有一套相应的执行程序，在促进本国就业和拉动经济增长方面具有特殊作用，但是也存在诸多自身难以避免的缺陷。随着全球贸易发展、国际分工细化和贸易投资形式多样化，越来越多的商品、贸易和投资包含多国成分，本国成分要求面临着新的挑战。

三、本国利益概念及其在对外贸易与投资中的实践

在实践中，随着经济全球化的发展，各国政府越来越重视吸引外资、对外投资和进出口贸易等经济活动，在这个过程中，逐渐认识到本国成分

要求存在的缺陷与面临的挑战，进而不断探索更好的政策措施和新的理念。首先，在贸易中，出现了“该出口商品虽然不满足本国成分要求，但从吸引外商来本国投资、改善外资企业在本国的待遇等方面考虑，很有必要给予融资或保险支持”的情况。其次，随着经济实力的增强，很多国家开始对外投资，在投资活动中，如何应用本国成分要求，直接要求本国企业所占投资项目的股份比例是否可行，是否需要新的政策措施等问题都摆在政府面前。最后，很多国家在经历了初级产品出口、工业产品、资本品等出口历程后，开始重视服务出口，强调服务贸易，这就出现了本国成分要求如何在服务贸易中实施的问题。类似情况还有很多，都需要各国政策制定者进行研究，提出对策。

20 世纪 60 年代，德国和日本等国率先在出口贸易和投资中采用“本国利益”或“国家利益”（National Interest）概念，作为“本国成分”政策的补充和调剂。经过半个多世纪的实践，西方主要国家和它们的 ECA 机构相继在出口贸易和投资中引入“本国利益”概念，包括英国、法国、美国、意大利和韩国等国，一些发展中国家也纷纷效仿，如印度、南非、土耳其等。这其中，有些国家已经抛弃了本国成分政策，全面采用本国利益概念；更多的国家则是在继续强调或逐渐弱化本国成分要求的同时，加大对本国利益的重视。具体操作上就是在出口信贷或出口信用保险中，对于不符合本国成分要求的项目或出口合同，如满足本国利益要求，也提供融资和保险支持。可见，在国际经贸活动中，本国利益原则在出口贸易和对外投资中正在充当越来越重要的角色，从本国成分要求向本国利益原则转变已经成为一种趋势。

（一）本国利益的含义

本国利益由“国家利益”引申而来，国家利益指的是满足国家生存、发展和安全诸要素的集合，是国家经济利益、政治利益、文化利益、安全利益和外交利益的有机统一。美国著名国际政治学者莫顿·卡普兰认为，国家利益的最根本要素是国家安全、领土完整、社会制度和经济繁荣。我国军事专家柯春桥将国家利益分为深层国家利益[①]和表层国家利益[②]。历史经验表明，不同时期的国家深层利益和表层利益是一个复杂的战略问题，每个国家针对国内国际环境都有符合本国生存发展目的的国家利益观。根据重要程度，我国官方将国家利益分为核心利益、重要利益、一般利益。“国家核心利益”是指关乎国家存亡、绝不能退让或进行交易的重大利益，是主权国家生存和发展的前提和基础。根据2011年9月6日国务院新闻办发表的《中国的和平发展》白皮书，当前中国的核心利益包括：国家主权，国家安全，领土完整，国家统一，中国宪法确立的国家政治制度和社会大局稳定，经济社会可持续发展的基本保障。美国国家利益委员会则将美国国家利益分为“生死攸关的利益”、“极端重要利益”、“重要利益与次要利益”三级。进行国家利益层次划分的意义在于确定指导国家行动的原则，即涉及利益不同，国家就会采取不同的行动，特别是强制性行动。

对外贸易和投资中的本国利益指该项贸易或投资活动中存在的有利于本国经济发展、对外战略、外交事务和安全保障等方面的国家利益。本国利益的内容十分丰富，包括但不限于国家战略和宏观经济利益、对重要战略市场的出口与开发、不可再生稀缺资源和能源获取、高科技产品和知识密集型装备技术掌握、人力资本积累、国家声誉形象维护、经济实力增强和国家创新能力提升、国际地位与话语权的提高、环境保护等。举例来说，联想和海尔产品的出口，对促进我国经济发展、就业与税收、中国产品与中国制造的国际形象提升等方面都具有积极意义，可以认为存在一定的本国利益。对于某些在华外资公司生产的产品，如果我国政府特别希望该外资公司增加在华投资和技术合作，或者该公司在中国解决了很大的就业，那么支持它所生产的产品出口也可能具有较强的本国利益。对于某些

① 深层国家利益指攸关国家长期生存和发展的利益，必须全力以赴争取。

② 表层国家利益指不影响国家长期生存发展的短期利益。

军工产品或航空航天等高科技产品出口，则可能存在重大的本国利益。在对外投资中，比如华为公司在全球设立的子公司、研发中心等，由于对提升我国电信与网络信息技术等方面具有积极意义，可以认定存在一定本国利益。而我国对某些重要石油与天然气管道、支点或战略港口、铀矿项目等的投资，则可能存在重大的本国利益。

（二）本国利益原则在对外投资与贸易中的实践

各国官方ECA机构在对投资和贸易活动中的本国利益进行认定时，一般没有特别明确的标准或衡量尺度，而主要是根据本国政府设定的一些大原则进行“实质重于形式”的判断。比如，韩国地少人多、资源稀缺、工业发达、对外依存度较高，海外农业开发、国内工业发展必需的资源和能源产品的获取、占国民经济特殊地位的汽车和船舶出口，都被韩国政府认定为具有重要的本国利益，即便这些经济活动中的本国成分不满足内部规定，政府也要求K-sure进行支持。对于核电占本国能源供应比重很大的日本来说，对于境外铀矿项目，即便项目中并没有日本投资者，但只要项目公司与日本企业（如丸红商社）签订了长期的铀产品供应合同，日本国际协力银行和NEXI便可提供融资与保险支持。芬兰Finnvera针对本国成分较低但符合本国利益的出口，比如芬兰公司海外子公司的货物出口，Finnvera就基于本国利益的考虑对该类业务进行承保。挪威GIEK认为本国利益指的是“被认定为能够提高挪威经济价值创造的出口交易”，虽然通常的本国成分要求是30%，但是还会通过本国利益来判定是否符合承保条件。这些本国利益考虑因素包括但不限于：货物是否来自位于挪威的公司；货物是否有源自挪威的因素，比如使用挪威科技与无形资产（如商标），可以向挪威供应原材料或者有挪威专家参与；交易是否在目前和未来能够促进挪威企业经济价值。总体上，GIEK会对能够为挪威各经济部门增值创造国家利益的交易适当放宽保险要求。西班牙CESCE则根据具体交易情况判定国家利益，判定的事项包括：未来在某战略性市场的出口潜力，环境利益，海外子公司在合同中的参与程度表现，等等。加拿大EDC则强调承保项目必须符合加拿大利益政策，同时遵守本国和他国法律。

本国利益所包含的内容很宽泛，其内涵和外延也会随国际国内经济政治形势和国家战略的变化而变化，这就意味着如果采用本国利益原则，对一项经济活动是否符合本国利益的判断将具有一定的灵活性。如果将这种裁量权交给ECA机构，那么在融资或保险支持时，ECA机构将有比较大的裁量空间。实践中，只有部分国家将这种裁量权交给ECA机构，更多的是交由负责管理和协调本国对外贸易和投资活动的政府部门或部际委员会来判断。比如在德国，就是由Euler Hermes官方账户提交德国经济事务与能源部（the German Federal Ministry for Economic Affairs and Energy）来评估和判断一项活动是否具有德国利益，如符合事先设定的标准，将获得官方的融资和保险支持。比如，在向爱尔兰新成立的面向中小微企业提供融资的银行提供信贷担保时，德国经济事务与能源部就认为，通过提供担保，支持该银行更多地向爱尔兰中小企业提供融资，帮助爱尔兰经济发展，符合两国的战略关系，符合德国利益，所以批准了Euler Hermes提供该担保。

在中国，政府部门和ECA机构在管理和服务本国对外投资和贸易时，虽然也强调本国利益原则，但与西方主要国家相比，我们并没有将这种原则明确到相关文件中，也没有具体的指导和监督部门。比如，在出口信用保险业务中，仅是强调了应依据国家外交、外贸、产业、财政、金融等政策，促进我国对外经济贸易发展与产业投资合作，支持我国优势产能和装备“走出去”，并没有直接明确“要符合国家利益或本国利益”。

（三）本国利益原则是本国成分要求在现实中的进化

虽然很多国家在强调本国利益原则的同时弱化了对本国成分的要求，对于某些小国来说，甚至直接放弃本国成分要求，转而强调本国利益。但我们研究也发现，无论从理论角度还是实践角度，无论是政府官员的视角还是经济人士的观察，对于经济大国，大家都强调本国利益原则是对本国成分要求的一种有益补充，而非简单替代。

从目前来看，我们倾向于认为，本国利益原则就是这一政策进化出来的一个新的翅膀，它助力本国成分政策更好地发挥作用。在讨论本国成分要求面临的挑战时，我们强调，随着大环境的变化，世界经济潮流倒逼本国成分要求这一传统经济保护政策的进化。就像一个国家从重视 GDP 到重视 GNP，从追求贸易大国到追求贸易强国，从追求货物贸易到追求服务贸易。我们知道，在 20 世纪 90 年代之前，大多数国家都使用 GNP（国民生产总值）来统计国家每年生产的最终产品和劳务的市场价值，90 年代之后，随着经济全球化的推进，外商投资在一国国民经济中发挥着越来越重要的作用，越来越多的国家使用 GDP 代替 GNP。但随着全球化的进一步深入，日本、美国、中国等很多国家都加快了海外投资的步伐，众多国内企业“走出去”，充分利用国外资源和国际市场，开始在全球范围内组织研发、生产和销售，带动了国内大量设备、技术、人员、管理等的输出，体现了很强的本国利益，这时 GDP 的统计已经很难反映这种海外活动，单纯看 GDP 已经很难准确反映一国的经济总量、综合国力。以日本为例，近十多年，虽然日本的 GDP 增长很有限，但其总体经济实力和国民福利却没有变差，这在很大程度上得益于日本强大的海外投资，其广泛的海外利益不断地反哺国内经济，这让日本政府格外重视对 GNP 的统计，以准确反映日本经济的综合实力。随着中国对外投资的增多，中国的海外经济总量也在不断增加，也需要我们逐步重视 GNP 的统计，以准确反映我国的海外经济利益和整体国家经济实力。可以说，20 世纪 GNP 到 GDP 的转变，背后反映的是一国开放初期对外商投资和国内经济的重视；现在由 GDP 重回 GNP，背后反映的是一国开放到一定程度后对海外投资和海外经济利益的重视。

从本国成分到本国利益的变化，也是顺应世界潮流的变化。当前，我国仍然特别重视吸引外资工作，强调努力实现从贸易大国向贸易强国的转变，强调要加大服务贸易支持力度，加大海外投资力度。在这样的背景下，本国成分要求如何更好地服务于这些转变，就需要本国利益原则来做补充。比如，在支持中国设计但在境外生产的产品时，在支持在华外商独资企业生产的产品时，在支持本国成分不易计量的服务贸易时，在支持中方股权只有20%的海外投资项目时，在支持没有中方股权但却可以为我国提供紧缺原材料的项目时，简单的本国成分要求已经脱离实际，需要本国利益原则来提供政策依据。

（四）本国利益原则相比本国成分要求更加开放和务实

从本国成分要求到本国利益原则的过渡，现实上是中国贸易升级、对外投资加速的客观要求，也是顺应全球经济形势和中国经济发展趋势的合理选择，其实质上是成分与利益叠加时期由初级阶段政策向高级阶段政策的转变，是从相对传统封闭、具有贸易保护色彩的经济政策向更加开放、务实的经济政策的转变。

表2　对本国成分要求与本国利益政策的比较（从贸易与投资的角度）

	本国成分要求	本国利益原则
适用对象	有形商品（资本品）	有形与无形商品（服务）、投资
适用范围	出口	出口、进口、投资
政策影响	就业税收、战略产业发展、GDP	国家综合竞争力、国家战略实施、GNP
政策特点	初级阶段，保守、封闭，缺陷多	高级阶段，开放、务实，内涵广

从表2的对比中，我们看到，在适用对象方面，本国成分要求更多的是针对有形商品，而在无形商品（如服务）和投资中难以施展，需要本国利益上场。在适用范围和政策影响方面，在资本品出口中可以通过本国成分要求达到一定的促进就业、保护战略产业和发展GDP的目标，而本国利益原则除了能够达到上述目的，还能够更好地提升国家综合竞争实力，服务国家战略实施，促进GNP的增长。从政策的特点看，本国成分政策是传

统典型的贸易保护措施，具有保守、封闭色彩，且存在诸如提高采购成本、扭曲采购决策、增加消费者负担、透明度较差、容易诱发腐败等不足，国际社会多有争议；而本国利益原则比本国成分要求更加开放务实，是经济政策的高级阶段，更加符合中国构建全方位对外开放新格局和实施“一带一路”建设、“装备制造合作和产能合作”等国家战略的现实需要。

现阶段，我国在对外经济政策中，已经开始越来越多地强调本国利益，但本国成分要求还在发挥很大作用，本国利益原则短期内还不能完全取代本国成分要求，目前我们正要进入本国成分要求与本国利益原则的政策叠加阶段。在两项政策叠加期，处理好二者关系的关键在于，如何根据贸易和投资等经济活动的实际情况，相对客观、全面、合理地把握本国利益，根据其所包含本国利益的迫切性和潜量，结合现阶段国情国力，制定合理可行的政策性支持方案，让二者协同发挥好助推经济发展、服务国家战略的政策职能。

四、结合具体情况对我国成分和利益政策的探讨

为了更好地理解和把握现阶段本国利益政策在中国的内涵，在实践中更好地运用本国成分政策和本国利益原则，来服务于我国经济社会发展和对外战略的实施，下面我们尝试从出口信用保险的角度出发，对当前实际存在的一些经济活动进行成分与利益分析。

（一）四种典型的情况

在此，为了更好地分析不同贸易和投资活动中的本国成分与本国利益，我们选取四种典型情况进行分析。

1. 海外设厂生产

情况介绍：目前，我国很多企业在综合考虑国内生产成本、原材料、人工成本、汇率等因素后，开始将一些生产工厂搬迁到成本更低、基础设

施不断完善、面临贸易壁垒更少、更加接近消费者的东南亚、南亚和非洲等地区，或者在这些地区设新厂生产。

中国成分分析：分为两种情况：（1）产品价值的大部分在国内生产加工，在境外工厂只是简单装配和分销，产品的中国成分较高，一般能达到60%以上。（2）整体在海外生产，除了一些由国内采购的原材料外，基本都是当地采购，中国成分很低，甚至为零。

中国利益分析：企业在海外生产，带动了国内产能、设备、技术、管理和人员的输出，增强了我国产品的竞争力，打造了中国品牌，换来的外汇最终汇回国内。同时也发展了东道国经济、有助于增强两国关系和人民友谊。这些都符合当前我国的对外经济战略和“一带一路”建设的要求，有利于倡议实施，具有较强的中国利益。

实际情况：此类产品的销售属于短期出口信用保险承保范围，目前我国在短期出口信用保险方面并没有明确的本国成分要求，实际操作中强调在本国生产，即 made in。对于此类在海外设厂生产的情况，属于 made by，中国信保刚刚开始给予探索支持，主要在“通过模式”和境外“代出单模式”项下开展少量业务。但在国际上，很多官方 ECA 在 2007 年前就已经承保 made by，部分国家如意大利、墨西哥和比利时的 ECA 机构还承保 conceived by（由本国设计，而不论在何处和由谁来生产）。

具体建议：支持 made in 体现了本国成分要求，支持 made by 和 conceived by 则体现了本国利益原则。在一般货物贸易方面，政策性机构在贸易融资或短期出口信用保险支持时，不应局限于 made in，而应强调 made by，强调本国利益原则，并应该根据利益的强弱进行分级支持。对于有本国设计成分、品牌成分、营销成分的 conceived by 等形式，也应该逐步予以支持。当前，我国政府强调要加大对自主品牌、自主知识产权、自主营销渠道等产品贸易的支持，作为政策性 ECA 机构，中国信保应该积极响应国家政策，加大支持，而不局限于本国成分要求。

成分要求，或者允许在项目完工后核定本国成分比例，如达不到要求再进行惩罚，而不是事先确定。在资源进口方面，应根据资源的紧缺程度规定该资源类项目的国家利益分量，比如对于进口依存度超过50%的项目，列为极度紧缺资源，国家利益很强；而进口依存度低于50%的资源，列为一般紧缺资源，国家利益一般。对于极度紧缺的境外资源类项目，我国政府应通过ECA机构给予政策性支持，以保障国家利益。

3. 服务贸易

情况介绍：一般而言，随着一国经济的发展，第三产业在国民经济中的地位越来越高，相应在国际贸易结构中，服务贸易相比货物贸易的比重也不断增加，服务贸易对一国外贸和整体经济的重要性也持续增加。当前，我国政府越来越重视服务贸易，并出台了一系列支持政策。

中国成分分析：国际贸易中货物贸易一般也称为有形产品贸易，比较容易计算并核查本国成分；而服务贸易一般称为无形产品贸易，作为非服务提供者，ECA或政府部门很难核查其成分比例。比如，有些复杂的软件产品，由很多国家的多个公司合作完成，对于其中的本国成分，软件企业会根据该产品在本国增值的部分进行申报，ECA机构只能选择相信该软件企业的申报，核查难度很高。

中国利益分析：服务贸易相比货物贸易，对我国国民经济发展的好处更多，中国利益更为明显：一是很多服务贸易都是劳动力密集型，可以更多地解决就业；二是服务贸易不生产有形产品，对本国资源的消耗和环境的污染很小；三是服务贸易体现软实力，对增强一国综合竞争实力更为重要，也有利于文化输出和提升国家形象；四是当前我国服务贸易逆差很大，发展服务贸易出口，可以适度缩小逆差。

实际情况：但凡一个国家的经济发展到一定程度，都会增加对服务贸易的重视，世界主要发达国家的ECA机构都特别重视对服务贸易的支持，有些还推出了专门的保单产品。中国信保对服务贸易的重视也与日俱增，目前正在开发专门的服务贸易保险产品。

具体建议：在开发产品和具体业务中，中国信保都应该更好地将本国成分要求和本国利益原则相结合，重点支持本国利益明显的服务出口，特别是文化教育、软件、金融保险、物流运输、仓储等服务贸易，在实现出口的同时，让世界其他国家的人民更多地了解中国、增强互信。特别是在“一带一路”建设中，服务贸易对促进“民心相通”也非常重要。特别是一些设计产品出口，比如服装设计、建筑设计、工程设计和机器图纸等，对于输出中国文化和中国标准都很重要，中国信保也应该积极给予支持。同时，为了更好地促进“设计产品”出口，中国信保也应该学习意大利等 ECA 机构的做法，逐步采纳 conceived by 政策，即无论该产品在哪里、由谁生产，只要有中国的设计成分，就选择给予适度支持。

4. 境外工程承包项目

情况介绍：在某国实施的某燃气电站项目中，该国指定使用美国 GE 公司生产的燃气轮机，其他部件不做要求。某中国施工企业中标后，在申请出口信贷及出口信用保险时，发现如果将美国 GE 生产的燃气轮机计算在合同金额内，将不符合我国政府规定的 60% 本国成分比例。为此，为实现融资保险，该企业不得不将 GE 设备采购部分分包出去，牺牲了一定利润。

中国成分分析：全部合同中发包方指定的设备占很大部分，不满足本国成分要求。

中国利益分析：该承包合同具有中国利益，不但壮大了自己、增强了中国施工企业的技术水平和国际经验，更带动了大量的除燃机外的设备出口和劳务输出。

具体建议：（1）适度放宽本国成分要求，从国际经验看，60% 偏高；（2）灵活掌握本国成分要求，对外国发包方有指定设备的情况，可以在计算本国成分时将该情况考虑在内，允许低于 60% 成分要求的项目申请贷款和保险。

（二）对各类贸易与投资模式的分级尝试

在对上述三种模式具体分析的基础上，我们基于本国成分和本国利益双重指标，尝试对货物贸易、海外承包工程和海外投资等主要的中长期贸易与投资活动进行分类，并根据类别制定 ECA 支持的优先度。

在具体分级中，我们将根据本国成分的强弱，将具体活动分为 A、B、C、D 四级；根据本国利益的强弱，将具体活动分为 a、b、c、d 四级。各指标的具体代表含义见表 3。

表 3　　分级指标含义表

指标	含义	政策支持优先度
A	完全满足本国成分要求	优先支持
B	基本满足本国成分要求	一般应予支持
C	不能满足本国成分要求或无法判断是否满足本国成分要求	是否支持要看本国利益情况（如本国利益分级达到 a 或 b 级应予支持）
D	绝对不能满足本国成分要求	一般不予支持，如认定具有 a 级的本国利益，则可以支持
a	具有很强的本国利益	优先支持
b	具有本国利益	一般应予支持
c	本国利益较弱	是否支持要看满足本国成分情况（如本国成分分级为 A 或 B 级，应予支持）
d	基本没有本国利益	一般不予支持（这类活动一般也不能满足本国成分要求）

对一项具体贸易或投资活动，我们将结合本国成分与本国利益情况，给予该活动具体复合分级，具体有 Aa、Ab、Ac、Ad、Ba、Bb、Bc、Bd、Ca、Cb、Cc、Cd、Da、Db、Dc、Dd 共 16 小级，并根据该活动的级别给予相应的政策支持。

1. 货物贸易的分级

对于货物贸易，我们根据企业的所有权情况、生产地、出口路径等进行划分。具体见表 4。

表 4　　货物贸易分级表

<table>
<tr><th>类型</th><th colspan="2">分级</th><th colspan="2">备注</th></tr>
<tr><td rowspan="8">1. 货物贸易</td><td colspan="2">1.1 中国企业国内生产直接出口</td><td>Aa</td><td>海尔在青岛生产家电销往世界</td></tr>
<tr><td rowspan="2">1.2 外商企业中国生产直接出口</td><td>中外合资（中方控股）</td><td>Aa</td><td>一汽大众在长春生产的汽车出口</td></tr>
<tr><td>中外合资（外方控股）或外商独资</td><td>Ab 或 Bb 或 Cb</td><td>西班牙歌美飒在天津的独资工厂生产的风电设备出口</td></tr>
<tr><td colspan="2">1.3 中国企业中国生产在境外转口</td><td>Ab</td><td>中国美的国内生产厨具从新加坡转口出口</td></tr>
<tr><td rowspan="2">1.4 中国企业境外生产当地销售或出口</td><td>中资企业控股</td><td>Ca</td><td>海尔（泰国）建立本土化运营模式，实现当地生产和出口</td></tr>
<tr><td>中资企业非控股</td><td>Cc</td><td>根据产品品牌、设计、采购国内零配件等具体情况判断</td></tr>
<tr><td rowspan="2">1.5 中国企业收购的境外企业在境外生产产品的销售</td><td>中资企业控股</td><td>Cb</td><td>吉利收购的沃尔沃在瑞典生产的卡车出口</td></tr>
<tr><td>中资企业非控股</td><td>Cc</td><td>根据产品品牌、设计、采购国内零配件等具体情况判断</td></tr>
</table>

上述分级比较粗略，在具体实施政策时，还需要根据具体情况进行判断。比如歌美飒在天津生产的风电设备，国产化率达到95%，完全满足本国成分要求，但其他的合资或独资公司是否满足本国成分要求，就需要根据具体情况具体判断，比如空客在天津的组装工厂，其组装出来的飞机就不能满足本国成分要求，但具有一定的本国利益。

2. 对外承包工程的分级

表 5　　对外承包工程分级表

<table>
<tr><th></th><th>类型</th><th>是否满足本国成分要求</th><th>分级</th><th>备注</th></tr>
<tr><td rowspan="6">2. 对外承包工程</td><td rowspan="2">2.1 中国企业境外承包工程</td><td>满足本国成分要求</td><td>Aa</td><td rowspan="6">根据项目、东道国、所使用的设备或技术等具体情况来判断。对于有些项目，由于客观原因或进口方强制要求而不能满足本国成分且又具有本国利益的，应给予支持。</td></tr>
<tr><td>不满足本国成分要求</td><td>Ca</td></tr>
<tr><td rowspan="2">2.2 中外合资企业或中方企业与外方企业组成的联合体在境外承包工程</td><td>满足本国成分要求</td><td>Aa 或 Ba 或 Ab 或 Bb</td></tr>
<tr><td>不满足本国成分要求</td><td>Ca 或 Cb</td></tr>
<tr><td rowspan="2">2.3 外国企业在境外承包工程，但使用中国设备、技术或分包</td><td>满足本国成分要求</td><td>Bb 或 Bc</td></tr>
<tr><td>不满足本国成分要求</td><td>Cb 或 Cc</td></tr>
</table>

3. 对外投资的分级

表 6　　　　　　对外投资分级表

<table>
<tr><th></th><th colspan="2">类型</th><th>分级</th><th>备注</th></tr>
<tr><td rowspan="6">3. 对外投资</td><td colspan="2">3.1 中国企业在境外的绿地投资（新建或扩建）</td><td>a</td><td>绿地投资：金龙精密铜管集团在墨西哥、美国投资建厂；吉利在俄罗斯、印度尼西亚、乌克兰等地开建散件工厂。
境外产业园、泰中罗勇工业园、德国贝德堡产业园、“一带一路”沿线国家产业园。</td></tr>
<tr><td rowspan="2">3.2 中国企业境外收购或并购</td><td>中国企业控股或有实际控制权</td><td>a</td><td rowspan="4">根据被投资企业与国内的经济联系可以再细分</td></tr>
<tr><td>非控股或无实际控制权</td><td>b 或 c</td></tr>
<tr><td rowspan="2">3.3 中国企业境外子公司的再投资</td><td>有实际控制权</td><td>a 或 b</td></tr>
<tr><td>无实际控制权</td><td>c</td></tr>
<tr><td>3.4 在华外商企业向第三国投资</td><td></td><td>c 或 d</td><td>具体看该外商企业对我国经济的贡献和在国内的表现</td></tr>
</table>

上述分级，只是简单归纳了一些主要情形，并没有进行深入的探究，主要目的是提出假设和情形，以便我们更好地理解本国成分和本国利益，从而在实践中结合这两个指标去判断各类经济活动是否应该获得国家政策和政策性金融资源的支持，以及支持的程度。

五、政策建议

基于对本国成分和本国利益的研究和对二者逻辑关系的探讨，以及对四种贸易与投资活动的分析和分级体系的构建，我们提出有关政策建议。

（一）适当放宽本国成分要求并增加灵活性

通过对比其他国家的本国成分政策，我们建议结合中国国情国力适当放宽本国成分要求，制定更加灵活的本国成分要求。一是在一般货物贸易和服务贸易中，逐步由现在的 made in 政策转变为 made mostly in 和 made by、made mostly by 政策，不断加大对境外生产加工、境外仓储销售、国际营销网络建设、服务贸易等新型模式的支持，并适度采纳 conceived by 政策，对于具有“中国设计”成分的外国产品给予支持。二是放宽高科技含量的知识密集型产品出口的本国成分要求，比如飞机航天工业、精密仪器设备、环境保护设施和电子科技等行业，以更好地支持我国这类企业的发展。典型的是国产大飞机项目，按照目前的60%本国成分要求，根本无法满足。三是放宽对机电设备出口和境外承包工程的政策性要求，在大型机电出口和境外承包工程项目中，国内承包商很多时候不仅要考虑中国成分要求，还需要考虑东道国的本地成分要求。比如在电站项目中，中国成分要求是60%，假设东道国政府的本国成分要求是30%，刨除当地费用，承包商仅有不到10%的自由采购权，过高的本国成分要求会对承包商形成压力，影响项目签约和本国利益形成。根据调研，我们发现有的承包商为了满足本国成分和当地成本要求，而放弃利润丰厚的总包而选择做利润较小的分包。四是根据行业的国内生产水平调整中国成分要求。以机电出口为例，目前执行统一的60%本国成分政策，但我们研究发现，电力、电信、铁路和建材大型设备出口的国内技术和国产化水平都比较高，在较好地满足国外业主需求的同时完全可以满足本国成分要求，但是石化和冶金类大型设备的国内技术水平相对较低，满足本国成分要求就很困难。五是对不同国家制定不同的本国成分要求，尤其是对出口到经济发达、政治风险小、信用评级较高的国家，可以适当降低本国成分要求。一般这些国家对产品和技术的要求更高，我国企业拿到订单已属不易，再提出较高的本国成分要求只能让企业难上加难，同时，企业也可能为了满足进口方的要求而放弃对本国成分的满足，这种情况下企业就享受不到本国政策或 ECA 的支持。

（二）引入并强调本国利益原则

在对外经贸政策中，国家应该在逐步放宽本国成分要求的同时，从各个层面引入本国利益原则，并逐步增加该原则在政策制定和执行中的分量。从长远来看，不排除存在“完全从本国成分要求过渡到本国利益原则”的可能，对此我们应该科学预判、早做准备、提前布局，在本国成分政策基础上，尽早引入本国利益原则，让这两项政策相互补充、共同发挥作用。

在使用本国利益原则时，应该根据迫切性、潜量和可操作性三个方面进行把握。考虑到政策性金融资源的有限性，对于需要政策性支持比较迫切、本国利益潜量大、容易衡量和评判的项目，应优先支持，支持力度也应大一些。而对于一些现实需求不强烈、利益潜量小、比较难以评判甚至有争论的项目，则应在条件具备时再给予支持，或先期支持时力度小一些。

根据我们构建的分级支持体系，对于中资企业境外设厂生产销售自主品牌产品、带有长期购买合同的境外资源开发、具有强烈中国文化特点的服务贸易或文化影视产品出口等，应结合上述迫切性、潜量和可操作性原则，从政策上和金融保险方面给予支持。

政府应该支持ECA机构根据具体对外经济活动的本国利益情况，制定针对性的支持政策。在具体判断是否具有本国利益时，可以由政府机构或部际委员会来判断，也可以交由ECA机构判断，或实施分级授权。

（三）ECA机构自身制定针对性支持措施

在信息和物流高度发达的今天，交易结构、贸易与投资形式复杂多变，市场开拓者们从不缺乏学习和革新精神，他们为了利润和利益总是随机应变。因此，对于肩负支持本国对外贸易与投资使命的ECA机构而言，就更要深入研究市场变化，制定针对性支持措施，服务好本国企业和投资者。

一是加强产品创新，完善产品功能，在产品研发和使用中都更多体现中国利益原则。要在深入了解市场需求和发展趋势的基础上，向其他已经走在前面的ECA同业机构学习，在产品理念、设计、开发、使用中更多地引入本国利益原则，对一些本国利益强、现有产品难以支持的交易模式、承包工程与投资项目，制定针对性的产品解决方案，更好地发挥ECA机构支持本国出口与投资、服务国家战略实施的政策性作用。比如目前国家高度重视服务贸易发展，中国信保根据国家加大对服务贸易出口支持力度的要求，综合考虑服务贸易形式的多样性，基于本国利益原则，制定了更加务实、合理的服务贸易支持政策，并正在研发单独的服务贸易保险产品，助推从货物出口大国向服务出口大国的过渡。又如，一些国际发包方或主权政府希望通过发行债券的方式，所筹资金将用于实施中国企业中标项目或从中国采购物资，中国信保从本国利益出发，结合买方信贷操作实践，可以研发专门的债券保险产品对该类发债融资给予支持。

二是要注重与国家战略的结合。当前，“一带一路”倡议、人民币国际化、国际产能与装备制造合作都是国家的重大战略，ECA机构在研究制定或向政府申请有关政策时，应充分与国家战略结合，促进战略构想落地。比如，由于国内汇率与劳动力成本上升、贸易壁垒、产能过剩等多方面因素，很多中国企业已经开始在境外设厂组织生产和销售，对于这类生产销售活动，中国信保从本国利益原则和国家战略出发，应该给予支持。又如，对于我国企业签订有长期购买合同的境外资源开发项目，如该资源被国家列为战略性资源或极度紧缺资源，中国信保应学习欧美日韩等发达国家ECA的做法，探索开发专门的资源项目融资保单，对该项目融资贷款中的商业风险和政治风险予以承保。

三是政策应循序渐进、因地制宜，避免太笼统、无标准、被滥用。政策性金融资源是有限的、宝贵的，无标准、被滥用的代价很大。建议根据本文构建的分级支持体系，执行较为详细的标准，避免太笼统、太宽泛，避免执行者自由裁量权过大，真正让每一项政策、每一笔政策性金融支持都有据可依，发挥其积极作用。同时，相关标准要根据实际情况灵活变动，不断完善，让其具备更强的可操作性。

四是在执行中制定优先次序。应优先支持具有自主知识产权、自主品牌、高技术含量的产品或设备出口，优先支持优势产品和优势产能出口，优先支持信用评价高、具备成熟管理经验的企业，优先支持与“一带一路”倡议等国家战略相契合的项目，优先支持其他市场渠道无法支持的项目。对于高污染、有争议的项目，对于自身信用状况不好、操作不规范的企业，对于本国利益很小但又耗费政策资源较多的项目，不予支持。

五是拓宽共同融资、共同保险和再保险渠道，争取将资源的效果放大，更好发挥政策性金融资源的作用。首先要充分利用再保险资源；其次是做好共同融资、共同保险或分出保险、分入保险。具体来讲，对不满足本国成分要求或本国成分较低的项目，本国 ECA 机构可以与其他国家的 ECA 机构联合承保或融资，即共同融资或共同保险；也可以只针对项目中的本国成分承保；还可以全部予以承保后再寻求分出。还可以由其他国家的 ECA 机构来主导，本国 ECA 进行分入，以支持多国联合项目中的本国企业或本国成分，体现本国利益。还可以通过适当降低承保比例或赔付比例来控制，实践中不同 ECA 机构之间这样的合作案例已经很多，比如美国进出口银行就对美国成分比较低的项目通过降低赔付比例或承保比例的方式给予支持。

最后，要在本国成分要求的基础上，注重强调本国利益原则。随着全球化的深入发展和中国经济开放程度的增加，简单的本国成分要求已经不能很好地满足现实需求，特定情况下甚至已经影响到我国企业国际竞争力的提升，也束缚了 ECA 机构政策性作用的发挥。当然，本国成分作为一项传统的经济保护政策，对中国这样一个大国来说，仍然在促进国内就业和经济增长方面发挥着不容忽视的作用，我们不可能像某些小型经济体一样简单地抛弃它，但可以研究逐步放宽有关要求，让成分政策更加灵活、更加符合实际情况。同时，政府部门和 ECA 机构都应该逐步重视并使用本国利益原则，认真研究其内涵和外延，构建符合中国战略的本国利益标准体系。

投资者—国家争端解决机制

2017 年 6 月 7 日，联合国贸易与发展会议（UNCTAD）发布的《2017 年世界投资报告：投资和数字经济》显示，2016 年中国对外直接投资达到 1830 亿美元，成为全球第二大资本输出国。在“走出去”国家战略和“一带一路”倡议下，中国对外投资在未来一段时间内可能持续增加，将会有越来越多的中国投资者到海外进行投资。除了考虑获取更多经济利润外，中国海外投资者还应该考虑投资风险的预防和应对。

中国海外投资者在面对东道国时始终处于劣势地位，居于管理者地位的东道国政府经常会采取的某些行为或措施可能会严重损害中国海外投资者的投资利益。在与东道国产生投资争端时如何更好地维护自己的利益，是中国海外投资者无法回避的问题。投资者—国家争端解决（Investor - State Dispute Settlement，ISDS）就是专门解决该问题的机制，与其他风险应对机制相比，ISDS 在当今国际经济贸易争端解决中具有重要意义，中国投资者应该加强对该机制的深入了解。

一、投资者—国家争端解决（ISDS）的历史和现状

（一）ISDS 的历史

第二次世界大战结束后，亚非拉地区的殖民地和半殖民地国家纷纷独立，但经济普遍比较落后。为了快速地发展本国经济，这些国家相继采取

了诸如国有化、征收等措施，与在这些国家从事经济活动的外国投资者的利益发生冲突，由此产生了发达国家投资者与发展中国家之间的“投资者—国家争端解决”。当时的国际社会一般通过以下三种途径解决这些投资争端。

一是通过军事、政治等途径解决。这主要表现为发达国家为维护本国投资者利益采取诸如经济制裁、外交保护，甚至武力或武力威胁的方式要求发展中国家政府解决争端，或赔偿损失。比如，经过战争取得独立的埃及于1956年决定将由法国和英国投资者所有的苏伊士运河公司收归国有，为维护本国投资者利益，英国和法国联合以色列对埃及动用武力，后虽经联合国调停战争结束，但埃及对其国有化行为支付了高达2830万英镑的赔偿金。

二是通过国际法院解决。根据《国际法院规约》相关规定，只有国家才可在国际法院进行诉讼。由于主体资格不足，投资者无法作为争端一方使用国际法院解决争端。为维护本国海外投资者利益，外国投资者的母国代为诉讼，将投资东道国诉至国际法院。这样，外国投资者与东道国之间投资争端，转变为国家与国家之间的争端。典型的案例是1952年国际法院对英伊石油公司案的判决，伊朗于1951年决定将英国投资者所有的英伊石油公司国有化，英国政府应本国海外投资者请求将伊朗诉至国际法院。

三是通过东道国国内司法或行政程序解决投资争端。该路径也存在较多不足，其中最突出的缺陷是东道国的争端解决程序的中立性问题。如何能保证在处理争端过程中不偏袒国家（东道国），是摆在国内争端解决程序面前的一个重要课题。

1. ICSID

传统争端解决方法存在许多不足，难以适用日益增多的投资争端。为促进国际私人资本的流动，增进投资者与东道国之间互信，避免投资争端解决的政治化，在世界银行的倡导下，1965 年 3 月 18 日，各国在华盛顿签署了《解决国家与他国国民间投资争端公约》(《ICSID 公约》)，也被称为《华盛顿公约》。1966 年 10 月 14 日，随着作为第 20 个缔约国荷兰的加入，该公约正式生效。

《ICSID 公约》的序言说明了缔结该公约所考虑的各种因素："考虑到为经济发展进行国际合作的需要和私人国际投资在这方面的作用；注意到各缔约国和其他缔约国的国民之间可能不时发生与这种投资有关的争端；认识到虽然此种争端通常将遵守国内法律程序，但在某些情况下，采取国际解决方法可能是适当的；特别重视提供国际调解或仲裁的便利，各缔约国和其他缔约国国民如果有此要求可以将此种争端交付国际调解或仲裁；愿在国际复兴开发银行的主持下建立此种便利；认识到双方同意借助此种便利将此种争端交付调解或仲裁，构成了一种有约束力的协议，该协议特别要求对调解员的任何建议给予适当考虑，对任何仲裁裁决予以遵守。"

《ICSID 公约》的序言同时约定："不能仅仅由于缔约国批准、接受或核准本公约这一事实而不经其同意就认为该缔约国具有将任何特定的争端交付调解或仲裁的义务。"

《ICSID 公约》规定"解决国际投资争端国际中心的宗旨是依据本公约的规定为各缔约国和其他缔约国的国民之间的投资争端提供调解和仲裁的便利。"

2. UNCITRAL

随着世界各地经济相互依存度日益提高，建立更完善的法律框架以便利国际贸易和投资的重要性得到广泛承认，在此背景下，联合国大会通过其 1966 年 12 月 17 日第 2205（XXI）号决议设立了联合国国际贸易法委员会（United Nations Commission on International Trade Law，UNCITRAL)，是国际贸易法领域联合国系统核心法律机构。50 多年来专门从事全世界商法改革的拥有广泛成员的法律机构。UNCITRAL 的主要任务是通过拟订并促进使用和采纳一些重要商法领域的立法和非立法文书，促进国际贸易法逐步统一和现代化。这些领域包括：争议解决、国际合同惯例、运输、破产、电子商务、国际支付、担保交易、采购和货物销售。这些文书经由涉及各种参与者的国际谈判达成，参与者包括贸易法委员会成员国、非成员国和受到邀请的政府间组织和非政府组织。由于该过程具有很强的包容性，这些法规得到广泛接受，为不同法律传统和处于不同经济发展阶段的国家提供了适当的解决办法。

1976 年 UNCITRAL 通过了《UNCITRAL 仲裁规则》，该规则对统一国际贸易法律作出了重要贡献。尽管《UNCITRAL 仲裁规则》是专门用来适用临时国际商事仲裁的，但是发布后很快就被一些国际仲裁机构或国际仲裁中心所采用。不仅如此，后来《UNCITRAL 仲裁规则》也被用来解决投资者与国家间的投资争端，并成为 ISDS 最广泛适用仲裁规则之一。2010 年修订的《UNCITRAL 仲裁规则》是目前的最新版本。

（二）ISDS 的现状

投资者—国家争端解决（Investor – State Dispute Settlement，ISDS）是指通过国际仲裁方式解决投资者与国家之间发生的投资争端。

截至 2017 年 1 月 1 日，已公开的 ISDS 案件共 767 件，共有 109 个国家曾经在 ISDS 案件中作为被申请人。据 UNCTAD 的统计，从 1987 年至 2016 年，最经常作为被申请人的前十名国家分别是阿根廷（59 件）、委内瑞拉（41 件）、捷克（34 件）、西班牙（34 件）、埃及（28 件）、加拿大（26 件）、墨西哥（25 件）、俄罗斯（24 件）、厄瓜多尔（23 件）、波兰（23 件）。最经常作为申请人母国的前十名的国家分别是美国（148 件）、新西兰（92 件）、英国（67 件）、德国（55 件）、加拿大（44 件）、法国（41 件）、西班牙（38 件）、卢森堡（34 件）、意大利（30 件）、瑞士（24 件）。

截至 2016 年底，共 495 件案件审结。约三分之一的已决案件的结果有利于国家（即仲裁申请以管辖权原因或实体原因而被驳回），约四分之一的已决案件的结果有利于投资者，即裁决对投资者进行赔偿。约四分之一案件和解，大多和解案件涉及的特别事项是保密的。剩余案件中除了案件终止（Discontinued）外，均为仲裁庭发现国家违反了条约却未裁决赔偿。

在所有案件中，中国投资者作为申请人诉外国的案件有6件：

一是澳门世能诉老挝案。2012年一家澳门公司依据《中国和老挝投资条约》提起仲裁，该案选择适用《UNCITRAL仲裁规则》。2013年12月，仲裁庭就管辖权作出裁决，裁定《中国和老挝投资条约》适用于澳门。老挝对该裁决不服，并向新加坡高等法院申请撤销该裁决。在审理过程中，老挝从中国驻老挝大使馆处获得信函，支持老挝提出的《中国和老挝投资条约》不适用于澳门的主张。2015年1月，新加坡高等法院根据老挝提交的这一证据，判决撤销了2013年12月依据UNCITRAL作出的裁决，判决《中国和老挝投资条约》不适用于澳门。澳门世能公司不服新加坡高等法院的判决，向新加坡上诉法院提起了上诉。2016年4月新加坡上诉法院对该上诉案件进行了审理，判决撤销新加坡高等法院撤销仲裁裁决的判决，维持原仲裁裁决。

二是北京城建公司诉也门案。2014年12月北京城建公司根据《中国和也门投资条约》向ICSID提起仲裁申请，案件涉及北京城建公司负责承建的萨那国际机场航站楼。申请人北京城建公司主张被申请人对其在也门的财产进行了征收。2017年5月31日仲裁庭对该案管辖权作出裁决，认定其对北京城建公司与也门之间关于萨那国际机场建设项目的征收及征收补偿数额问题有管辖权。

三是中国黑龙江国际技术合作等公司诉蒙古国案。2010年中国黑龙江国际技术合作等三家公司依据《中国和蒙古国投资条约》提起仲裁。该案由常设仲裁法院适用《UNCITRAL仲裁规则》进行审理。案件涉及申请人在蒙古国的矿产开采权，申请人主张其所拥有的在蒙古国Tumurtei的铁矿山的矿产开采许可证被撤销，从而构成对其投资的间接征收。该案目前处于待决状态。

四是菲利普·莫里斯公司诉澳大利亚案。2011 年 6 月总部位于香港的菲利普·莫里斯公司依据《中国香港和澳大利亚投资条约》向国际常设仲裁法院提起仲裁，选择的仲裁规则是《联合国国际贸易法委员会 2010 年仲裁规则》。2015 年 12 月国际常设仲裁院作出管辖权和可受理性裁定，驳回了申请人的主张。

五是平安公司诉比利时案。2012 年 9 月平安公司根据 2009 年生效的《中国和比利时投资条约》向 ICSID 提起仲裁申请，主张比利时将平安公司作为最大股东的富通集团进行了国有化，并将富通集团股份出售给法国巴黎银行，从而导致了平安公司损失了对富通集团投资总额的 90%。2015 年 4 月 ICSID 仲裁庭作出裁决，以缺乏管辖权为由驳回了平安公司的请求。

六是谢叶深诉秘鲁案。2007 年 2 月，中国籍香港居民谢叶深根据 1994 年《中国和秘鲁投资条约》向 ICSID 提交了针对秘鲁的仲裁请求。申请人主张秘鲁政府的税收征管措施违反了《中国和秘鲁投资条约》的规定，损害了其所有的秘鲁一家鱼饲料公司（TSG Peru）的利益，要求秘鲁政府赔偿 2000 万美元。2007 年 10 月 ICSID 成立仲裁庭审理此案。2009 年 6 月仲裁庭作出裁决认为其对本案有管辖权。案件随后进入实体审理阶段。2011 年 7 月仲裁庭作出最终裁决，认定秘鲁政府税收临时措施的实施构成对谢叶深投资的间接征收，裁定秘鲁给予谢叶深 786306.24 美元的补偿以及利息。2011 年 11 月，被申请人秘鲁在 ICSID 启动撤销程序，2015 年 2 月，临时仲裁委员会最终驳回了被申请人秘鲁的撤销申请。

二、投资者—国家争端解决（ISDS）的特征和价值

（一）ISDS 的特征

1. ISDS 主体具有特殊性

国际投资争端主体地位并不平等，投资争端一方主体是主权国家，

另一方是商业主体（或私人），两者之间的关系通常是管理和被管理的关系，而投资者争端可能由地方政府或其他政府部门行为引起。而其他国际争端主体的地位一般都是平等的，如国际商事仲裁中，争端主体是平等的商事主体；世贸组织争端解决的主体一般也是具有平等地位的国家或地区等。

2. ISDS 争端事项具有特殊性

外国投资者挑战的是一个主权国家的行为或措施，这些行为和措施一般涉及国家公共政策或国家在公共利益领域的规制能力。争端的实质是国家的主权行为损害（影响）了外国投资者的利益而被后者挑战。如 2000 年前后，阿根廷政府为应对本国严重的经济危机采取了一系列措施，从而影响或损害了外国投资者的利益，结果大量外国投资者将阿根廷诉至国际仲裁机构。

3. ISDS 法律基础具有复杂性和多变性

目前 ISDS 的法律基础主要分散在 3000 多个国际投资条约的争端解决条款、《ICSID 公约》和《纽约公约》以及其他一些仲裁条款中。根据 OECD 的调查，绝大多数现行双边投资条约中都有 ISDS 条款，而且这些条款无论在内容上还是细节上都存在较大差异。

（二）ISDS 的价值

1. 有利于国际投资争端的和平解决，避免国家使用军事手段、避免滥用外交保护。

2. 有利于维护投资者的利益，为国际投资的跨境流动提供保障，促进投资全球化，实现投资资源的全球优化配置，促进全球经济发展。

3. 有利于保护投资者及其母国的利益。这一点对当下中国来说尤为重要。中国既是资本输入大国同时又是资本输出大国，尤其是近几年来，中国海外投资增势明显，亟需 ISDS 来保护中国海外投资者的利益，同时维护中国的国家利益。

三、中国海外投资者—国家争端调研

2017 年，中国信保对 156 家海外投资企业进行了投资者—国家争端解决专题调研，内容包括东道国政府的不平等待遇、争端诱发因素、争端解决途径等方面，通过调研数据，可以对中国企业处理投资者—国家争端的基本情况有所了解。

（一）中资企业海外投资遭遇不公平待遇和投资争端时有发生

在参与调研的156 家企业中，有26 家受访企业曾在国外投资过程中遭遇过不公平待遇。这些不公平待遇主要表现为“东道国制定歧视性立法或经济政策（如外资准入制度或劳工签证制度），损害投资者利益”和“东道国政府或司法机关在处理外国企业与东道国企业的纷争时明显偏向当地企业”（具体信息见图 1）。

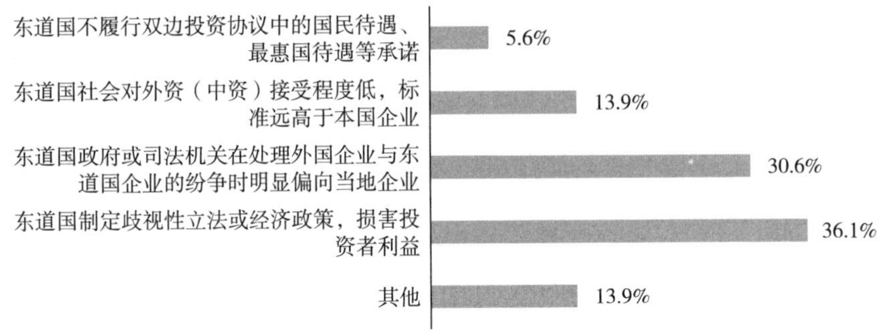

图 1　中资企业遭遇不公平待遇情况

被调查企业中有 7 家曾与东道国政府发生投资争端事件，争端局限于“企业起诉东道国政府对其投资采取国有化或征收措施且未给予合理补偿”、“东道国政府或企业拒绝履行或违反合同/特定条款，产生投资争端”两种类型。从发生投资争端的 7 家企业海外投资年限看，发生投资争端时，4 家企业在当地投资不足 5 年，3 家企业投资 5 ~ 10 年（具体数据见

图2、图3)。

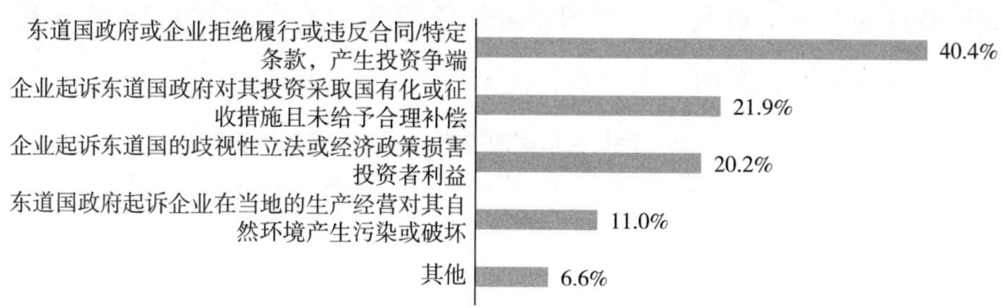

图2 中资企业遭遇投资争端事件情况

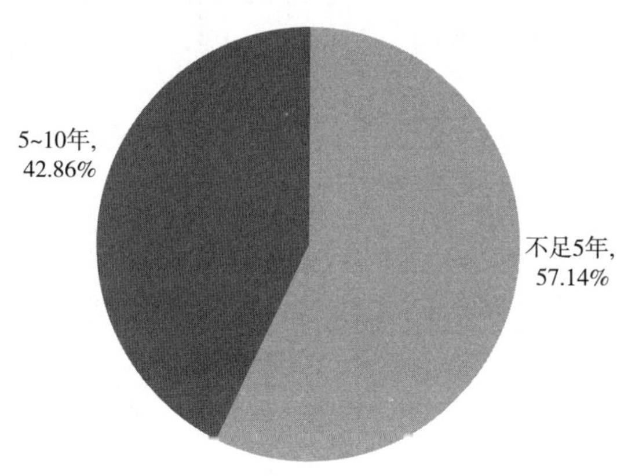

图3 中资企业遭遇投资争端时的海外投资年限

(二)经济和政治因素是引发争端的主要因素

被调查企业认为，可能引发企业与东道国政府产生投资争端的主要诱发因素是“东道国国内经济形势恶化导致政府对外汇和利润汇出进行严格限制”(占比为55.77%)，其次是“东道国政府更迭，拒绝履行前任政府签订的合同”(占比为20.51%)，在第一顺位上；在第二顺位和第三顺位上，企业特别关注“东道国政府债务高企，甚至发生主权债务违约”(占比为27.66%)和“东道国政府更迭，拒绝履行前任政府签订的合同”(占比为41.27%)，具体见表1。综合来说，“东道国国内经济形势恶化导致政府对外汇和利润汇出进行严格限制”、“东道国政府更迭，拒绝履行前任政府签订的合同”以及“东道国政府债务高企，甚至发生主权债务违约”是可能诱发投资争端的三大因素。

表1　企业认为可能引发与东道国政府产生投资争端的诱发因素

	第一顺位		第二顺位		第三顺位	
	企业数（家）	占比（%）	企业数（家）	占比（%）	企业数（家）	占比（%）
东道国国内经济形势恶化导致政府对外汇和利润汇出进行严格管制	87	55.77	15	10.64	15	11.90
东道国政府更迭，拒绝履行前任政府签订的合同	32	20.51	6	4.26	52	41.27
东道国政府债务高企，甚至发生主权债务违约	9	5.77	39	27.66	15	11.90
东道国违反公平公正待遇	10	6.41	19	13.48	14	11.11
东道国政府与企业关系恶化	2	1.28	5	3.55	5	3.97
东道国国内政治斗争	2	1.28	17	12.06	8	6.35
东道国政府与中国关系恶化	5	3.21	15	10.64	11	8.73
企业未按约定履行与东道国签署的合同	2	1.28	4	2.84	1	0.79
企业的生产经营损害东道国的自然环境，或影响当地居民的生产生活	1	0.64	8	5.67	3	2.38
投资者与东道国签署的合同条款不尽完善，双方对合同的理解有较大偏差	2	1.28	11	7.80	2	1.59
其他	4	2.56	2	1.42		0
合计	156	100.00	141	100.00	126	100.00

（三）企业选择合同再谈判和政治协商解决争端比例高

在与东道国发生争端时，从调研数据看，企业更倾向于通过与东道国政府进行合同再谈判或政治协商解决争端，不同解决方式的调研数据见表2。企业选择合同再谈判解决方式的原因依次是，“更容易与东道国政府保持良好关系”、“仲裁等待时间太长”、“在当地已树立良好品牌形象，有助于解决争端”、“对仲裁结果缺少信任”、“在合同中未有双边投资协议的保障”（详细信息见表3）。

表2　　企业选择争端解决方式情况

	第一顺位		第二顺位		第三顺位	
	企业数（家）	占比（%）	企业数（家）	占比（%）	企业数（家）	占比（%）
与东道国政府进行合同再谈判或政治协商	100	64.10	10	7.04	18	14.29
寻找第三方进行调解	14	8.97	19	13.38	39	30.95
寻求母国政府支持或寻求外交保护	18	11.54	41	28.87	47	37.30
利用东道国国内司法途径解决	10	6.41	23	16.20	6	4.76
诉诸国际仲裁	7	4.49	31	21.83	15	11.90
撤出在当地的投资	2	1.28	13	9.15	1	0.79
其他	5	3.21	5	3.52	0	0
合计	156	100.00	142	100.00	126	100.00

表3　　选择合同再谈判解决争端的主要原因　　单位：家

主要原因	企业数
更容易与东道国政府保持良好关系	129
仲裁等待时间太长	89
在当地已树立良好的品牌形象，有助于解决争端解决	85
对仲裁结果缺少信任	31
在合同中未有双边投资协议的保障	26
其他	18

（四）80%以上的企业对ISDS了解有限

参与调研的156家企业中，对ISDS的了解非常有限，不了解的企业共131家，占比为84%，具体数据见表4。

表4　受访企业对投资者—国家投资争端解决机制了解情况

了解程度	票数	占比（%）
十分了解	5	3.2
比较了解	20	12.8
听说过，但不了解	97	62.2
完全不了解	34	21.8
合计	156	100

（五）企业应对投资者—国家争端的主要方法

1. 企业优先选择本国政府或东道国政府解决争端

企业与东道国政府发生投资争端时，在寻求外部机构协助方面，优先选择“中国政府驻当地使领馆，或中国外交部、商务部”（44.23%）与“东道国政府相关部门”（32.05%）（第一顺位）；其次是选择“在当地有丰富从业经验的当地律师事务所”（23.19%）与“国际知名律师事务所”（22.46%）（第二顺位）；第三是选择“中国政府驻当地使领馆，或中国外交部、商务部”（30.36%）（第三顺位），具体见表5。综合分析，在需求外部机构帮助上，企业第一选择是“中国政府驻当地使领馆，或中国外交部、商务部”与“东道国政府相关部门”，第二选择是律师事务所。基本遵循先协商解决，后通过法律途径解决的思路。

表5　发生投资争端时，企业如何选择外部支持机构

	第一顺位		第二顺位		第三顺位	
	企业数（家）	占比（%）	企业数（家）	占比（%）	企业数（家）	占比（%）
东道国政府相关部门	50	32.05	14	10.14	18	16.07
中国政府驻当地使领馆，或中国外交部、商务部	69	44.23	26	18.84	34	30.36
国际知名律师事务所	12	7.69	31	22.46	25	22.32
在当地有丰富从业经验的当地律师事务所	14	8.97	32	23.19	19	16.96
利用反对党的影响力向政府施压	0	0	2	1.45	1	0.89

续表

	第一顺位		第二顺位		第三顺位	
	企业数（家）	占比（%）	企业数（家）	占比（%）	企业数（家）	占比（%）
借助当地银行、媒体等非法律力量	1	0.64	3	2.17	4	3.57
借助合资伙伴在东道国的影响力	6	3.85	24	17.39	10	8.93
其他	4	2.56	6	4.35	1	0.89
合计	156	100.00	138	100.00	112	100.00

2. 企业在与东道国政府签署投资协议时会约定争端解决方式

绝大多数企业（131 家，约占受访企业的 84%）与东道国政府签署投资合同时会约定投资争端的解决方式。如果出现关于合同的投资争端，企业与东道国政府主要通过“国际投资仲裁”（74 家，35%）、“合同再协商”（73 家，35%）、第三方机构调解（30 家，14%）、“当地司法解决”（22 家，11 %），“其他”（10 家，5%）方式予以解决，具体见图 4。调查结果说明，被调查企业比较重视自身的合法权益，会在投资协议中约定相关条款。

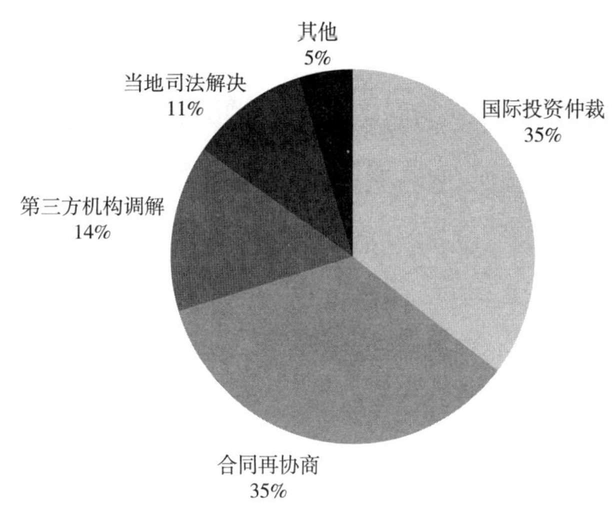

图 4　投资协议约定的投资争端解决方式

四、中国海外投资者应善于利用 ISDS

中国海外投资者在对外投资的过程中会遇到各种风险，与东道国政府产生争端是其中一个较为常见的风险。针对投资争端，企业首先要做好投资前期的风险评估工作，这是企业管控风险的重要环节。在项目前期立项和决策阶段，要做好企业战略层面、东道国政治、经济、投资环境、行业发展、项目可行性、安全、社区等的风险评估。其次，要做好评估后的各类风险应对预案。对于潜在的争端风险，企业要做足防范措施，既要用好本国和东道国之间的各类保护机制，还要用好本国的投资保险制度（利用中国信保的海外投资保险获得损失补偿）。一旦争端风险发生，企业还应该有能力利用投资者—国家争端解决机制处理争端，降低损失。

ISDS 是应对争端风险的有效工具，因此，中国海外投资者在投资之前和投资期间应该加大对 ISDS 的了解和研究，全面深入评估 ISDS 涉及的各种因素，以便加强对 ISDS 的应对能力，做到未雨绸缪。

《联合国承认及执行外国仲裁裁决公约》（《纽约公约》）

（1958 年 6 月 10 日订于纽约）

第一条

一、因自然人或法人间之争议而产生，且在申请承认及执行地所在国以外之国家领土内作成的仲裁裁决，其承认及执行适用本公约。被申请承认及执行地所在国认为非内国裁决者，也适用本公约。

二、“仲裁裁决”不仅包括每一案件中指定的仲裁员所作的裁决，也包括当事人提请常设仲裁机构所作的裁决。

三、任何国家于签署、批准或加入本公约时，或于本公约第十条通知扩展适用时，可以在互惠的基础上声明，本国只对另一缔约国领域内作出的仲裁裁决的承认及执行适用本公约。任何国家亦得声明，本国只对根据本国法律属于商事性质的法律关系所产生的争议适用本公约，不论为契约性质与否。

第二条

一、当事人以书面协议约定将当事人间基于特定的法律关系的发生或可能发生的、可以通过仲裁解决的所有或者任何争议，不论为契约性质与否，提交仲裁时，各缔约国应承认该协议。

二、“书面协议”包括当事人所签订或在互换函电中所载明的仲裁条款和仲裁协议。

三、当事人已经达成本条意义内的协议的，如果缔约国法院受理了诉讼，那么依一方当事人的请求，法院应当令当事人将争议提交仲裁解决。但是法院查明前述协议无效、失效或不能实行者除外。

第三条

各缔约国应承认仲裁裁决具有拘束力，并且依照援引裁决地的程序规则和下列各条所规定的条件执行。承认或执行适用本公约的仲裁裁决时，不应比承认或执行国内仲裁裁决附加更加过于苛刻的条件或收取过多的费用。

第四条

一、为获得裁决承认和执行的当事人，应在申请前条所提到的承认及执行时提供：

（甲）原裁决之正本或经正式认证的副本；

（乙）第二条所提到的协议正本或经正式认证的副本。

二、如果上述裁决或协议不是以被援引裁决地的官方语言作成的，申请承认及执行裁决的当事人应提供这些文件的官方语言的译本。译本应经官方的或宣过誓的翻译员或外交或领事人员认证。

第五条

一、裁决仅在受裁决援用的一方当事人向申请承认及执行地的主管机关提出证据证明有下列情形之一时，才可以根据该当事人的请求拒绝承认和执行：

（甲）第二条所提到的协议的当事人根据对其适用的法律处于某种无行为能力情形，或根据当事人约定的准据法协议无效，或未约定准据法时，依裁决地所在国法律协议无效；或

（乙）作为裁决执行对象的当事人没有接获关于指派仲裁员或仲裁程序的适当通知，或由于其他情况而不能申辩案件；或

（丙）裁决涉及仲裁协议所没有提到的，或者不包括仲裁协议规定之内的争议，或者裁决含有对仲裁协议范围以外事项的裁定。但如果仲裁协议范围以内的事项可以和仲裁协议范围以外的事项分开，则裁决中关于提交仲裁事项的部分决定可以承认及执行；或

（丁）仲裁庭的组成或仲裁程序与当事人间协议不符，或当事人间没有协议时同仲裁地所在国法律不符者；或

（戊）裁决对当事人尚无拘束力，或裁决已经由作出裁决的国家或据其法律作出裁决的国家的有权机关撤销或者停止执行。

二、被请求承认和执行地所在国的主管机关如果查明有下列情形之一，也可以拒不承认和执行仲裁裁决：

（甲）依据该国法律，争议事项不能以仲裁解决；

（乙）承认或执行裁决违反该国公共政策。

第六条

如果已经向第五条第一项（戊）款提到的主管机关申请撤销或停止执

行，受理援引裁决案件的机关如果认为适当时可以延期作出关于执行裁决的决定，可以根据请求执行裁决的当事人的申请，命令对方当事人提供适当的担保。

第七条

一、本公约的规定不影响缔约国参加的有关承认和执行仲裁裁决的多边或双边协定的效力，也不剥夺任何利害关系人在被援引裁决地所在国的法律或条约所许可的方式和范围内，可能具有的援用仲裁裁决的任何权利。

二、1923 年日内瓦仲裁条款议定书及 1927 年日内瓦执行外国仲裁裁决公约，对于本公约的缔约国，在其受本公约拘束后，在其受拘束之范围内失效。

第八条

一、本公约在 1958 年 12 月 31 日以前开放，供联合国任何会员国及现在或嗣后成为联合国专门机构的或国际法院规约当事国的任何其他国家，或经联合国大会邀请的任何其他国家签署。

二、本公约应须经批准，批准书应交存联合国秘书长。

第九条

一、第八条所提到的各国都可以加入本公约。

二、加入应当将加入书交存联合国秘书长处。

第十条

一、任何国家于签署、批准或加入时可以声明将本公约推广适用于由其负责国际关系的一切或任何领土。此项声明于本公约对有关国家生效时发生效力。

二、在签署、批准或加入本公约后，要作推广适用的声明，应通知联合国秘书长，自联合国秘书长收到此项通知之日后第 90 日起，或自本公约对有关国家生效之日起发生效力，此两日期以较迟者为准。

三、关于在签署、批准或加入时没有将本公约推广适用的领土，各有关国家应考虑可否采取必要步骤将本公约推广适用于此等领土，但因宪政关系确有必要时，须征得此等领土上政府的同意。

第十一条

对联邦制或非单一制国家适用下列规定：

（甲）关于属于联邦主管机关立法权限内的本公约条款，联邦政府的义务在此范围内与非联邦制缔约国政府的义务一样；

（乙）关于属于联邦成员或各省立法权限的本公约条款，如各联邦成员或各省依联邦宪法制度并没有采取立法行动的义务，联邦政府应尽速将这等条款附以有利的建议提请联邦成员或省主管机关注意；

（丙）本公约的联邦国家缔约国，根据任何其他缔约国提请联合国秘书长转达的请求时，应当提供关于联邦及其组成成员关于本公约任何特别规定的法律和习惯，说明以立法或采取其他行动实施此项规定的程度。

第十二条

一、本公约应自第三个国家交存批准书或加入书之日后第 90 日起生效。

二、在第三个国家交存批准书或加入书后，本公约应自各国存放批准书或加入书后第 90 日起对该国生效。

第十三条

一、任何缔约国可以书面通知联合国秘书长宣告退出本公约。退约自秘书长收到通知之日一年后生效。

二、依第十条规定提出声明或通知的国家，随时可以通知联合国秘书长声明本公约自秘书长收到通知之日一年后停止推广适用于有关领土。

三、在退约生效前已进行承认或执行程序的仲裁裁决，应继续适用本公约。

第十四条

缔约国除在本国负有适用本公约义务外，无权对其他缔约国援用本公约。

第十五条

联合国秘书长应将下列事项通知第八条所提到的国家：

（甲）依照第八条的规定签署和批准本公约；

（乙）依照第九条的规定加入本公约；

（丙）依照第一条、第十条和第十一条的规定所作出的声明和通知；

（丁）依照第十二条所规定的本公约的生效日期；

（戊）依照第十三条所规定的退约和通知。

第十六条

一、本公约应存放联合国档案处保存，其中文、英文、法文、俄文及西班牙文各本具有同等效力。

二、联合国秘书长应将经认证的本公约副本分送第八条所提到的国家。

《关于解决国家和他国国民之间投资争端公约》（《华盛顿公约》）

（1965 年 3 月 18 日由国际复兴开发银行提交各国政府，1966 年 10 月 14 日生效）

序言

考虑到为经济发展进行国际合作的需要和私人国际投资在这方面的作用；

注意到各缔约国和其他缔约国的国民之间可能不时发生与这种投资有

关的争端；

认识到虽然此种争端通常将遵守国内法律程序，但在某些情况下，采取国际解决方法可能是适当的；

特别重视提供国际调解或仲裁的便利，各缔约国和其他缔约国国民如果有此要求可以将此种争端交付国际调解或仲裁；

愿在国际复兴开发银行的主持下建立此种便利；

认识到双方同意借助此种便利将此种争端交付调解或仲裁，构成了一种有约束力的协议，该协议特别要求对调解员的任何建议给予适当考虑，对任何仲裁裁决予以遵守；

宣告不能仅仅由于缔约国批准、接受或核准本公约这一事实而不经其同意就认为该缔约国具有将任何特定的争端交付调解或仲裁的义务，达成协议如下：

第一章　解决投资争端国际中心

第一节　建立和组织

第一条

一、兹建立解决投资争端国际中心（以下简称“中心”）。

二、中心的宗旨是依照本公约的规定为各缔约国和其他缔约国的国民之间的投资争端，提供调解和仲裁的便利。

第二条

中心的总部应设在国际复兴开发银行（以下简称“银行”）总行办事处。该总部可以根据行政理事会经其成员的三分之二多数作出的决定迁往另一地点。

第三条

中心应设有一个行政理事会和一个秘书处，并应有一个调解员小组和一个仲裁员小组。

第二节　行政理事会

第四条

一、行政理事会由每一个缔约国各派代表一人组成，在首席代表未能出席会议或不能执行任务时，可以由副代表担任代表。

二、如无相反的任命，缔约国所指派的银行的理事和副理事应当然地成为各该国的代表和副代表。

第五条

银行行长应为行政理事会的当然主席（以下简称“主席”），但无表决权。在他缺席或不能执行任务时和在银行行长职位空缺时，应由暂时代理行长的人担任行政理事会主席。

第六条

一、行政理事会在不损害本公约其他条款赋予它的权力和职能的情况下，应：

（一）通过中心的行政和财政条例；

（二）通过交付调解和仲裁的程序规则；

（三）通过调解和仲裁的程序规则（以下简称“调解规则和仲裁规则”）；

（四）批准同银行达成的关于使用其行政设施和服务的协议；

（五）确定秘书长和任何副秘书长的服务条件；

（六）通过中心的年度收支预算；

（七）批准关于中心的活动的年度报告。

上述（一）、（二）、（三）和（六）项中的决定，应由行政理事会成员的三分之二多数票通过。

二、行政理事会可以设立它认为必要的委员会。

三、行政理事会还应行使它所确定的为履行本公约规定所必需的其他权力和职能。

第七条

一、行政理事会应每年举行一次年会，以及理事会可能决定的，或经理事会至少五个成员的请求由主席或由秘书长召开的其他会议。

二、行政理事会每个成员享有一个投票权，除本公约另有规定外，理事会所有的事项应以多数票作出决定。

三、行政理事会任何会议的法定人数应为其成员的多数。

四、行政理事会可由其成员的三分之二多数决定建立一种程序，根据该程序主席可以不召开理事会议而进行理事会表决，该项表决只有理事会的多数成员在上述程序规定的期限内投票，才能认为有效。

第八条

中心对行政理事会成员和主席的工作，不付给报酬。

第三节　秘书处

第九条

秘书处由秘书长一人、副秘书长一人或数人以及工作人员组成。

第十条

一、秘书长和任何副秘书长由主席提名，经行政理事会根据其成员的三分之二多数票选举产生，任期不超过六年，可以连任。主席在同行政理事会成员磋商后，对上述每一职位得提出一个或几个候选人。

二、秘书长和副秘书长的职责不得与执行任何政治任务相联系。秘书长或任何副秘书长除经行政理事会批准外，不得担任其他任何职务，或从事其他任何职业。

三、在秘书长缺席或不能履行职责时，或在秘书长职位空缺时，由副秘书长担任秘书长。如果有一个以上的副秘书长，应由行政理事会在事前决定他们担任秘书长的次序。

第十一条

秘书长是中心的法定代表和主要官员，并依照本公约的规定和行政理事会通过的规则负责其行政事务，包括任命工作人员。他应履行书记官的职务，并有权认证根据本公约作出的仲裁裁决和核证其副本。

第四节　小组

第十二条

调解员小组和仲裁员小组各由合格的人员组成，他们应根据以下规定指派，并愿意提供服务。

第十三条

一、每一缔约国可以向每个小组指派四人，他们可以是但不一定是该缔约国国民。

二、主席可以向每个小组指派十人，所指派人员应具有不同的国籍。

第十四条

一、指派在小组服务的人员应具有高尚的道德品质，并且在法律、商务、工业和金融方面有公认的能力，他们可以被信赖作出独立的判断。对仲裁员小组的人员而言，在法律方面的能力尤其重要。

二、主席在指派在小组中服务的人员时，还应适当注意保证世界上各种主要法律体系和主要经济活动方式在小组中的代表性。

第十五条

一、小组成员的任期为六年，可以连任。

二、如果小组的成员死亡或辞职时，指派该成员的机构有权指派另一人在该成员剩余的任期内服务。

三、小组成员应继续任职，直至其继任人被指派时为止。

第十六条

一、一个人可以在两个小组服务。

二、如果一个人被一个以上的缔约国，或被一个或一个以上的缔约国和主席指派在同一个小组服务，他应被认为是被首先指派他的机构所指派；或者如果其中一个指派他的机构是他国籍所属国家，他应被认为是被该国所指派。

三、所有的指派应通知秘书长，并从接到通知之日起生效。

第五节　中心的经费

第十七条

如果中心对使用其设施而收取的费用或其他收入不足以弥补其支出，那么属于银行成员的缔约国应各按其认购的银行资本股份的比例，而不属于银行成员的缔约国则按行政理事会通过的规则来负担超支部分。

第六节　地位、豁免和特权

第十八条

中心具有完全的国际法律人格。中心的法律能力应包括：

（一）缔结契约的能力；

（二）取得和处置动产和不动产的能力；

（三）起诉的能力。

第十九条

为使中心能履行其职责，它在各缔约国领土内应享有本节规定的豁免和特权。

第二十条

中心及其财产和资产享有豁免一切法律诉讼的权利，除非中心放弃此种豁免。

第二十一条

主席，行政理事会成员，担任调解员或仲裁员的人员或按照第五十二条第三款任命的委员会成员以及秘书处的官员的雇员：

（一）在履行其职责时的一切行动，享有豁免法律诉讼的权利，除非中心放弃此种豁免；

（二）如不是当地的国民，应享有缔约国给予其他缔约国相应级别的代表、官员和雇员在移民限制、外国人登记条件和国民兵役义务方面的同等豁免权，在外汇限制方面的同等便利以及有关旅行便利的同等待遇。

第二十二条

第二十一条的规定应适用于根据本公约在诉讼中出席作为当事人、代理人、顾问、辩护人、证人或专家的人，但该条第（二）项只适用于他们往返诉讼地的旅程和停留。

第二十三条

一、中心的档案不论其在何处，应不受侵犯。

二、关于官方通讯，各缔约国给予中心的待遇，不得低于给予其他国际组织的待遇。

第二十四条

一、中心及其资产、财产和收入，以及本公约许可的业务活动的交易，应免除一切税捐和关税。中心还应免除征缴任何税捐或关税的义务。

二、除当地国民外，对中心付给行政理事会主席或成员的津贴或其他报酬，均不得征税。

三、对担任调解员或仲裁员，或按照第五十二条第三款任命的委员会成员，在本公约规定的诉讼中取得的报酬或津贴，均不得征税，倘若此项征税是以中心所在地、进行上述诉讼的地点，或付给报酬或津贴的地点为唯一管辖依据的话。

第二章　中心的管辖

第二十五条

一、中心的管辖适用于缔约国（或缔约国向中心指定的该国的任何组成部分或机构）和另一缔约国国民之间直接因投资而产生并经双方书面同意提交给中心的任何法律争端。当双方表示同意后，任何一方不得单方面撤销其同意。

二、“另一缔约国国民”系指：

（一）在双方同意将争端交付调解或仲裁之日以及根据第二十八条第三款或第三十六条第三款登记请求之日，具有作为争端一方的国家以外的某一缔约国国籍的任何自然人，但不包括在上述任一日期也具有作为争端一方的缔约国国籍的任何人；

（二）在争端双方同意将争端交付调解或仲裁之日，具有作为争端一方的国家以外的某一缔约国国籍的任何法人，以及在上述日期具有作为争端一方缔约国国籍的任何法人，而该法人因受外国控制，双方同意为了本公约的目的，应看作是另一缔约国国民。

三、某一缔约国的组成部分或机构表示的同意，须经该缔约国批准，除非该缔约国通知中心不需要予以批准。

四、任何缔约国可以在批准、接受或核准本公约时，或在此后任何时候，把它将考虑或不考虑提交给中心管辖的一类或几类争端通知中心。秘书长应立即将此项通知转送给所有缔约国。此项通知不构成第一款所要求的同意。

第二十六条

除非另有规定，双方同意根据本公约交付仲裁，应视为同意排除任何其他救济方法而交付上述仲裁。缔约国可以要求以用尽该国行政或司法救济作为其同意根据本公约交付仲裁的条件。

第二十七条

一、缔约国对于其国民和另一缔约国根据本公约已同意交付或已交付仲裁的争端，不得给予外交保护或提出国际要求，除非该另一缔约国未能遵守和履行对此项争端所作出的裁决。

二、在第一款中，外交保护不应包括纯粹为了促进争端的解决而进行的非正式的外交上的交往。

第三章　调　解

第一节　请求调解

第二十八条

一、希望交付调解程序的任何缔约国或缔约国的任何国民，应就此向秘书长提出书面请求，由秘书长将该项请求的副本送交另一方。

二、该项请求应包括有关争端的事项、双方的身份以及他们同意依照交付调解和仲裁的程序规则进行调解等内容。

三、秘书长应登记此项请求，除非他根据请求的内容认为此项争端显然在中心的管辖范围之外。他应立即将登记或拒绝登记通知双方。

第二节　调解委员会的组成

第二十九条

一、调解委员会（以下简称“委员会”）应在依照第二十八条提出的请求予以登记之后尽速组成。

二、（一）委员会应由双方同意任命的独任调解员或任何非偶数的调解员组成。

（二）如双方对调解员的人数和任命的方法不能达成协议，则委员会应由三名调解员组成，由每一方各任命调解员一名，第三名由双方协议任命，并担任委员会主席。

第三十条

如果在秘书长依照第二十八条第三款发出关于请求已予以登记的通知后九十天内，或在双方可能同意的其他期限内未能组成委员会，主席经任何一方请求，并尽可能同双方磋商后，可任命尚未任命的一名或数名调解员。

第三十一条

一、除主席根据第三十条进行任命的情况外，可任命调解员小组以外的人为调解员。

二、从调解员小组以外任命的调解员应具备第十四条第一款所述的品质。

第三节　调解程序

第三十二条

一、委员会应是其本身权限的决定人。

二、争端一方提出的反对意见，认为该争端不属于中心的管辖范围，或因其他原因不属于委员会权限范围，委员会应加以考虑，并决定是否将其作为先决问题处理，或与该争端的是非曲直一并处理。

第三十三条

任何调解程序应依照本节规定，以及除双方另有协议外，依照双方同意调解之日有效的调解规则进行，如发生任何本节或调解规则或双方同意的任何规则未作规定的程序问题，则该问题应由委员会决定。

第三十四条

一、委员会有责任澄清双方发生争端的问题，并努力使双方就共同可接受的条件达成协议。为此目的，委员会可以在程序进行的任何阶段，随时向双方建议解决的条件。双方应同委员会进行真诚的合作，以使委员会能履行其职责，并对委员会的建议给予最认真的考虑。

二、如果双方达成协议，委员会应起草一份报告。指出发生争端的问题，并载明双方已达成协议。如果在程序进行的任何阶段，委员会认为双方已不可能达成协议，则应结束此项程序，并起草一份报告，指出已将争端提交调解，并载明双方未能达成协议。如果一方未能出席或参加上述程序，委员会应结束此项程序并起草一份报告，指出该方未能出席或参加。

第三十五条

除争端双方另有协议外，参加调解程序的任何一方均无权在其他任何程序中，不论是在仲裁员面前或在法院或其他机构，援引或依仗参加调解程序的另一方所表示的任何意见或所作的声明或承认或提出的解决办法，也不得援引或依仗委员会提出的报告或任何建议。

第四章　仲　裁

第一节　请求仲裁

第三十六条

一、希望采取仲裁程序的任何缔约国或缔约国的任何国民，应就此向秘书长提出书面请求，由秘书长将该项请求的副本送交另一方。

二、该项请求应包括有关争端事项、双方的身份以及他们同意依照交付调解和仲裁的程序规则提交仲裁等内容。

三、秘书长应登记此项请求，除非他根据请求的内容，认为此项争端显然在中心的管辖范围之外，他应立即将登记或拒绝登记通知双方。

第二节　仲裁庭的组成

第三十七条

一、仲裁庭应在依照第三十六条提出的请求登记之后尽速组成。

二、（一）仲裁庭应由双方同意任命的独任仲裁员或任何非偶数的仲裁员组成。

（二）如双方对仲裁员的人数和任命的方法不能达成协议，仲裁庭应由三名仲裁员组成，由每一方各任命仲裁员一名，第三人由双方协议任命，并担任首席仲裁员。

第三十八条

如果在秘书长依照第三十六条第三款发出关于请求已予以登记的通知后九十天内，或在双方可能同意的其他期限内未能组成仲裁庭，主席经任何一方请求，并尽可能同意双方磋商后，可任命尚未任命的仲裁员或数名仲裁员。主席根据本条任命的仲裁员不得为争端一方的缔约国的国民或其国民是争端一方的缔约国的国民。

第三十九条

仲裁员的多数不得为争端一方的缔约国国民和其国民是争端一方的缔约国的国民；但独任仲裁员或仲裁庭的每一成员经双方协议任命，本条上述规定则不适用。

第四十条

一、除主席根据第三十八条进行任命的情况外，可以从仲裁员小组以外任命仲裁员。

二、从仲裁员小组以外任命的仲裁员应具备第十四条第一款所述的品质。

第三节　仲裁庭的权力和职能

第四十一条

一、仲裁庭应是其本身权限的决定人。

二、争端一方提出的反对意见，认为该争端不属于中心的管辖范围，或因其他原因不属于仲裁庭的权限范围，仲裁庭应加以考虑，并决定是否将其作为先决问题处理，或与该争端的是非曲直一并处理。

第四十二条

一、仲裁庭应依照双方可能同意的法律规则对争端作出裁决。如无此种协议，仲裁庭应适用作为争端一方的缔约国的法律（包括其冲突法规则）以及可能适用的国际法规则。

二、仲裁庭不得借口法律无明文规定或含义不清而暂不作出裁决。

三、第一款和第二款的规定不得损害仲裁庭在双方同意时按公允及善良原则对争端作出裁决的权力。

第四十三条

除双方另有协议，如果仲裁庭在程序的任何阶段认为有必要时，它可以：

（一）要求双方提出文件或其他证据；

（二）访问与争端有关的场地，并在该地进行它可能认为适当的调查。

第四十四条

任何仲裁程序应依照本节规定，以及除双方另有协议外，依照双方同意提交仲裁之日有效的仲裁规则进行。如发生任何本节或仲裁规则或双方同意的任何规则未作规定的程序问题，则该问题应由仲裁庭决定。

第四十五条

一、一方未出席或陈述其案情，不得视为接受另一方的主张。

二、如果一方在程序的任何阶段未出席或陈述案情，另一方可以请求仲裁庭处理向其提出的问题并作出裁决。仲裁庭在作出裁决之前，应通知未出席或陈述案情的一方，并给予宽限日期，除非仲裁庭确信该方不愿意这么做。

第四十六条

除非双方另有协议，如经一方请求，仲裁庭应对争端的主要问题直接引起的附带或附加的要求或反要求作出决定，但上述要求应在双方同意的范围内，或在中心的管辖范围内。

第四十七条

除双方另有协议外，仲裁庭如果认为情况需要，得建议采取任何临时措施，以维护任何一方的权利。

第四节 裁决

第四十八条

一、仲裁庭应以其全体成员的多数票对问题作出决定。

二、仲裁庭的裁决应以书面作成，并由仲裁庭投赞成票的成员签字。

三、裁决应处理提交仲裁庭的每一个问题，并说明所根据的理由。

四、仲裁庭的任何成员可以在裁决上附上他个人的意见（不论他是否同意多数人的意见），或陈述他的不同意见。

五、中心未经双方的同意不得公布裁决。

第四十九条

一、秘书长应迅速将裁决的核证无误的副本送交双方。裁决应视为在发出上述副本之日作出。

二、仲裁庭经一方在作出裁决之日后四十五天内提出请求，可以在通知另一方后对裁决中遗漏的任何问题作出决定，并纠正裁决中的任何抄写、计算或类似的错误。其决定应为裁决的一部分，并应按裁决一样的方式通知双方。第五十一条第二款和第五十二条第二款规定的期限应从作出决定之日起计算。

第五节　裁决的解释、修改和撤销

第五十条

一、如果双方对裁决的意义或范围发生争议，任何一方可以向秘书长提出书面申请，要求对裁决作出解释。

二、如有可能，应将该项要求提交作出裁决的仲裁庭。如果不可能这样做，则应依照本章第二节组织新的仲裁庭。仲裁庭如认为情况有此需要，可以在它作出决定前停止执行裁决。

第五十一条

一、任何一方可以根据所发现的某项其性质对裁决有决定性影响的事实，向秘书长提出书面申请要求修改裁决，但必须以在作出裁决时仲裁庭和申请人都不了解该事实为条件，而且申请人不知道该事实并非由于疏忽所致。

二、申请应在发现该事实后的九十天内，且无论如何应在作出裁决之日后三年之内提出。

三、如有可能，该项要求应提交作出裁决的仲裁庭。如果不可能这样做，则应依照本章第二节组织新的仲裁庭。

四、仲裁庭如认为情况有此需要，可以在作出决定前，停止执行裁决。如果申请人在申请书中要求停止执行裁决，则应暂时停止执行，直到仲裁庭对该要求作出决定为止。

第五十二条

一、任何一方可以根据下列一个或几个理由，向秘书长提出书面申请，要求撤销裁决：

（一）仲裁庭的组成不适当；

（二）仲裁庭显然超越其权力；

（三）仲裁庭的成员有受贿行为；

（四）有严重的背离基本程序规则的情况；

（五）裁决未陈述其所依据的理由。

二、申请应在作出裁决之日后一百二十天内提出，但以受贿为理由而要求撤销者除外，该申请应在发现受贿行为后一百二十天内，并且无论如何在作出裁决之日后三年内提出。

三、主席在接到要求时，应立即从仲裁员小组中任命一个由三人组成的专门委员会。委员会的成员不得为作出裁决的仲裁庭的成员，不得有相同的国籍，不得为争端一方国家的国民或其国民是争端一方的国家的国民，不得为上述任一国指派参加仲裁员小组的成员，也不得在同一争端中担任调解员。委员会根据第一款规定的任何理由有权撤销裁决或裁决中的任何部分。

四、第四十一至第四十五条、第四十八条、第四十九条、第五十三条和第五十四条以及第六章和第七章的规定，在适用于委员会的程序时，得作必要的变动。

五、委员会如认为情况有此需要，可以在作出决定前，停止执行裁决。如果申请人在申请书中要求停止执行裁决，则应暂时停止执行，直到委员会对该要求作出决定为止。

六、如果裁决被撤销，则经任何一方的请求，应将争端提交给依照本章第二节组织的新仲裁庭。

第六节　裁决的承认和执行

第五十三条

一、裁决对双方具有约束力。不得进行任何上诉或采取除本公约规定外的任何其他补救办法。除依照本公约有关规定予以停止执行的情况外，每一方应遵守和履行裁决的规定。

二、在本节中，“裁决”应包括依照第五十条、第五十一条或第五十二条对裁决作出解释、修改或撤销的任何决定。

第五十四条

一、每一缔约国应承认依照本公约作出的裁决具有约束力，并在其领土内履行该裁决所加的财政义务，正如该裁决是该国法院的最后判决一样。具有联邦宪法的缔约国可以在联邦法院或通过该法院执行裁决，并可规定联邦法院应把该裁决视为组成联邦的某一邦的法院作出的最后判决。

二、要求在一缔约国领土内予以承认或执行的一方，应向该缔约国为此目的而指定的主管法院或其他机构提供经秘书长核证无误的该裁决的副本一份。每一缔约国应将为此目的而指定的主管法院或其他机构以及随后关于此项指定的任何变动通知秘书长。

三、裁决的执行应受要求在其领土内执行的国家关于执行判决的现行法律的管辖。

第五十五条

第五十四条的规定不得解释为背离任何缔约国现行的关于该国或任何外国执行豁免的法律。

第五章　调解员和仲裁员的更换及取消资格

第五十六条

一、在委员会或仲裁庭组成和程序开始之后，其成员的组成应保持不变；但如有调解员或仲裁员死亡、丧失资格或辞职，其空缺应依照第三章

第二节或第四章第二节的规定予以补充。

二、尽管委员会或仲裁庭的某一成员已停止成为仲裁员小组的成员，他应继续在该委员会或仲裁庭服务。

三、如果由一方任命的调解员或仲裁员未经委员会或仲裁庭（该调解员或仲裁员是该委员会或仲裁庭的成员）的同意而辞职，造成的空缺应由主席从有关小组中指定一人补充。

第五十七条

一方可以根据明显缺乏第十四条第一款规定的品质的任何事实，向委员会或仲裁庭建议取消其任何成员的资格。参加仲裁程序的一方还可根据第四章第二节以某一仲裁员无资格在仲裁庭任职为理由，建议取消该仲裁员的资格。

第五十八条

对任何取消调解员或仲裁员资格的建议的决定应视情况由委员会或仲裁庭的其他成员作出，但如成员中双方人数相等，或遇到建议取消独任调解员或仲裁员的资格，或取消大多数调解员或仲裁员的资格时，则应由主席作出决定。如决定认为该建议理由充分，则该决定所指的调解员或仲裁员应依照第三章第二节或第四章第二节的规定予以更换。

第六章　诉讼费用

第五十九条

双方为使用中心的设施而应付的费用由秘书长依照行政理事会通过的条例予以确定。

第六十条

一、每一委员会和每一仲裁庭应在行政理事会随时规定的限度内并在同秘书长磋商后，决定其成员的费用和开支。

二、本条第一款的规定并不排除双方事先同有关的委员会或仲裁庭就其成员的费用和开支达成协议。

第六十一条

一、就调解程序而言，委员会成员的费用和开支以及使用中心的设施的费用，应由双方平均分摊。每一方应负担各自与程序有关的任何其他开支。

二、就仲裁程序而言，除双方另有协议外，仲裁庭应估计双方同程序有关的开支，并决定该项开支、仲裁庭成员的酬金和开支以及使用中心的设施的费用应如何和由何人偿付。此项决定应成为裁决的一部分。

第七章　诉讼地

第六十二条

调解和仲裁程序除以下的条文规定外，应在中心的所在地举行。

第六十三条

如果双方同意，调解和仲裁程序可以在下列地点举行：

（一）常设仲裁庭或任何其他适当的公私机构的所在地，中心可以同上述机构就此目的作出安排；

（二）委员会或仲裁庭在同秘书长磋商后所批准的任何其他地点。

第八章　缔约国之间的争端

第六十四条

缔约国之间发生的不能通过谈判解决的有关本公约的解释或适用的任何争端，经争端任何一方申请，可提交国际法院，除非有关国家同意采取另一种解决办法。

第九章　修　改

第六十五条

任何缔约国可建议修改本公约。建议修改的文本应在审议该修改案的行政理事会召开会议之前至少九十天送交秘书长，并由秘书长立即转交行政理事会所有成员。

第六十六条

一、如果行政理事会根据其成员的三分之二多数决定修改，则建议修改的文本应分送给所有缔约国予以批准、接受或核准。每次修改应在本公约的保管人向各缔约国发出关于所有缔约国已经批准、接受或核准该项修改的通知之后三十天开始生效。

二、任何修改不得影响任何缔约国或其任何组成部分或机构或该国的任何国民，在修改生效之日以前表示同意受中心管辖而产生的由本公约规定的权利和义务。

第十章　最后条款

第六十七条

本公约应开放供银行的成员国签字。本公约也向参加国际法院规约和行政理事会根据其成员的三分之二多数票邀请签署本公约的任何其他国家开放签字。

第六十八条

一、本公约须由签字国依照其各自的宪法程序予以批准、接受或核准。

二、本公约在交存第二十份批准、接受或核准书之日后三十天开始生效。对以后每一个交存批准、接受或核准书的国家，本公约在其交存之日后三十天开始生效。

第六十九条

每一缔约国应采取使本公约的规定在其领土内有效所必需的立法或其他措施。

第七十条

本公约应适用于由一缔约国负责国际关系的所有领土，但不包括缔约国在批准、接受或核准时，或其后以书面通知本公约的保管人予以除外的领土。

第七十一条

任何缔约国可以书面通知本公约的保管人退出本公约。该项退出自收到该通知六个月后开始生效。

第七十二条

缔约国依照第七十条或第七十一条发出的通知，不得影响该国或其任何组成部分或机构或该国的任何国民在保管人接到上述通知以前由他们其中之一所表示的同意受中心的管辖而产生的由本公约规定的权利和义务。

第七十三条

本公约的批准、接受或核准书以及修改的文本应交存于银行，它是本公约的保管人。保管人应将本公约核证无误的副本送交银行的成员国和被邀请签署本公约的任何其他国家。

第七十四条

保管人应依照联合国宪章第一〇二条和大会通过的有关条例向联合国秘书处登记本公约。

第七十五条

保管人应将下列各项通知所有签字国：

（一）依照第六十七条的签字；

（二）依照第七十三条交存的批准、接受和核准书；

（三）依照第六十八条本公约的生效日期；

（四）依照第七十条不适用本公约的领土；

（五）依照第六十六条对本公约的任何修改的生效日期；

（六）依照第七十一条退出本公约。

订于华盛顿，用英文、法文和西班牙文写成，三种文本具有同等效力。正本一份，存放在国际复兴开发银行档案库，银行已在下方签字，以表明它同意根据本公约履行其职责。

《关于打击国际商业交易中行贿外国公职人员行为的公约》（《OECD 反商业贿赂公约》）

（谈判会议于 1997 年 11 月 21 日通过）

序言

各缔约方：

考虑到行贿行为是国际商业交易中，包括贸易和投资活动中的普遍现象，引起了道德和政治方面的严重关注，破坏了善治和经济发展，扭曲了国际竞争条件；

考虑到所有国家共同负有打击国际商业交易中的行贿行为的责任；

考虑到经济合作与发展组织理事会于 1997 年 5 月 23 日通过的《关于打击国际商业交易中行贿行为的修改建议》第［C（97）123/FINAL 号文件］，该建议特别呼吁采取有效措施以制止、防止和打击与国际商业交易有关的行贿外国公职人员的行为，特别呼吁依照该建议所列议定共同要素和每一国家司法及其他基本法律准则，立即以有效和协调的方式认定此种行贿行为属非法行为；

欢迎最近在促进打击行贿公职人员行为领域的进一步国际间的理解与合作方面取得的其他进展，包括联合国、世界银行、国际货币基金组织、世界贸易组织、美洲国家组织、欧洲理事会和欧洲联盟等组织的行动；

欢迎公司、商业组织、工会以及其他非政府组织打击行贿行为的努力；

认识到各国政府在国际商业交易中防止向个人和企业索取贿赂方面所发挥的作用；

认识到在这一领域取得成果不仅需要国家一级的努力，而且需要多边合作、监督及后续行动；

认识到使各缔约方采取的措施实现等效性是本公约的基本目标和宗旨，为此需要核准本公约，而不得存在影响这一等效性的背离条款。

议定如下：

第1条：行贿外国公职人员罪

1. 每一缔约方应采取必要措施以确定根据其法律下列行为属犯罪行为：任何人，无论直接还是通过中间方，故意向一外国公职人员，为该官员或为一第三方提供、承诺或给予金钱或其他利益，以使该官员在履行公务方面作为或不作为，从而在从事国际商业过程中获得或保留商业或其他不当利益。

2. 每一缔约方应采取任何必要措施以确定共同参与，包括鼓动、协助和教唆，或授意行贿外国公职人员的行为属犯罪行为。企图和共谋行贿外国公职人员应与企图和共谋行贿本国公职人员同属犯罪行为。

3. 以上第1款和第2款所列罪行以下称为“行贿外国公职人员罪”。

4. 就本公约而言：

a. “外国公职人员”指在外国担任立法、行政或司法职务的任何人，无论任命还是选举担任；为外国行使公共职能的任何人，包括为公共机构或公共企业，以及公共国际组织的任何官员或代理人；

b. “外国”包括从国家到地方的政府各级及分支；

c. “在履行公务方面作为或不作为”包括对公职人员职位的任何利用行为，无论是否属该官员的法定职能。

第2条：法人的责任

每一缔约方应依照其法律准则采取必要措施以确定法人因行贿外国公

职人员而承担的责任。

第 3 条：处罚

1. 对行贿外国公职人员的行为应可通过有效的、相称的且具劝诫作用的刑事处罚予以惩罚。惩罚的幅度应与适用于行贿缔约方本国公职人员行为的幅度相当，且对于自然人，应包括剥夺足够的自由权以使法律互助和引渡措施可有效实施。

2. 如根据一缔约方法律制度，刑事责任不适用于法人，则该缔约方应保证因行贿外国公职人员，法人应受到有效的、相称的且具劝诫作用的非刑事处罚，包括货币处罚。

3. 每一缔约方应采取必要措施，规定行贿外国公职人员的钱财和收入或价值与此类收入相当的财产可予以查封和没收，或可采用同等效力的货币处罚。

4. 每一缔约方对于因行贿外国公职人员而受到处罚的人除给予刑事或经济处罚外，还应考虑实施民事或行政处罚。

第 4 条：管辖权

1. 缔约方应采取必要措施，对全部或部分在其领土内发生的行贿外国公职人员的犯罪行为确立管辖权。

2. 有权对其国民在境外的犯罪行为进行起诉的每一缔约方应依照相同原则，采取必要措施，对行贿外国公职人员设定起诉的权利。

3. 如超过一缔约方对本公约中所述犯罪指控具有管辖权，则所涉各方，应其中一方请求，应进行磋商，以期确定最适当的起诉权。

4. 每一缔约方应审查其现行管辖权的依据在反对行贿外国公职人员方面是否有效，如无效，则应采取补救措施。

第 5 条：执行

行贿外国公职人员的调查和起诉应符合每一缔约方的适用法规和原则。不得受国家经济利益、对与另一国关系的可能影响或所涉自然人或法人的身份等因素影响。

第6条：法定时效

任何适用于行贿外国公职人员罪的法定时效均应留出足够时间，用于调查和起诉该项犯罪行为。

第7条：洗钱

为适用其洗钱法规而已将行贿本国公职人员的行为定性为前置犯罪的每一缔约方，应按照相同条件对行贿外国公职人员的行为采取相同处理方式，无论此项行贿在何地发生。

第8条：会计

1. 为有效打击行贿外国公职人员的犯罪行为，每一缔约方应采取必要措施，在其有关账目管理、财务决算披露以及会计和审计标准的法律法规框架内，禁止受此类法律法规管辖的公司设立账外账、进行账外或性质不明的交易活动、记录未发生的支出、记录对其对象无正确说明的债务以及使用虚假单据，以行贿外国公职人员或隐瞒此类行贿行为。

2. 每一缔约方应对此类公司的账目、记录、账户和财务决算的此类遗漏和伪造行为给予有效的、相称的且具劝诫作用的民事、行政或刑事惩罚。

第9条：法律互助

1. 每一缔约方应尽最大可能依照其法律、相关条约和安排，对一缔约方就属本公约范围内的犯罪行为进行调查和诉讼及对一缔约方针对一法人的属本公约范围内的非犯罪诉讼，向另一缔约方提供迅速和有效的法律援助。被请求的缔约方应立即将有助于支持这一协助请求的任何额外信息或文件通知提出请求的缔约方，并应请求，将协助请求的状况和结果作出通知。

2. 在一缔约方以存在双重犯罪作为提供法律互助的条件的情况下，如为之寻求法律援助的犯罪行为属本公约范围，则应视为存在双重犯罪。

3. 任何缔约方不得以银行秘密作为拒绝对本公约范围内的犯罪行为提供法律互助的理由。

第 10 条：引渡

1. 行贿外国公职人员应视为各缔约方的法律及缔约方之间的引渡条约项下的可引渡的犯罪行为。

2. 如以存在引渡条约作为引渡条件的缔约方收到未与其签署引渡条约的另一缔约方的引渡请求，则该缔约方可将本公约作为关于引渡行贿外国公职人员犯罪行为的法律依据。

3. 一缔约方应采取任何必要措施以保证为行贿外国公职人员的犯罪行为而能够引渡其公民或起诉其公民。仅根据行贿外国公职人员之人为其公民而拒绝引渡请求的缔约方，应将此案提交其主管机关进行起诉。

4. 对行贿外国公职人员的引渡受每一缔约方国内法律、适用条约和安排所规定的条件管辖。在一缔约方以存在双重犯罪作为提供法律互助的条件的情况下，如为之寻求引渡的犯罪行为属本公约第 1 条范围，则应视为满足该条件。

第 11 条：负责机关

就本公约第 4 条第 3 款关于磋商的规定、第 9 条关于法律互助的规定及第 10 条关于引渡的规定而言，在不损害缔约方之间的其他安排的情况下，每一缔约方应将其负责提出和接受请求的机关通知 OECD 秘书长，该机关应作为该缔约方处理此类事宜的联络渠道。

第 12 条：监督和后续行动

缔约方应合作实施一项监督和促进本公约全面实施的系统性后续行动计划。除非缔约方经协商一致另有决定外，否则此项工作应在 OECD 国际商业交易中的行贿行为工作组框架内进行，并根据其职责范围，或在其继承组织的框架或职责范围内进行。缔约方应依照适应该组织的规定承担实施该计划的费用。

第 13 条：签署和加入

1. 本公约生效前，对 OECD 成员国及应邀成为国际商业交易中的行贿行为工作组全面参与方的非成员国开放签署。

2. 本公约生效后，本公约对属 OECD 成员国或已成为国际商业交易中的行贿行为工作组或其继承组织全面参与方的任何非签署方开放。对于每一此类非签署国，本公约在其加入书交存之日后第 60 天生效。

第 14 条：核准和保存者

1. 本公约须经各签署方依据其各自法律予以接受、批准或核准。

2. 接受书、批准书、核准书或加入书应交存 OECD 秘书长，秘书长应作为本公约的保存者。

第 15 条：生效

1. 本公约应在 DAFFE/IMEBR（97）18/FINAL 文件（附后）所列出口份额占前 10 位的 10 个国家中出口额合计至少不低于该 10 国出口总额的 60% 的 5 个国家交存其接受书、批准书或核准书之日后第 60 天生效。对于公约生效后交存加入书的每一签署国，本公约在其交存加入书后第 60 天生效。

2. 如在 1998 年 12 月 31 日后，本公约未根据以上第 1 款生效，则任何已交存接受书、批准书或核准书的签署国可以书面形式向保存者声明其同意根据本第 2 款接受本公约生效。本公约应在至少两签署国已交存此类声明之日后第 60 天生效。对于生效后交存声明的每一签署国，本公约应在交存之日后第 60 天生效。

第 16 条：修正

任何缔约方可提出对本公约的修正。拟议修正应向保存者提出，保存者应在召开缔约方会议以考虑该拟议修正前 60 天将拟议修正通知缔约方。经缔约方协商一致通过或经缔约方协商一致确定的其他方式通过的修正应在所有缔约方交存接受书、批准书或核准书 60 天后生效，或在缔约方通过该修正时确定的其他情况下生效。

第 17 条：退出

任何缔约方可通过向保存者提交书面通知退出本公约。此退出应在收到该通知之日起 1 年后生效。退出后，缔约方与已退出缔约方之间关于在其退出生效之日前提出但未满足的所有援助或引渡请求的合作应继续。

附件：　　1990—1996 年 OECD 出口统计

排名	国家	出口额（百万美元）	占经合组织出口总额的比重（%）	占前 10 位的比重（%）
1	美国	287118	15.9	19.7
2	德国	254746	14.1	17.5
3	日本	212665	11.8	14.6
4	法国	138471	7.7	9.5
5	英国	121258	6.7	8.3
6	意大利	112449	6.2	7.7
7	加拿大	91215	5.1	6.3
8	韩国（1）	81364	4.5	5.6
9	荷兰	81264	4.5	5.6
10	比利时和卢森堡	78598	4.4	5.4
	前 10 国总额	1459148	81.0	100
11	西班牙	42469	2.4	
12	瑞士	40395	2.2	
13	瑞典	36710	2.0	
14	墨西哥（1）	34233	1.9	
15	澳大利亚	27194	1.5	
16	丹麦	24145	1.3	
17	奥地利*	22432	1.2	
18	挪威	21666	1.2	
19	爱尔兰	19217	1.1	
20	芬兰	17296	1.0	

续表

排名	国家	出口额（百万美元）	占经合组织出口总额的比重（%）	占前10位的比重（%）
21	波兰（1）**	12652	0.7	
22	葡萄牙	10801	0.6	
23	土耳其*	8027	0.4	
24	匈牙利**	6795	0.4	
25	新西兰	6663	0.4	
26	捷克***	6263	0.3	
27	希腊*	4606	0.3	
28	冰岛	949	0.1	
	经合组织总额	1801661	100	

注：＊1990—1995年；＊＊1991—1996年；＊＊＊1993—1996年。

数据来源：经济合作与发展组织，（1）国际货币基金组织。

关于比利时和卢森堡：比利时和卢森堡的贸易统计数据只有两国合计数字。就本公约第15条第1款而言，如比利时或卢森堡交存接受书、批准书或核准书，或如比利时和卢森堡两国交存接受书、批准书或核准书，则应认为出口份额占前10位的一国已交存批准书，且两国合计出口额将计入10国出口总额的60%之中，该百分比为本公约根据本款规定生效所需比例。

《选择法院协议公约》（《海牙公约》）

2017年9月12日，中国驻荷兰大使吴恳代表中国政府签署了《选择法院协议公约》。该公约于2005年6月30日由海牙国际私法会议第二十次外交大会通过，2015年10月1日生效。公约保障国际民商事案件当事人排他性选择法院协议的有效性，被选择法院所作出的判决应当在缔约国得到承认和执行，这对加强国际司法合作、促进国际贸易与投资具有积极作用。

全文如下：

本公约缔约国，希望通过加强司法合作增进国际贸易和投资，相信在民商事项的管辖和外国判决承认与执行上统一规则能够加强这种合作，相信增进这种合作尤其需要国际法律机制提供确定性，并保障商业交易当事人达成的排他性选择法院协议的有效性以及根据这种协议进行诉讼产生的判决的承认和执行，兹决定缔结本公约，并议定下列条款：

第一章　范围和定义

第一条　范围

一、本公约适用于国际案件中就民事或者商事事项签订的排他性选择法院协议。

二、为第二章的目的，除非当事人均在同一缔约国居住并且当事人的关系以及与争议有关的所有其他因素，无论被选择法院的所在地，均只与该国有关，一起案件就是国际性的。

三、为第三章的目的，只要寻求承认和执行一项外国判决，一起案件就是国际性的。

第二条　范围的排除

一、公约不适用于下列排他性选择法院协议：

（一）自然人主要为个人、家庭或者家务目的（消费者）作为协议的一方；

（二）涉及雇用合同，包括集体协议。

二、本公约不适用于下述事项：

（一）自然人的身份及法律能力；

（二）扶养义务；

（三）其他家庭法事项，包括婚姻财产制度以及由婚姻或者类似关系产生的其他权利义务；

（四）遗嘱与继承；

（五）破产、破产和解及类似事项；

（六）运输旅客和货物；

（七）海洋污染，海事诉讼的责任限制，共同海损以及紧急拖船和救助；

（八）反托拉斯（竞争）事项；

（九）核损害的责任；

（十）自然人或者其代表提起的人身伤害诉讼；

（十一）非因合同关系产生的侵权或者不当行为对有形财产造成的损害；

（十二）不动产物权以及不动产租赁权；

（十三）法人的效力、无效或者解散，以及其机关所作决定的效力；

（十四）著作权和邻接权以外的知识产权的有效性；

（十五）侵犯除版权和邻接权以外的知识产权，但有关侵权诉讼是因违反当事人间与此种权利有关的合同提起或者可以提起的除外；

（十六）公共登记项目的有效性。

三、虽有第二款的规定，如果根据该款排除的事项仅仅作为初步问题而不是作为诉讼目的，则有关诉讼不排除在本公约适用范围之外。特别是有关诉讼不能仅因根据第二款排除的事项以抗辩的方式提出就排除在本公约范围之外，如果该事项不是诉讼目的的话。

四、本公约不适用于仲裁和相关程序。

五、不能仅因为当事一方是国家，包括政府、政府机构或者任何代表国家行事的人这一事实，就将有关诉讼排除在本公约适用范围之外。

六、本公约的任何规定不应影响国家或者国际组织自身及其财产所享有的特权和豁免。

第三条　排他性选择法院协议

为本公约的目的：

（一）“排他性选择法院协议”系指双方或者多方当事人签订的、符合第（三）项要求、为解决与某一特定法律关系有关的、已经或者可能发生的争议，而指定某个缔约国的法院或者某个缔约国的一个或者多个特定法院并排除任何其他法院管辖的协议。

（二）除非当事人另有明示约定，指定某个缔约国的法院或者某个缔约国的一个或者多个特定法院的法院选择协议应被视为排他性的。

（三）一项排他性选择法院协议必须用以下方式缔结或者以文件形式证明。

1. 以书面形式；或者

2. 以其他任何联系方式，且该方式能提供可获取的信息，使其日后可予使用。

（四）构成合同一部分的排他性选择法院协议应被视为独立于合同其他条款的一项协议。排他性选择法院协议的有效性不能仅因合同无效而受到影响。

第四条　其他定义

一、本公约中，“判决”系指法院就实质问题作出的任何决定，不论其如何称谓，包括裁定或者命令，以及法院（包括法院官员）对开支或者费用的决定，只要此种决定与实质问题有关且可根据本公约得到承认或者执行。临时性保护措施不属判决。

二、为本公约的目的，除自然人以外的其他人或者实体应被视为在下列国家居住：

（一）其法定住所所在地；

（二）其成立或者组建时依据的法律所属国；

（三）其管理中心所在地；

（四）其主营业所所在地。

第二章　管辖权

第五条　被选择法院的管辖权

一、在一项排他性选择法院协议中指定的某缔约国的一个或者多个法院对于该协议适用的争议有管辖权，除非根据该国法律该协议是无效的。

二、根据第一款享有管辖权的法院不应以该争议应由另一国家的法院审理为由拒绝行使管辖权。

三、前款规定不应影响下列规则：

（一）诉讼标的或者请求数额的管辖权；

（二）缔约国法院管辖权的国内分配。但是，当被选择法院有权自行裁量是否移送某一案件时，当事人的选择应予适当考虑。

第六条　未被选择法院的义务

被选择法院以外的缔约国法院应当中止或者放弃排他性选择法院协议适用的诉讼程序，除非：

（一）根据被选择法院所在地国家的法律，该协议是无效的；

（二）根据受理案件的法院所在地国家的法律，一方当事人缺乏缔结该协议的能力；

（三）承认该协议有效将导致明显的不公正或者明显违背受理案件法院所在地国家的公共政策；

（四）基于当事人不可控制的例外原因，该协议不能合理得到履行；

（五）被选择法院已决定不审理该案。

第七条　临时保护措施

本公约不适用于临时保护措施问题。本公约既不要求也不禁止缔约国法院准许、拒绝或者撤销临时保护措施，也不影响一方当事人是否可以请求或者法院应否准许、拒绝或者撤销该种措施。

第三章　承认和执行

第八条　承认和执行

一、排他性选择法院协议指定的缔约国法院作出的判决，应当根据本章规定在其他缔约国得到承认和执行。承认或者执行仅可根据本公约规定的理由拒绝。

二、在不影响为适用本章规定所必要的审查的前提下，不应对原审法院作出的判决的实质问题进行审查。除非判决是缺席作出的，被请求法院应受原审法院就确立其管辖权所基于的事实认定的约束。

三、一项判决只有在原审国是有效的才应得到承认，并且只有在原审国是可执行的才应得到执行。

四、如果判决在原审国是复审的对象，或者申请一般性复审的时限未过，可以推迟或者拒绝承认或者执行。拒绝并不妨碍此后申请承认或者执行该判决。

五、本条应当同样适用于第五条第三款所准许的、所选择的缔约国法院将案件移送给该缔约国另一法院所作出的判决。但是，当所选择的法院有权自由决定是否将案件移送另一法院，而当事人一方在原审国及时就移交案件提出异议的，可以拒绝承认或者执行针对该当事人的判决。

第九条　承认或者执行的拒绝

承认或者执行可以被拒绝，如果：

（一）该协议根据被选择法院国法律是无效的，除非被选择法院已确定该协议是有效的。

（二）根据被请求国法律，一方当事人缺乏缔结该协议的能力。

（三）提起诉讼的文书或者同等文件，包括请求的基本要素：

1. 没有在足够的时间内以一定方式通知被告使其能够安排答辩，除非被告在原审法院出庭并答辩，且在原审国法律允许就通知提出异议的条件下，被告未就原审法庭的通知问题提出异议；

2. 在被请求国通知被告的方式与被请求国有关文书送达的基本原则不符。

（四）该判决是通过与程序事项有关的欺诈获得的。

（五）承认或者执行将会与被请求国的公共政策明显相悖，包括导致该判决的具体诉讼程序不符合被请求国程序公正基本原则的情形。

（六）该判决与被请求国就相同当事人间争议作出的判决相冲突。

（七）该判决与较早前第三国就相同当事人间就相同诉因所作出的判决相冲突，且该较早判决满足在被请求国得到承认所必需的条件。

第十条 先决问题

一、如果根据第二条第二款或者根据第二十一条排除的事项作为先决问题产生时，关于该事项的认定不应根据本公约予以承认和执行。

二、如果判决是以一项就第二条第二款排除的事项作出的认定为依据，可以在该限度内拒绝承认或者执行该判决。

三、但是，在涉及除著作权和邻接权以外的知识产权的有效性作出认定的案件中，承认或者执行一项判决只有在下列情况下可以根据前款加以拒绝或者推迟：

（一）该认定与根据其法律产生知识产权的国家的主管机关就此作出的判决或者决定不一致；

（二）在该国关于该知识产权有效性的诉讼程序正在进行。

四、如果判决是基于被请求国根据第二十一条声明排除的事项的裁决作出的，可以在该限度范围内拒绝承认或者执行该判决。

第十一条 损害赔偿

一、如果判决确定的损害赔偿，包括惩戒性或者惩罚性赔偿，并未赔偿当事人的实际损失或者所受的伤害，则可以在该限度范围内拒绝承认或者执行该判决。

二、被请求法院应考虑原审法院判定的赔偿是否以及在何种程度上涵盖诉讼所涉及的费用和开支。

第十二条　和解协议

由排他性选择法院协议指定的某缔约国法院已许可的，或者在该法院诉讼程序中当庭达成的，并且在原审国可以与判决相同的方式执行的和解协议，应当根据本公约以与判决相同的方式予以执行。

第十三条　需提供的文件

一、要求承认或者申请执行的当事人应当提供：

（一）完整的经证明无误的判决书副本；

（二）排他性选择法院协议，经证明无误的副本或者其他证明该协议的证据；

（三）如果判决是缺席作出的，证实提起诉讼的文书或者同等文书已通知缺席一方的文件原件或经证明无误的副本；

（四）任何有必要用来证明该判决在原审国具有效力，或者在适当时是可执行的文件；

（五）在第十二条所述情况下，原审国法院出具的司法和解协议或者其一部分在该国可以与判决同样的方式予以执行的证明。

二、如果判决的内容无法使被申请法院核实本章所列的条件是否得到满足，该法院可要求提供任何必要的文件。

三、承认或者执行的申请可以附有原审国法院（包括法院官员）签发的、以海牙国际私法会议推荐和公布的表格样式写成的文件。

四、如果本条所指的文件没有使用被请求国的一种官方语言，除非被请求国法律另有规定，这些文件应当附有该国经证明无误的官方语言的译文。

第十四条 程序

承认判决、宣告判决可予执行或者登记判决以便执行，以及执行判决的程序，适用被请求国法律，但本公约另有规定的除外。被申请法院应迅速办理。

第十五条 可分割的判决

一项判决可分割的部分应予承认或者执行，只要申请该部分的承认或者执行，或者根据本公约只有部分判决能够予以承认或者执行。

第四章 一般条款

第十六条 过渡性规定

一、本公约应适用于其对被选择法院所在国生效之后缔结的排他性选择法院协议。

二、本公约不适用于其对受理案件法院所在国生效之前提起的诉讼。

第十七条 保险和再保险合同

一、根据保险或者再保险合同提起的诉讼不因该保险或者再保险合同涉及本公约不适用的事项就排除在本公约范围之外。

二、与保险或者再保险合同条款项下的责任有关的判决的承认与执行，不得因该合同项下责任包括补偿被保险人或者被再保险人与下述有关的责任而予以限制或者拒绝：

（一）本公约不适用的事项；

（二）第十一条可能适用的损害赔偿。

第十八条 无需认证

根据本公约发出或者转递的所有文件应免除认证或者任何类似手续，包括附加证明书。

第十九条 限制管辖权的声明

一国可以声明，如果除被选择法院所在地外，该国与当事人或者争议并无联系，其法院可以拒绝受理一项排他性选择法院协议适用的争议。

第二十条　限制承认和执行的声明

一国可以声明，如果当事人在该被请求国居住，并且除被选择法院所在地外，当事人的关系及与争议有关的任何其他因素仅与该被请求国相关联，其法院可以拒绝承认或者执行另一缔约国法院作出的判决。

第二十一条　关于特定事项的声明

一、当一国在某特定事项上不适用本公约有重大利益时，该国可以声明在该事项上不适用本公约。作出声明的国家应确保该项声明不超出必要范围，且所排除的特定事项定义清楚和准确。

二、在该事项上，本公约不适用于：

（一）作出该项声明的缔约国；

（二）其他缔约国，如果排他性选择法院协议指定的是作出该项声明的国家的法院或者一个或多个特定法院。

第二十二条　关于非排他性选择法院协议的互惠声明

一、缔约国可以声明，其法院将承认与执行根据非排他性选择法院协议指定的其他缔约国法院作出的判决，即由双方或者多方当事人签订的、符合第三条第（三）项要求，为解决与某一特定法律关系有关的已经或者可能发生的争议，而指定一个或者多个缔约国的某一个或多个法院。

二、如果已作出该项声明的缔约国作出的判决向另一已作出该项声明的缔约国请求承认与执行，该判决应根据本公约得到承认与执行，如果同时：

（一）原审法院是在一项非排他性选择法院协议中指定的；

（二）不存在根据非排他性选择法院协议可以提起诉讼的任何其他法院作出的判决，当事人之间也未有在此种法院进行的基于相同诉因的未决诉讼；

（三）原审法院是首先受理案件的法院。

第二十三条 统一解释

在解释本公约时，应考虑其国际性质以及促进其统一适用的需要。

第二十四条 公约运作的审议

海牙国际私法会议秘书长应当定期作出安排以便：

（一）审议本公约的运作，包括任何声明；

（二）考虑是否需要对本公约作任何修正。

第二十五条 非单一法律制度

一、如果缔约国不同的领土单位在本公约涉及的任何事项上具有两个或者多个法律制度，则：

（一）任何援引该国的法律或者程序，应当在适当时解释为援引有关领土单位现行有效的法律或者程序；

（二）任何援引该国的住所，应当在适当时解释为援引有关领土单位的住所；

（三）任何援引该国的一个或者多个法院，应当在适当时解释为援引有关领土单位的一个或者多个法院；

（四）任何援引与该国的联系，应当在适当时解释为援引与有关领土单位的联系。

二、虽然有前款的规定，如果缔约国具有两个或者多个领土单位且适用不同法律制度，则无需将本公约适用于仅涉及其不同领土单位的情形。

三、具有两个或者多个领土单位且适用不同法律制度的缔约国一个领土单位的法院，没有义务仅因为一项判决已根据本公约得到该国另一领土单位法院的承认或者执行而承认或执行该判决。

四、本条不适用于区域经济一体化组织。

第二十六条 与其他国际文书的关系

一、本公约应尽量解释为与对缔约国有效的其他条约相一致，无论有关条约是在本公约之前或者之后缔结。

二、如果任何当事人均未在缔约国居住，且该缔约国不是某条约的缔约方，则本公约不影响该条约在该缔约国适用，无论其是在本公约之前或者之后缔结。

三、本公约不应影响缔约国在本公约对其生效前缔结的其他条约的适用，如果适用本公约会使缔约国违反其对非缔约国承担的义务。本款亦适用于修正或者替代一项缔约国在本公约对其生效前缔结的条约情况，但以有关修正或者替代不得产生与本公约新的不一致为限。

四、本公约不影响缔约国适用一项条约，无论其是在本公约之前或者之后缔结，以获得亦是该条约缔结方的另一缔约国法院作出的判决的承认或者执行。但是，判决得到承认或者执行的程度不应比本公约低。

五、本公约不应影响缔约国适用一项关于特定事项管辖权或者判决的承认和执行的条约，即使该条约是在本公约之后缔结并且所涉各国均为本公约缔约方。本款仅在缔约国根据本款就有关条约作出声明时才能适用。在作出该项声明的情况下，如果排他性选择法院协议指定了作出该项声明的缔结国法院或者一个或多个特定法院，在与本公约不相一致的限度内，其他缔约国并无义务在该特定事项上适用本公约。

六、本公约不影响作为缔约方的区域经济一体化组织在本公约之前或者之后通过的规则的适用，如果：

（一）所有当事人均未在并非区域经济一体化组织成员国的缔约国居住；

（二）关于区域经济一体化组织成员国之间的判决的承认或者执行。

第五章　最后条款

第二十七条　签署、批准、接受、核准或者加入

一、本公约开放供所有国家签署。

二、公约须经签署国批准、接受或者核准。

三、本公约开放供所有国家加入。

四、批准、接受、核准或者加入文书应交存本公约的保存机关即荷兰外交部。

第二十八条　关于非单一法律制度的声明

一、如果一国具有两个或者多个领土单位且在本公约涉及的事项上具有不同法律制度，该国在签署、批准、接受、核准或者加入时，可声明本公约适用于其所有领土单位，或者其中的一个或多个领土单位，并且可在任何时候通过提交另一项声明修改上述声明。

二、任何此种声明应通知公约保存机关，并且应明确指明本公约适用的领土单位。

三、如果一个国家没有根据本条作出声明，则本公约适用于该国所有领土单位。

四、本条不适用于区域经济一体化组织。

第二十九条　区域经济一体化组织

一、完全由主权国家组成并且对本公约适用的部分或者全部事项享有权限的区域经济一体化组织，可以同样地签署、接受、核准或者加入本公约。区域经济一体化组织在其就本公约适用的事项上享有权限的范围内，享有缔约国的权利和义务。

二、区域经济一体化组织应当在签署、接受、核准或者加入时，将其成员国已转让给该组织的权限、本公约适用的事项，书面通知公约保存机关。该组织应当将根据本款作出的最近一次通知中关于权限的任何变更，及时书面通知公约保存机关。

三、为本公约生效的目的，任何区域经济一体化组织交存的文书不应当计数，除非区域经济一体化组织根据第三十条声明其成员国不会成为本公约缔约方。

四、本公约对“缔约国”或者“国家”的任何援引，在适当时，应同等适用于作为本公约缔约方的区域经济一体化组织。

第三十条　区域经济一体化组织不含其成员国的加入

一、区域经济一体化组织在签署、接受、核准或者加入时，可以声明其对本公约适用的所有事项均有权限，并且其成员国不会成为本公约缔结方但将因该组织的签署、接受、核准或者加入而受约束。

二、在区域经济一体化组织根据第一款作出声明的情况下，本公约对“缔约国”或者“国家”的任何援引，在适当时，应同等适用于该组织的成员国。

第三十一条　生效

一、本公约自第二十七条所指的第二份批准书、接受书、核准书或者加入书交存后三个月期间届满后的第一个月的第一天起生效。

二、此后，本公约的生效为：

（一）对嗣后批准、接受、核准或者加入的每一国家或者区域经济一体化组织，自其批准书、接受书、核准书或者加入书交存后三个月期间届满后的第一个月的第一天起生效；

（二）对根据第二十八条第一款扩展适用本公约的领土单位，自该条所指的声明通知后三个月期间届满后的第一个月的第一天起生效。

第三十二条　声明

一、第十九条、第二十条、第二十一条、第二十二条、第二十六条所指的声明可在签署、批准、接受、核准或加入时或者此后任何时间作出，并且可在任何时间予以修正或者撤回。

二、声明、修正及撤销应当通知公约保存机关。

三、在签署、批准、接受、核准或者加入时所作的声明与本公约对有关国家生效时一并生效。

四、此后作出的声明，以及任何对声明的修正或者撤回，自公约保存机关收到通知之日起三个月期间届满后的第一个月的第一天起生效。

五、根据第十九条、第二十条、第二十一条、第二十六条作出的声明不适用于在其生效前签订的排他性选择法院协议。

第三十三条 退出

一、本公约成员国可以书面通知公约保存机关退出本公约。退出可以限制在本公约适用的非单一法律制度的特定领土单位。

二、退出在本公约保存机关收到退出通知之日起十二个月期间届满后的第一个月的第一天起生效。当退出通知指明更长的生效期间时，退出在本公约保存机关收到通知之日起的该更长期间届满后生效。

第三十四条 公约保存机关的通知

本公约保存机关应当向海牙国际私法会议成员国以及其他根据第二十七条、第二十九条、第三十条签署、批准、接受、核准或者加入的其他国家和区域经济一体化组织通知下述事项：

（一）第二十七条、第二十九条、第三十条所指的签署、批准、接受、核准和加入；

（二）本公约根据第三十一条生效的日期；

（三）第十九条、第二十条、第二十一条、第二十二条、第二十六条、第二十八条、第二十九条、第三十条所指的通知、声明、声明的修正和撤回；

（四）第三十三条所指的退出。

下列签署人经正式授权，签署本公约，以昭信守。

2005 年 6 月 30 日订于海牙，用英文和法文写成，两种文本同时作准。正本一份，应保存于荷兰政府档案馆，其经核证无误的副本应通过外交途径分送海牙国际私法会议第二十次会议的成员国及参加该次会议的其他国家。

巴黎俱乐部

一、主权债务违约与重组

（一）国家或主权政府也会破产

破产通常是针对企业而言的，是一种公司行为和经济行为，是指在企业因资金枯竭不能偿债或者资不抵债时，由企业的债权人或企业自己诉请法院宣告破产并依本国破产法律程序偿还债务的一种法律制度。狭义的破产制度仅指破产清算制度，广义的破产制度还包括重整与和解制度。企业有破产制度，那么国家或主权政府呢？如果一个国家或主权政府由于负债过多或自身资金紧张，而无法按约定偿还债务，可以破产吗？国家在面对偿债困难和资不抵债的时候该何去何从？

国家负债分为对内债务和对外债务。对内债务通常以本国货币计价，被中央政府或地方政府用来弥补财政赤字，也有的用于投资等其他目的。对外债务一般以美元、欧元等自由兑换货币或债券发行所在国的货币计价，主要用于解决本国发展所需外汇资金不足和平衡国际收支等，还债资金则主要依靠货物与服务出口、对外投资利润汇回、外国援助与赠款、举借新债等方式。

通常情况下，由于国家或政府本身拥有本国货币的发行权，一个国家或主权政府不会发生无法偿还对内债务的情况。如果政府发现偿还对内债务有困难，一般会指令中央银行购买政府债券，或向政府提供借款，以偿还对企业或居民的借款。这种情况下，虽然不会“破产”，但会严重影响本国货币的信用或价值，导致对内通货膨胀，对外本币贬值。

对外债务则不同。国家所借外债一般不是本国货币计价，遇到偿还困难，无法通过上述方式来解决，在无法借新还旧或得到其他国家大额外汇资金援助的情况下，依靠出口换汇等方式又无法在短期内筹集大量资金，国家就将陷入“破产”境地。IMF首先于2002年提出了“国家破产”的概念，指一国陷入无法偿还对外债务和资不抵债的情况。

国家破产，简单说，就是国家宣布还不起外债或停止偿付外债本息，进而请求债权人对本国所欠外债进行债务重组的行为。这里所说的外债，包括外国政府、外国私人金融机构、国际组织的贷款，也包括国外居民持有的债务。实际上，“如果能够承受足够的痛苦，有决心的债务国通常可以还清外债”[①]，罗马尼亚在20世纪80年代的债务危机中，就选择在几年间还清90亿美元贷款，即使让百姓在冬天没有供暖、工厂停电停产，国家也下决心还债，这为罗马尼亚赢得了声誉和信用。但更多的是，政治家们迫于国内民众的压力，会选择通过债务重组，也即“国家破产”的方式，渡过危机。

可见，与企业类似，国家或主权政府也可以破产，但这种“破产”多是债务重组或重整，而不是或很少是破产清算。基于广义上的破产概念，我们认为国家可以破产；但基于狭义上的破产清算概念，我们又强调国家一般不会破产。

为避免破产概念上的歧义，在后面的分析中，我们更多地将这种无法偿还或拒绝偿还主权外债的情况称为“主权债务违约”。这种停止支付债务本息的行为可能会提前作出明确声明，也可能毫无预警。在发生违约时，政府当局或该国民众的主观态度往往决定着债务的命运，这一点在近些年希腊债务危机中表现得非常充分。

① 卡门·M. 莱因哈特，肯尼斯·S. 罗格夫. 这次不一样：八百年金融危机史［M］. 北京：机械工业出版社，2014：40.

希腊债务违约与重组

根据欧盟部分国家于1992年签署的《马斯特里赫特条约》，欧元区成员国必须符合两个关键标准，即预算赤字不能超过国内生产总值的3%、负债率低于国内生产总值的60%。2001年，希腊未达到这两项标准，便求助于美国投资银行高盛做假账。高盛设计出一套“货币掉期交易”，为希腊政府掩饰了一笔高达10亿欧元的公共债务，使预算赤字从账面上看仅为其GDP的1.5%，符合了欧元区成员国的标准，并于2001年正式加入了欧元区。

在加入欧元区后，希腊政府利用欧元区内宽松的信贷环境，四处借贷扩大政府开支。2004年的雅典奥运会也大幅度超支。希腊不得不继续大笔举债来应付需要。但当2008年国际金融危机发生之后，借贷的成本急剧升高，希腊政府筹措资金日益困难。2009年末，新上台的中左翼政府透露财政赤字实际上远大于之前披露的数据，实际承认了上任政府财政造假。当时希腊的财政赤字占GDP的比重已高达12.7%，远高于欧盟规定的3%上限，公共债务余额占GDP的比重则高达110%。2010年1月底，货币掉期交易即将到期，高盛决定不再为希腊护盘，做空希腊债券。2010年4月，希腊国债的评级被降为垃圾级，希腊的财政与金融环境开始了漫长的恶化之路，希腊债务危机由此开始。

2010年5月，“三驾马车”（欧盟、欧洲央行、IMF）宣布向希腊提供1100亿欧元的三年期贷款，为希腊解困。2011年7月21日欧盟峰会宣布将希腊、爱尔兰、葡萄牙的债务偿还最低期限从7年延期到15年、私人债权人放弃21%的债权、将债务利率降低到3.5%。2011年10月27日欧盟峰会经过艰苦磋商，出台了一揽子欧债危机解困方案：欧洲金融稳定基金（EFSF）从4400亿欧元扩大至1万亿欧元以上；银行、保险公司和基金同意放弃53.5%的债权，其余的交换成利息较低、期限最长达30年的债券；向欧洲银行业注资约1000亿欧元，将约90家欧洲大型银行的核心资本充足率提高至9%。

2015年6月25日，希腊的债主们提出将已经到期的现有救助协议再延长5个月，其间希腊可获得155亿欧元贷款。作为交换，希腊将继续在债权人“监管”下，实施一系列紧缩和改革措施。希腊总理两天后宣布要在7月5日将协议付诸公投。7月6日，希腊公投结果：以压倒性多数拒绝了债权人的要求。以当时的形势，希腊公投结果形同宣布退出纾困协议，希腊的银行就无法继续接到债主之一的欧洲央行的当期注资，引发的直接后果就是希腊国内既没有足够欧元现钞流通，又无法支付马上到期的债务，实质就是退出欧元区与完全赖债的前奏。希腊政府显然要用公投结果与“退欧”威胁来要挟债主们继续减免债务。但作为债权人的欧元区国家的耐心与信任也都被希腊消磨到极限。在公投结果传出后，在2015年7月8日的欧盟临时峰会上，欧元区国家的首脑们大都表态不接受希腊的要挟、不减免债务，斥责希腊政府动摇欧元货币联盟，并且一改之前讳莫如深的态度，表示“已经为‘希腊退欧’做好了细节准备”。

在希腊的减债要求无法被满足、欧盟也不愿欧元区开始崩解的情况下，双方在2015年7月13日协商好了新的希腊经济改革方案。希腊放弃要求债主们继续减免债务，而德国提出的“国际债权人派代表进驻雅典监督立法、希腊将500亿欧元国有资产作为新贷款质押、若无法协商好就让希腊暂时退出欧元区至少五年”的强硬方案也没实行。英国《金融时报》披露的救助方案是欧元区国家首脑就为希腊成立500亿欧元私有化基金达成一致，私有化基金将在希腊设立，由希腊政府管理，相关欧洲机构监督。其中250亿欧元用于希腊银行和其他资产的资本重组，剩余250亿欧元中的一半用于降低希腊债务与GDP之比，另一半用于投资。欧元区国家首脑还要求希腊政府采取以下行动：制定规模明显扩大的私有化方案；有价值的希腊资产转移到独立的基金，通过私有化等方式实现这类资产的货币化。

2015年7月14日，国际货币基金组织提醒国际上的债权人，希腊的资金需求远比预计的要多，希腊的债务只能通过债务减免措施维持可持续性，这些措施远远超出了欧洲目前准备考虑的范围。尽管事实表明近期希腊金融形势在快速恶化并出现公共部门关键改革的倒退，但希腊与国际债权人在8月仍达成了总额为860亿欧元的第三轮援助协议，不过希腊需要承诺进行进一步改革，并通过第一轮经济改革评估之后，才能解锁新一批援助资金。

自2010年以来，希腊得到欧盟和IMF的两次救助，共获得将近2400亿欧元资金。

2016年5月9日，希腊议会通过了不受欢迎的养老金与税收改革一揽子措施，希望以此说服国际债权人进一步发放经济援助资金。最迟到7月中期，希腊还需要一笔救助资金，以避免对IMF和欧洲央行的债务违约。欧元区各国财长就希腊债务问题达成一致，同意向希腊提供103亿欧元的紧急资金援助，分两期发放。但距离IMF认为应该给予希腊的债务减免仍然相去甚远。

（二）主权债务违约的历史

回顾金融历史，我们发现，主权债务违约古已有之。进入21世纪以来，希腊在欧债危机中的表现尽人皆知，希腊也是人类历史上第一个发生主权债务违约的国家，在19世纪成立之后的两百多年间，希腊有超过一半的年份处于违约和重组中。

美国经济学家莱茵哈特和罗格夫在其著作《这次不一样：八百年金

融危机史》中，对全球各大洲主要国家自独立以来到2008年的累计违约或债务重组的次数和持续时间进行了详细分析。分析显示，在所统计的68个国家中，有5个国家在其独立后的超过50%的时间里都处于债务违约状态，它们分别是安哥拉、中非共和国、希腊、厄瓜多尔和洪都拉斯。还有一些拉美国家债务违约状态所占时间为40%左右，包括哥斯达黎加、墨西哥、尼加拉瓜、秘鲁和委内瑞拉等（具体数据见表1）。这些国家处于债务违约的年份比重明显高于其他大洲，且违约次数也在全球范围内居高。这再次说明债务违约不仅在时间上，而且在地域上也存在聚集效应，尤其是在政局动荡和经济发展不稳的国家，更容易受到周边国家的负外部效应影响，以及地区经济系统性风险引发的连锁反应。

表1　　从独立至2008年各大洲国家累计的违约和重组情况

国家和地区	自独立或1800年以来处于违约或重组年份的比例（%）	违约或重组的总次数（次）
非洲		
阿尔及利亚	13.3	1
安哥拉	59.4	1
中非共和国	53.2	2
科特迪瓦	48.9	2
埃及	3.4	2
肯尼亚	13.6	2
毛里求斯	0	0
摩洛哥	15.7	4
尼日利亚	21.3	5
南非	5.2	3
突尼斯	5.3	1
赞比亚	27.9	1
津巴布韦	40.5	2

续表

国家和地区	自独立或1800年以来处于违约或重组年份的比例（%）	违约或重组的总次数（次）
亚洲		
中国	13.0	2
中国香港	0	0
印度	11.7	3
印度尼西亚	15.5	4
日本	5.3	1
韩国	0	0
马来西亚	0	0
缅甸	8.5	1
菲律宾	16.4	1
新加坡	0	0
斯里兰卡	6.8	2
中国台湾	0	0
泰国	0	0
欧洲		
奥地利	17.4	7
比利时	0	0
丹麦	0	0
芬兰	0	0
法国	0	8
德国	13.0	8
希腊	50.6	5
匈牙利	37.1	7
意大利	3.4	1
荷兰	6.3	1
挪威	0	0
波兰	32.6	3
葡萄牙	10.6	6
罗马尼亚	23.3	3
俄国（苏联、俄罗斯）	39.1	5
西班牙	23.7	13
瑞典	0	0
土耳其	15.5	6
英国	0	0

续表

国家和地区	自独立或1800年以来处于违约或重组年份的比例（%）	违约或重组的总次数（次）
	拉丁美洲	
阿根廷	32.5	7
玻利维亚	22.0	5
巴西	25.4	9
智利	27.5	9
哥伦比亚	36.2	7
哥斯达黎加	38.2	9
多米尼加共和国	29.0	7
厄瓜多尔	58.2	9
萨尔瓦多	26.3	5
危地马拉	34.4	7
洪都拉斯	64.0	3
墨西哥	44.6	8
尼加拉瓜	45.2	6
巴拿马	27.9	3
巴拉圭	23.0	6
秘鲁	40.3	8
乌拉圭	12.8	8
委内瑞拉	38.4	10
	北美洲	
加拿大	0	0
美国	0	0
	大洋洲	
澳大利亚	0	0
新西兰	0	0

资料来源：标准普尔，Purcell 和 Kaufman（1993），Reinhart、Rogoff 和 Savastano（2003a）及其中引用的数据。

主权债务违约往往聚集发生，19 世纪以来的人类历史上发生过五次大规模的债务违约风潮，分别为：（1）拿破仑战争时期；（2）19 世纪 20 年代到 40 年代末；（3）19 世纪 70 年代至 90 年代；（4）20 世纪 30 年代大萧条时期；（5）20 世纪八九十年代新兴市场的债务危机。20 世纪 30 年代大萧条时期，全球接近一半的国家都处于违约或者重组状态。

聚集性不仅体现在时间上，也体现在地域上。拉丁美洲国家在历次全球债务危机中的债务违约年份比其他国家和地区更加频繁和密集，除了上述两次全球性债务危机以外，拉丁美洲还有将近一半以上的国家发生过债务违约。

并非只有拉美国家和低收入国家存在主权债务违约。尼日利亚 1960 年独立以来违约 5 次之多，印度自独立以来被迫对外债进行了 3 次重组，最近一次发生在 1972 年。德国、奥地利、匈牙利等欧洲国家也在大萧条时期发生了债务违约。我们看到，亚洲的债务违约都得到了比较彻底的解决，只有印度、印度尼西亚和菲律宾处于违约状态的时间超过其他亚洲国家；非洲国家的债务违约概率远超过亚洲，这些非洲国家债务一般相对较小且系统性影响的严重程度较低，但它们承担了同样的财政政策和货币政策（降低贷款供给、高利率和本币贬值）成本。各国国家违约和重组情况参见表 2。

表 2　　20 世纪至 2008 年非洲、亚洲、欧洲和拉丁美洲国家违约和重组年份表

国家	发生违约或重组的年份			
	1900—1924 年	1925—1949 年	1950—1974 年	1975—2008 年
非洲				
阿尔及利亚（1962）				1991
安哥拉（1975）				1985
中非（1960）				1981、1983
科特迪瓦（1960）				1983、2000
埃及				1984
肯尼亚（1963）				1994、2000
摩洛哥（1956）	1903			1983、1986
尼日利亚（1960）				1982、1986、1992、2001、2004

续表

国家	发生违约或重组的年份			
	1900—1924 年	1925—1949 年	1950—1974 年	1975—2008 年
南非（1910）				1985、1989、1993
赞比亚（1964）				1983
津巴布韦（1965）			1965	2000
亚洲				
中国	1921	1939		
日本		1942		
印度（1947）			1958、1969、1972	
印度尼西亚（1949）			1966	1998、2000、2002
缅甸（1958）				2002
菲律宾（1947）				1983
斯里兰卡（1948）				1980、1982
欧洲				
奥地利		1938、1940		
德国		1932、1939		
希腊		1932		
匈牙利（1918）		1932、1941		
波兰（1918）		1936、1940		
罗马尼亚		1933		
俄国	1918			
土耳其	1915	1931、1940		1978、1982
拉丁美洲				
阿根廷			1951、1956	1982、1989、2001
玻利维亚		1931		1980、1986、1989
巴西	1902、1914	1931、1937	1961、1964	1983
智利		1931	1961、1963、1966、1972、1974	1983
哥伦比亚	1900	1932、1935		
哥斯达黎加	1901	1932	1962	1981、1983、1984
多米尼加共和国		1931		1982、2005
厄瓜多尔	1906、1909、1914	1929		1982、1999，2008

续表

国家	发生违约或重组的年份			
	1900—1924 年	1925—1949 年	1950—1974 年	1975—2008 年
萨尔瓦多	1921	1932、1938		
危地马拉		1933		1986、1989
洪都拉斯				1981
墨西哥	1914	1928		1982
尼加拉瓜	1911、1915	1932		1979
巴拿马（1903）		1932		1983、1987
巴拉圭	1920	1932		1986、2003
秘鲁		1931	1969	1976、1978、1980、1984
乌拉圭	1915	1933		1983、1987、1990、2003
委内瑞拉				1983、1990、1995、2000

注：括号内年份为国家独立时间。

资料来源：标准普尔，Purcell 和 Kaufman（1993），Reinhart、Rogoff 和 Savastano（2003a）及其中引用的数据。

不同国家和地区在处于违约状态的时间方面存在较大差异，而债务违约的频率，也就是走出危机与下一次危机爆发之间的时间间隔反映了债务人和债权人在违约之后所做的调整以及调整的效果。

（三）主权债务违约的诱因

主权债务违约的直接原因包括资本外流、贷款方案不佳、贷款动机不纯（诈骗）、贷款可持续性差（投入无产出的行业）、过度举借外债、信誉历史不佳、债务未能展期、出口收入低迷、借款利率上升等。

诱发政府主权债务违约的深层次原因主要有：

一是国内经济状况不佳。包括对内债务过度增长、就业率下降和税收减少、政府对债务监管不力等。历史上，主权债务违约经常发生在债务国经历了长达多年的预算告急或过度开支之后，即财政入不敷出。这种情况下，如果境外债权人发觉该国偿还外债可能有困难，会拒绝再借新债或提高利率，此时很容易引发债务违约。

二是流动性不足。当一国遇到突发事件，如巨大的自然灾难，或本国出口所依赖的主要产品价格大幅降低，该国可能遇到暂时的流动性不足，可能导致债务违约。

三是政权更替。通常情况下，政权更替不会改变债务国上一任政府的财政债务，但是新政府可能会质疑上一任政府任期内的债务合法性，尤其是在通过战争方式实现政府更迭之后，新政府一般不愿承担上一任政府的遗留债务。这些债务很可能被认定为无效，继而发生债务违约。

四是过度举债。有些国家过度举债，透支严重，且举债所得资金多投入非生产性行业或非出口换汇行业，则可能在未来引发债务违约。此外，在战争失败的情况下，主权债务违约的概率也会大幅增加。

（四）主权债务违约的后果

主权债务违约对债权人、债务国和债务国内部都会产生影响。

对债权人而言，会遭受债权本息的直接损失。发生违约后，债务国通常会通过国际协调取得部分债务减免（1953 年英国作为债权人与德国的债务协议）或者债务重组（20 世纪 80 年代布雷迪计划），在 1999—2002 年的阿根廷经济危机期间，有些债权人接受高达 75% 的债权减免，也有一些债权人选择继续等待直到政府换届以获取更多补偿。因此，主权债务违约对债权人会产生不利影响，要么参与国际协调达成对债务国债务减免，以获取部分偿还，要么当“钉子户”等待全额偿还。

对于债务国而言，一是在达成重组之前，往往需要债务国向特定债权人先履行一部分偿债义务，而这种偿还会使债务国本就棘手的经济状况更加糟糕；二是债务违约会严重损害债务国声誉和信用，进而影响该国吸引投资、再借新债等，也会对该国的进出口贸易产生一定影响，这些都可能进一步加剧债务压力；三是主权可能被干涉或会招致法律或军事惩罚，在违约后将会面临来自债权人的多方压力，极端的情况就是主要的债权国会找理由动用军事力量，以武力相威胁谋得自己的利益。19 世纪的埃及、希腊和土耳其在其违约后向英国让渡了部分主权。美国 1907 年在多米尼加共和国建立了财政保护关系以控制其关税，并于 1916 年占领该国。1915 年美国入侵海地和尼加拉瓜，以控制其关税，并获得用于债务偿还的收入。还有 19 世纪 90 年代中期美国对委内瑞拉的“枪炮外交”政策。这种因为债务而引发的主权侵犯在炮舰外交时代很普遍。

对债务国内部而言，主权债务违约通常伴随着本币贬值，容易引发银行危机和金融市场动荡，同时很有可能由于内需不足和投资者资本出逃诱发国内经济危机，导致失业率上升和民众福利水平下降。

（五）主权债务违约后的重组

主权债务违约至今并没有形成国际通用的治理规则。现实中，主权债务违约后，有两种补救方法：一是货币手段，即国内通过增发货币或主动贬值偿还债务（多用于发达国家）。二是宣布国家破产，多边组织介入并启动主权债务重组或减免程序（多用于发展中国家）。很多经济学家认为，在严重的债务危机情况下，应当及时向监管机构或多边债权人求助，寻求政府债务的有序重组［也称作有序违约（Orderly Default）或可控违约（Controlled Default）］。不及时组织有序违约会伤害多数债权人的利益。

1982 年，墨西哥、巴西、阿根廷等一系列国家相继宣布无力清偿外债，引发拉美债务危机并持续近十年之久。作为债权人的发达国家在推动这次发展中国家债务危机解决过程中发挥了至关重要的作用。危机初期，发达国家推动减债的核心内容是帮助债务国克服流动性短缺，主要是对债务进行重新安排，包括修改原贷款协议、延长偿债期，并向债务国提供新的政府贷款和商业银行的抵押贷款。由于债务重新安排计划未能从本质上减轻发展中国家偿债负担，反而加剧了债务国经济和社会问题，发达国家又先后推出了贝克计划、密特朗方案、日本政府计划及布雷迪计划。其间以减免债务为核心内容，实现了由“借债还债”到“削减债务”的转变，完成了国际债务问题解决方案一个质的转变。

20世纪90年代以来，国际资本市场和金融自由化的深入发展使国际主权债券市场迅速扩大。这为主权国家筹集资金带来了便利，但也造成主权债务种类繁多、结构复杂，且分散于众多的投资者手中。1998年8月17日，俄罗斯持续的经济危机导致卢布贬值和政府债务违约。这场债务危机，引发了当时俄罗斯、德国（最大的债权国）等金融市场的剧烈波动。

2001年，阿根廷爆发大规模的银行挤兑潮，致使金融体系崩溃，阿根廷政府最终宣布950亿美元的债务违约。由于经济衰退长期化，当局政策乏力，投资者对阿根廷经济失去信心，外资流入减少，资本外逃严重，股市、债市动荡，债务危机迅速演变为经济、政治和社会全面危机。2001年12月，国际货币基金组织拒绝向债务累累的阿根廷提供13亿美元紧急援助贷款，从而使该国面临着历史上最大的一次债务危机。随后，阿根廷和其债权人进入了艰难而漫长的债务重组协商过程。

阿根廷债务违约与重组

1982年，在墨西哥宣布主权债务违约后，阿根廷停止支付外债，1989年则发生内部债务违约。随后用10年的时间，通过发行以美元计价的布雷迪债券进行债务重组，最终获得债务减免，摆脱违约。在这期间，虽然阿根廷政府实行了各种经济调整政策，如削减公共开支，减少货币发行量，调高关税，加快国有企业私有化，遏制通货膨胀和减少财政赤字，等等，但是，这些措施并没有产生预期的效果。20世纪80年代末，通货膨胀率更增长到每年200%，阿根廷也因此遭受到严重的经济创伤。

2001年11月，阿根廷政府宣布无力偿还外债，决定实施债务重组，违约债务高达950亿美元。这是有史以来规模最大的一次主权债务违约。此前一年，阿根廷外债总额达 1462 亿美元，相当于当年外汇收入的 4.7 倍，当年还本付息占出口收入的近四成。因受亚洲金融危机和巴西金融危机影响，加上本国经济萧条，政府财政赤字和债务情况急剧恶化。随后，阿根廷政府抛出发行仅相当于欠债 25% ~35% 面值的新债来偿还旧债的债务重组方案，每1 美元面值赔偿投资者约 30 美分，债务违约最终通过债务减免和延长利息支付来解决。尽管最终参与债务互换的总比例达到93%，但鉴于赔偿比例过低，仍有一些“钉子户”拒绝参与互换，NML Capital、Aurelius Capital 等被称为“秃鹫基金”的美国对冲基金正是这些“钉子户”主要债权人。这也开始了债权人与阿根廷政府之间长达十余年的争斗。

阿根廷经济由此陷入大萧条时代以来的最深度衰退。比索大幅贬值，最高时达 75%。通货膨胀迅速上扬，累计通胀率最高达 80%。大批企业倒闭，失业率大增。这也迫使政府放弃了比索盯住美元的汇率制度，国内外投资者对阿根廷的信心下降。与此同时，阿根廷出现剧烈的政治动荡，曾在短短 12 天内五易总统。在此后 10 年间，阿根廷经历了 3 种不同货币。

自 2003 年开始，以 NML 和埃利奥特资本管理公司为代表的“秃鹫基金”通过司法途径讨债。2012 年底，美国纽约联邦法官格列塞作出判决，要求阿根廷政府全额偿还违约债务，此后该法官又在债权人的要求下，冻结了阿根廷政府在纽约梅隆银行的重组债权人还款账户，使阿根廷陷入“选择性债务违约”。

2016 年 2 月底，阿根廷新政府与违约债务“钉子户”债权人达成和解，阿根廷政府将以现金方式向后者偿还总额约 120 亿美元的债务。双方达成协议后，美国上诉法院于 4 月 13 日作出裁决，同意解除对阿根廷日常还债账户的冻结，从而为阿根廷走出“选择性债务违约”扫除最后障碍。4 月 18 日阿根廷政府宣布正式发行总额 150 亿美元的主权债券，标志着被剥夺国际市场融资权利长达 15 年的阿根廷首次重返国际资本市场。这次债券融资主要用于偿还欠“秃鹫基金”和其他非债务重组债权人的债务。

二、主权债务重组之“重债穷国倡议”

（一）重债穷国倡议

在国际主权债务重组的历史中，国际组织和多边金融机构一致发挥着至关重要的作用。在多个非政府组织反复游说之下，国际货币基金组织与世界银行于 1996 年正式提出一项旨在解决发展中穷国债务的方案——重债穷国倡议［Heavily Indebted Poor Countries（HIPC）Initiative］。倡议的初衷是确保贫穷国家不被自己无能力偿还和处置的债务过度拖累。重债穷国倡议为债务国提供债务减免和低息贷款，或将债务降至可持续的水平，以便未来能够及时偿还债务。纳入倡议内债务国必须存在经传统债务处理方法无效的可持续债务负担。倡议所提供的减债支持需要建立在债务国政府满足一系列经济管理、经济表现目标和经济社会改革的基础之上。

国际货币基金组织和世界银行的重债穷国倡议可以归纳为 3R，即 Releif、Restructuring、Reduction。通过执行对重债穷国的债务减免（Relief）和债务重组（Restructuring），达到缓解债务危机的目的，使债务国获得重振经济的信心，从而最终达到债务可持续和降低债务国贫困（Reduction）的目标。

在重债穷国倡议下，国际金融组织（包括多边组织与政府）共同致力于将高度负债的贫穷国家的外部债务降低到可持续水平（该倡议所认定的债务不可持续，指一国债务与出口之比超过 200% ~250%，或债务与政府收入之比超过 280%），先后共有 39 个国家符合债务不可持续的标准。1999 年，在对倡议进行评估后，IMF 决定提供更快、更深和更广泛的债务减免，并加强债务减免、减贫与社会政策之间的联系。2005 年，为帮助“联合国千年发展目标”更好实施，IMF 推出“多边减债计划”（Multilateral Debt Relief Initiative，MDRI），作为对重债穷国倡议的补充。MDRI 允许国际货币基金组织、世界银行和非洲发展基金（AfDF）这三家多边金融机构对完成重债穷国计划程序的国家的合格债务进行 100% 减免。2007 年，美洲开发银行决定对西半球五个重债穷国提供额外的债务减免（Beyond HIPC）。

重债穷国倡议采取“两步走”的方式：第一步，倡议会提供暂时性的债务减免，当债务国满足特定要求时，将进入第二步，债务国将获得全额债务减免。

第一步：认证点（Decision Point）。债务国在接受债务减免之前，首先由 IMF 判定是否有资格获得债务援助，债务国必须满足以下四个条件：（1）能够符合世界银行的国际开发协会（IDA）提供无息贷款和 IMF 的“减贫与增长信托”（Poverty Reduction and Growth Trust，以补贴利率为低收入国家提供贷款）的贷款要求；（2）面临债务不可持续的负担，且传统减债机制无法处理；（3）在 IMF 和世界银行有关项目支持下，建立了改革与完善政策的跟踪记录；（4）在债务国内部多方参与下，债务国制作完成“减贫战略文件”（Poverty Reduction Strategy Paper，PRSP）。当债务国满足上述四个基本标准之后，IMF 和世界银行执行董事会将正式认证其具有债务减免资格，国际社会将承诺将其债务减免到可持续水平。一旦达到认证点，债务国将立即开始接受针对到期债务的暂时性减免。

第二步：完成点（Completion Point）。为了能够得到全额且不可撤销的债务减免，债务国必须：（1）针对 IMF 和世界银行的各类贷款，建立进一步的良好履约的跟踪记录；（2）圆满完成在认证点一致同意的关键性改革；（3）接受并完成减贫战略文件至少一年以上。一旦债务国满足上述标准，就达到完成点，即能够获取在认证点承诺的全部债务减免。

减贫战略文件（PRSP）

PRSP：减贫战略（PRS）最初是由IMF和世界银行在1999年的重债穷国倡议背景下提出的，主要是针对IMF援助的低收入国家经济和金融项目，以减贫战略文件（Poverty Reduction Strategy Papers，PRSPs）和年度进展报告（Annual Progress Reports，APRs）的提交作为债务减免的基础。减贫战略文件由低收入国家提供，内容包括：评估贫困化挑战，描述宏观经济、政府机构和社会政策如何促进增长和降低贫困，列出外部融资需求和融资来源。

减贫战略文件在IMF对低收入国家的支持项目中也被用作持续减贫与促进增长战略的基础性文件。鉴于重债穷国倡议基本完成，而世界银行在2014年取消对IDA国家的优惠融资，IMF于2015年6月对PRS政策要求进行了简化和灵活处理。

在符合重债穷国倡议关于债务不可持续的39个国家中，有36个国家已经达到完成点并从IMF和其他债权人那里获得了全额的债务减免。另外3个国家被视为能够获取倡议帮助的准合格成员，目前还没有到达认证点（Pre-decision Point）。已到达完成点的36个国家中，包括：亚洲国家1个（阿富汗），非洲国家30个（加纳、喀麦隆、中非共和国、坦桑尼亚、利比里亚、乍得、刚果共和国、刚果民主共和国、赞比亚、埃塞俄比亚、冈比亚、几内亚、几内亚比绍、布基纳法索、尼日尔、卢旺达、圣多美和普林西比、圭亚那、塞内加尔、布隆迪、多哥、乌干达、科特迪瓦、塞拉利昂、科摩罗、马达加斯加、马拉维、马里、马里塔尼亚、莫桑比克），拉丁美洲国家5个（尼加拉瓜、贝宁、洪都拉斯、玻利维亚、海地）。未达到认证点的3个国家均为非洲国家（厄立特里亚、索马里、苏丹）。

（二）重债穷国倡议实施情况

随着大多数债务国已处于后完成点阶段（Post-completion Period）并已获得相应债务减免，重债穷国倡议和“多边减债倡议”（MDRI）基本完成。对于这些重债穷国来说，债务减免只是IMF为其发展而所作努力的一部分，IMF还强调向这些国家提供援助资金、满足国家发展需求和保持债务长期可持续性等。IMF认为，减债能够有效改善债务国贫困并将更多资金和资源集中用于减轻贫困。

事后评估看，到达完成点之后的重债穷国都不同程度地呈现出经济和社会发展的改善。一方面获得债务减免之后，债务国开始增加民生用度，减少债务支出。在倡议之前，这些国家基本上很少将政府资金用于医疗和教育事业，绝大多数政府开支都投入偿还债务上，现在，这些国家明显增加了在医疗健康、教育行业和其他社会性服务方面的政府开支，这类支出平均达到债务支出的五倍。2001—2014年间，倡议内债务国的债务支出占GDP的比重下降了1.8%。另一方面，国际组织在减债后帮助债务国提高主权债务管理水平。债务减免使达到完成点之后的债务国的债务情况得到明显好转，债务指标低于未完成的其他债务国和非倡议内债务国。不过也有很多国家面对冲击依然很脆弱，特别是国际金融危机对债务国出口形成的负面影响。IMF认为，降低这些国家的外部脆弱性需要政府采取谨慎的借贷政策措施，同时加强其主权债务管理能力。表3详细列举了36个达到完成点债务国达到认证点和完成点的时间，以及所获得的来自IMF项下HIPC与MDRI的全部债务减免情况。36个已经达到完成点的国家共获得IMF 25.95亿SDR的债务减免，加上MDRI机制下减免的23.08亿SDR，这些国家在这两项机制下共获得IMF 49.03亿SDR的债务减免。

表3　IMF和HIPC倡议与MDI机制下的减债情况（截至2015年6月）

单位：百万SDR

成员国	HIPC倡议援助				MDRI债务减免		
	认证点	完成点	承诺金额	HIPC项下援助额	交付时间	MDRI信托	HIPC和MDRI合计债务减免额
				（A）		（B）	（A+B）
36个达到完成点的重债穷国			2421	2595		2308	4903
阿富汗	2007年7月	2010年1月	—	—		—	—
贝宁	2000年7月	2003年3月	18	20	2006年1月	34	54
玻利维亚	2000年2月	2001年6月	62	65	2006年1月	155	220
布基纳法索	2000年7月	2002年4月	44	46	2006年1月	57	103
布隆迪	2005年8月	2009年1月	19	22	2006年1月	9	31
喀麦隆	2000月10月	2006年4月	29	34	2006年4月	149	183
中非共和国	2007年9月	2009年6月	17	18	2009年7月	2	20
乍得	2001年5月	2015年4月	14	17		—	17
科摩罗	2010年7月	2012年12月	3	3		—	3
刚果民主共和国	2003年7月	2010年7月	280	331	2010年7月	—	331
刚果共和国	2006年3月	2010年1月	5	6	2010年1月	5	11
科特迪瓦	2009年3月	2012年6月	43	26		—	26
埃塞俄比亚	2001年11月	2004年4月	45	47	2006年1月	80	126
冈比亚	2000年12月	2007年12月	2	2	2007年12月	7	10
加纳	2002年2月	2004年7月	90	94	2006年1月	220	314
几内亚	2000年12月	2012年9月	28	35		—	35
几内亚比绍	2000年12月	2010年12月	9	9	2011年12月	0	9
圭亚那	2000年11月	2003年12月	57	60	2006年1月	32	91
海地	2006年11月	2009年6月	2	2		—	2
洪都拉斯	2000年6月	2005年4月	23	26	2006年1月	98	125
利比里亚	2008年3月	2010年6月	441	452	2010年6月	116	568
马达加斯加	2000年12月	2004年10月	15	16	2006年1月	128	145
马拉维	2000年12月	2006年八月	33	37	2006年9月	15	52

续表

成员国	HIPC 倡议援助				MDRI 债务减免		
	认证点	完成点	承诺金额	HIPC 项下援助额	交付时间	MDRI 信托	HIPC 和 MDRI 合计债务减免额
				（A）		（B）	（A+B）
马里	2000 年 9 月	2003 年 3 月	46	49	2006 年 1 月	62	112
毛里塔尼亚	2000 年 2 月	2002 年 6 月	35	38	2006 年 6 月	30	69
莫桑比克	2000 年 4 月	2001 年 9 月	107	108	2006 年 1 月	83	191
尼加拉瓜	2000 年 12 月	2004 年 1 月	64	71	2006 年 1 月	92	163
尼日尔	2000 年 12 月	2004 年 4 月	31	34	2006 年 1 月	60	94
卢旺达	2000 年 12 月	2005 年 4 月	47	51	2006 年 1 月	20	71
圣多美和普林西比	2000 年 12 月	2007 年 3 月	1	1	200 年 3 月	1	2
塞内加尔	2000 年 6 月	2004 年 4 月	34	38	2006 年 1 月	95	133
塞拉利昂	2002 年 3 月	2006 年 12 月	100	107	2006 年 12 月	77	183
坦桑尼亚	2000 年 4 月	2001 年 11 月	89	96	2006 年 1 月	207	303
多哥	2008 年 11 月	2010 年 12 月	0	0		—	0
乌干达	2000 年 2 月	2000 年 5 月	120	122	2006 年 1 月	76	198
赞比亚	2000 年 12 月	2005 年 4 月	469	508	2006 年 1 月	398	907
2 个非重债穷国						126	126
柬埔寨					2006 年 1 月	57	57
塔吉克斯坦					2006 年 1 月	69	69
总计			2421	2595		2434	5029

数据来源：IMF。

表3 显示，按照实际获得的IMF 债务减免额看，赞比亚居首（9.07 亿 SDR），其次是利比里亚和刚果。从年限来看，乌干达仅用3 个月就从认证点达到了完成点，并获得 1.22 亿 SDR 的 HIPC 倡议减免，而乍得耗费了 14 年才完成这一过程，几内亚用了 12 年，几内亚比绍用了 10 年，而这三个国家总共仅获得 6100 万 SDR 减债。积极参与倡议计划，在最短时间内达到完成点的国家更易获得 IMF 的信任与肯定，并能够获得比较可观的债务减免效果。

（三）在 HIPC 倡议下国际社会的总减债支出

在 HIPC 倡议下，不止 IMF 给予符合条件的国家债务减免，世界银行旗下国际开发协会（IDA）、非洲开发银行、巴黎俱乐部、其他双边或多边债权人、商业债权人等也都积极配合，给予符合 HIPC 条件的国家债务减免。表 4 清晰地展现了各类债权人的减债支出情况。

表 4　　　HIPC 倡议下主要债权人投入资金情况（减债额度）

单位：10 亿美元

	达到完成点的 HIPCs（36）	过渡时期的 HIPCs（0）	全部达到认证点的 HIPCs（36 个国家）	达到认证点之前的 HIPCs（3 个国家）	总额（39 个国家）
	1	2	3 =1 +2	4	5 =3 +4
多边债权人合计	27.8	0	27.8	5.4	33.2
IDA	13	0	13.0	1.5	14.5
IMF	4.5	0	4.5	1.9	6.4
非洲开发银行	5.0	0	5.0	0.4	5.4
美洲开发银行	1.6	0	1.6	0	1.6
其他	3.7	0	3.7	1.5	5.3
双边和商业债权人合计	29.9	0	29.9	11.7	41.6
巴黎俱乐部成员	21.4	0	21.4	5.8	27.2
其他官方双边债权人	4.8	0	4.8	4.9	9.7
商业债权人	3.7	0	3.7	1.0	4.7
总额	57.8	0	57.8	17.0	74.8

数据来源：世界银行和 IMF。

由表 4 数据可见，在 HIPC 倡议下，共对 39 个国家实施债务减免 748 亿美元。其中多边债权人减债 332 亿美元（占 44.38%），双边和商业债权人减债 416 亿美元（占 55.62%）。

多边债权人中，资金主要出自 IMF（64 亿美元）、世界银行（145 亿美元）、非洲开发银行（54 亿美元）、美洲开发银行（16 亿美元）、其他多边机构（53 亿美元）。

双边和商业债权人中，巴黎俱乐部成员是主力，共在 HIPC 机制下减债 272 亿美元（占全部 748 亿美元的 36.37%），其他双边债权人 97 亿美元，商业债权人 47 亿美元。

（四）HIPC 倡议继续实施的潜在困难

1. 债务重组所需资金比较紧张

IMF 的减债资金主要来源于双边捐助和自有资金，其中自有资金主要是 1999 年 IMF 出售黄金所得。这些资金都存放于 IMF 的减债信托基金（DRTF）中。目前，该基金中的可用资金已经不足以协助所有国家达到减免合格条件和达到认证点。主要原因是，基金最初的融资计划中没有包括苏丹和索马里这两个国家，它们于 2006 年进入了倡议。这些未达到认证点的国家一旦达到认证点，减债信托基金中的资金将不足以履行减债承诺。所以，IMF 表示，该基金亟需继续融资，以支持完成倡议。

减债信托基金的捐助者既有双边债权国，也有国际多边组织机构。具体捐助情况见表 5。截至 2015 年 8 月，基金资助者共提供了近 67.69 亿美元的资金支持，基金累计投资收益 6.04 亿美元，已经实际支付 71.24 亿美元。加上德国和美国承诺的未来将贡献的 1.45 亿美元，减债信托基金目前只有 4 亿美元的资金可以用于后续债务减免。

表 5　　IMF 减债信托基金的捐助者情况（截至 2015 年 8 月）

单位：百万美元

双边资助者	资源贡献	累计投资收益	实施倡议已经支出数额	可用余额
澳大利亚	13	2	15	0
奥地利	81	5	84	2
比利时	59	4	59	3
加拿大	195	49	219	25
丹麦	72	0	65	8
欧盟	953	70	1022	0
芬兰	98	16	93	20

续表

双边资助者	资源贡献	累计投资收益	实施倡议已经支出数额	可用余额
法国	101	10	99	12
德国	195	20	213	2
希腊	5	2	6	1
冰岛	3	0	3	0
爱尔兰	27	7	31	3
意大利	99	7	99	7
日本	258	51	228	81
韩国	10	1	11	1
卢森堡	1	0	1	0
荷兰	426	25	433	18
新西兰	2	0	2	0
挪威	340	48	358	30
葡萄牙	15	1	16	0
俄罗斯	25	6	26	5
西班牙	125	6	123	8
瑞典	105	22	117	10
瑞士	100	25	112	12
英国	423	5	428	0
美国	675	15	687	2
合计	4404	397	4552	250
多边捐助者				
国际复兴开发银行	2330	202	2532	0
NDF	33	5	39	0
BOAD	1	0	2	0
合计	2365	207	2572	0
总计	6769	604	7124	250

数据来源：IMF。

2. 认证点之前的国家能否通过认证点仍面临挑战

债务国维持和平与稳定、改进政府管理和基础服务建设，解决这些挑战需要 IMF 和世界银行持续帮助这些国家加强政策和组织管理，争取来自国际组织的支援。根据 HIPC 倡议债务减免的基本要求，债务国需要达到四项要求，且能够积极主动地表达债务重组意愿和态度，才能符合认证点要求，实现初步债务减免。实践中，这四项要求对债务国的政府执政能力、经济稳定性和债务可持续性提出较高的要求，债务国在初期往往已经面临社会混乱、经济衰退或政局动荡的局势，要达到这些要求起步艰难，但只有渡过艰难时期，才有可能获得日后的国际援助。

3. 确保合格债务国能从全部债权人那里获得全部债务减免

虽然最大债权人组织（世界银行、IMF、美洲发展银行、非洲开发银行和所有巴黎俱乐部债权人）已经在倡议框架下最大可能地提供了债务减免，但仍有很多国家并不积极。其中，小规模多边组织、非巴黎俱乐部官方双边债权人、商业借款人等机构或个人共持有这些国家 27% 的债务份额，但债务减免额相当小。非巴黎俱乐部双边债权人整体对它们持有的债务进行了平均 47% 的减免，但这些双边债权人中有三分之一并未采取任何减债行动。商业债权人的债务减免近年来显著上升，它们主要通过国际开发协会（IDA）的“债务减免与回购便利”（Debt Reduction Facility Buy-back）项目实行债务减免。倡议初期，有些商业债权人就倡议提起诉讼，试图激起对倡议的合法性挑战，近年来这类诉讼逐渐减少和平息。

三、主权债务重组之“巴黎俱乐部”

（一）主权债务重组中的“集体行动”难题

与企业破产时适用《企业破产法》和由破产法院主持成立债权人会议以便集体行动不同，国家破产时，没有可以适用的《国家破产法》，也没有高于国家主权的“国家破产法院”来主持债务重组或破产清算，更没有《企业破产法》中的债权人会议及集体行动机制。上述因素决定了主权债务重组与一般的企业债务重组存在很大不同，在企业破产时，依法申报债权的债权人通过债权人会议来保障债权人共同的利益，讨论决定有关债务重组和破产事宜。在企业破产时，如果某债权人不依法参加债权申报，则无权参与债权人会议行使表决权，在债务人清算时也无权分配债务人资产。由于没有统一的且具有法律约束力的债权人会议机制，主权债务重组时，不仅存在债权方与债务方之间的博弈，同时也存在多方债权利益主体的集体博弈过程。

主权债务结构和权责关系的复杂性决定了在主权债务重组的集体决策和行动中存在一些问题制约重组集体行动的达成。首先，在债务人与债权人这对对立关系中，债务国常常欠缺合作意识，主权债务违约后债权人碍于债务偿还的利益要求反而处于受制于债务人的被动之中，尤其当债权人为经济实力一般或较贫弱的国家，则更难获得偿债行动话语权。其次，债权挤兑风险导致债务危机升级，在债务国优先偿还到期债权时，未到期债权的债权人可能会根据预知的风险选择转让债权，以求尽早退出债权债务关系，因此会出现集中挤兑，此时的债务国如果同意以更高的利率获得债权展期，则实质上进一步加大了债权人风险。集中挤兑给债务国雪上加霜，可能会选择暂停任何支付，形成对债务的根本违约，对债务重组的集体行动无益。再次，在出现集中挤兑的情况下，债权人会通过诉讼手段保护自己的利益，预期违约制度指的是债权人有合理理由认为债务人无法偿还债务时，要求债务人提供正式书面保证，如果不能提供书面保证，则视为默示违约。因此，债权人经常利用这一条款提起诉讼。最后，债权人的不平等引发的不合作问题，比如后到期的债权人将承担全部风险，主权债权人与私人债权人在受偿时会受到债务国区别对待（选择性违约），协议贷款与主权债券之间也存在偿付顺序。还有，搭便车心理的债权人往往选择不作为，或者等待他国努力为自己带来利益，或者等待违约发生诉诸法律。

因此，主权债务重组过程中的集体行动的执行并非易事。引起不同策略选择的原因在于信息的不对称与对个体利益的关注[①]。多方债权人会基于已获知的信息和自身利益来决策，一是最大化实现自身利益，二是不落人后地实现利益。第一点即便提起诉讼也难实现，第二点需要实现待遇可比性。简言之，多方债权人需要设置不同的选择性激励，以满足其个体利益的实现。

目前，针对主权债务重组的集体行动规则主要存在三种选择。一是由某些债权人自发成立类似“债权人会议”的组织，通过非强制手段，按照特定规则程序以制度性论坛的形式展开谈判，代表组织有巴黎俱乐部、伦敦俱乐部等；二是以金融主导国家的国内法为基础，通过法律手段确保谈判的开展、执行与债权人利益保护，即集体行动条款（Collective Action Clauses，CACs）[②] 和“行为准则”（Code of Conduct，CoC）[③]；三是通过国际组织强制力约束债务重组各方行动，即主权债重组机制（Sovereign Debt Restructuring Mechanism，SDRM）[④]。上述三种选择中，目前实施最好的当属巴黎俱乐部，第二和第三种选择更多的是方法论上的探索，至今并没有很好地得到实施。

（二）巴黎俱乐部概述

2016 年 7 月 1 日，巴黎俱乐部成立 60 周年大会暨韩国加入巴黎俱乐部欢迎会在巴黎法国财政部大楼举办，前任法国财政部长、现任 IMF 总裁拉加德女士到会致辞。成立于 1956 年的巴黎俱乐部，是主权

---

① 苏相中．主权债务危机治理中的集体行动规则［D］．北京交通大学，2015：35.

② 美国不支持 SDRM 动议，建议推广以集体行动条款为核心的合同方法。

③ 法国央行和国际金融协会（IIF）还提出了“行为准则”作为 SDRM 和 CAC 方法的补充，以解决因债务国宏观经济政策不恰当而引发债务危机的问题。CACs 与 CoC 作为合同方法都属市场导向的解决方法，侧重于事先协商，从而使主权债务重组程序具有一定的可预见性，最终重组形式仍需根据相关法律仲裁。

④ 2001 年阿根廷债务危机后，IMF 推出建立主权债重组机制（Sovereign Debt Restructuring Mechanism，SDRM）的动议，即建立一个关于主权债务重组的国际法律框架。但因可能涉及成员国的主权让渡，需要修改《国际货币基金组织章程》，最终未能推行。SDRM 这类法定方法侧重于通过修改现有国际协定，以基于约定的重组程序规则来取代主权债务合同中的条款。

债权人重新协商对其他国家官方信贷的重要论坛（官方信贷包括债权人政府发放贷款、提供保险或担保），它致力于减免或重新协商俱乐部各成员国对发展中国家的债务。巴黎俱乐部现有21个常任理事国：澳大利亚、奥地利、比利时、加拿大、丹麦、芬兰、法国、德国、爱尔兰、以色列、意大利、日本、荷兰、挪威、俄罗斯、西班牙、瑞典、瑞士、英国、美国、韩国（2016年6月加入）。这21个国家除俄罗斯①外，都是OECD国家。

1956年，阿根廷债务危机爆发，涉及的债权国众多，且都各自申诉自己在债务清偿中的优先权，使阿根廷的债务压力节节攀升。时任法国财政部长邀请债权国与阿根廷共同到巴黎进行债务重组谈判，并建议阿根廷加入IMF，并借机成立了巴黎俱乐部。从此，巴黎俱乐部逐渐成为解决和协调国际主权债务的重要场所。除了债权国和债务国，国际金融组织（IFIs）和地区发展银行也会出席参与巴黎俱乐部讨论。IFIs会向俱乐部提供债务国经济状况评估。

巴黎俱乐部的历届主席均由法国财政部高管出任（一般为财政部副部长）。为促进巴黎俱乐部的发展，法国财政部在20世纪70年代后期为该俱乐部组建了一个小型秘书处，并为俱乐部建立了初步的制度体系。到20世纪80年代，在债务谈判会议（Negotiations Meeting）之外，又逐渐形成了“月度研讨”（Tour d’Horizon）会议机制。

巴黎俱乐部由三类成员组成，包括常任理事国、临时参与者和观察员。常任理事国（Permanent Members）通常在巴黎俱乐部规则下与其他国家开展开放性对话，其债权由政府或官方相关机构（出口信用机构）持有，它们有权对本国双边债务和其他常任理事国双边债务纠纷或拖欠进行

① 俄罗斯加入巴黎俱乐部是在1997年9月17日。随后，俄罗斯同意免除发展中国家欠它的部分债务。发展中国家拖欠俄罗斯的债务基本上是前苏联出售武器的款项，估计拖欠债务总额高达1200亿美元。

处理。

临时参与者（Ad hoc Participants）指的是非巴黎俱乐部理事国的国家或债权人能够以临时参与者的身份参加谈判和月度研讨，并被要求以诚信和遵守规则的姿态参与讨论。到目前，阿联酋（阿布扎比）、阿根廷、巴西、中国、韩国、科威特、墨西哥、摩洛哥、新西兰、葡萄牙、南非、特立尼达和多巴哥、土耳其等都以临时参与者的身份在巴黎俱乐部的债务重组协议或月度研讨会议中出现过。

观察员（Observers）能够出席谈判会议但不参与讨论，也不会签署任何正式协议，观察员包括三类：一是国际机构和组织：IMF、世界银行、OECD、联合国贸发组织（UNCTAD）、欧盟、非洲开发银行、亚洲开发银行、欧洲复兴开发银行和美洲开发银行；二是与谈判会议的债务或债务国无相关重组谈判事项的常任理事国，也有可能是小份额债权国，出席会议但不会影响债务重组程序；三是与谈判会议中的债务国有债权债务关系的非巴黎俱乐部国家，这类观察员无权签订协议且需常任理事国和债务国同意其出席。

最新加入的新理事国包括：俄罗斯（1997 年 9 月 17 日加入）、以色列（2014 年 6 月 24 日加入）和韩国（2016 年 6 月 3 日加入）。韩国近 20 年来一直是巴黎俱乐部的观察员，近年多次收到俱乐部的加入邀约，因为巴黎俱乐部持有的国际债权比例已经降至全球 50% 以下，而韩国作为债权人持有超过 6650 亿美元的外国债权，韩国的永久性加入将大大提升俱乐部的全球影响力。

俄罗斯加入巴黎俱乐部

自 1992 年以来，作为苏联全部债权与债务的继承者，俄罗斯一直与巴黎俱乐部这一国际组织保持着频繁接触。1997 年 9 月 17 日，俄罗

斯第一副总理丘拜斯和巴黎俱乐部主席努亚耶在巴黎签署协议，俄罗斯被正式接纳为该组织的债权国成员。

俄罗斯积极致力于加入巴黎俱乐部有其深刻的原因。苏联解体后，IMF、巴黎俱乐部以及伦敦俱乐部等西方债权人对俄罗斯不断施加压力，要求俄罗斯承担苏联到期应偿还的债务。俄罗斯与其他独联体国家经过多轮谈判后，在1991年10月达成了“零方案协议”。根据协议，苏联全部的对外债权与债务均转由俄罗斯承担。当时的情况是，苏联留下来的既有大量外债（1992年底为74亿美元），同时也有可观的国外资产（据统计，截至1989年底，苏联对国外的贷款余额为868亿卢布，按当时的比价共折合1470亿美元），但却是“硬负债、软资产”。所谓“硬负债”是指苏联从西方国家政府或金融机构获得的贷款，按协议到期应偿还，这一点对于当时寄希望于西方经济援助的俄罗斯来讲，理应承担而不能推卸，因此偿债压力不可谓不重；“软资产”是指苏联的绝大部分国外资产体现为向亚非发展中国家以及原东欧社会主义国家提供的技术援助和军事设备，进入90年代以后，这些国家或由于经济困难无力还债，已提出债务延期、减免的要求，或按原有协议，无须用硬通货而仅以商品还债（大部分商品难以转换为硬通货），从而使得俄罗斯的绝大多数国外资产实际上形同虚设，所能收回的寥寥无几。

最初，俄罗斯是以债务国的身份参与巴黎俱乐部的协商。例如，在1994年6月，俄罗斯与巴黎俱乐部各成员国达成协议，将70亿美元到期债务的归还时间推迟了3年，偿还期为15年；1996年4月，俄罗斯又争取到巴黎俱乐部的同意，延缓25年偿还380亿美元的苏联债务。这些措施尽管解了燃眉之急，但并未从根本上解决问题。到1995年底，俄罗斯的外债总额已达130亿美元，成为世界上第一大债务国。很显然，对于处在经济困境中的俄罗斯，仅仅依靠自身的力量实在难以摆脱这一沉重包袱。因此，在与巴黎俱乐部达成延缓债务偿还协议的同时，俄罗斯也一直力争其作为一个大的债权国应享有的权利，这也是它与巴黎俱乐部进行了两年多谈判磋商的核心议题。

俄罗斯加入巴黎俱乐部，有得有失。从得的方面看，首先，加入巴黎俱乐部使俄罗斯在收回国外资产上较以前更有保障，因为根据俱乐部的运作机制，如果有关债务国不履行偿债义务，俱乐部成员国将集体对之施加经济和政治压力。在加入巴黎俱乐部之前，俄罗斯单独与各个债务国打交道，非常困难，能收回的债权很少。但加入巴黎俱乐部之后，债务国迫于压力，会更切实地履行偿债义务。其次，由于1992年以来卢布急剧贬值，有关债务国以什么样的比价向俄罗斯还债，也是一个各方争执不休的问题。在加入巴黎俱乐部的谈判中，俄方最终坚持了1美元兑换0.62卢布这一苏联时期的比价，并以此核定债务国所欠俄罗斯的债务数额，这也算作一项相当大的成功。

从失的方面看，俄罗斯为加入巴黎俱乐部付出的代价可谓不小。例如，它必须承认沙皇时期所欠法国的债款，并承担偿还义务。此外，俄政府还不得不接受巴黎俱乐部提出的向债务国提供最大限度债务减免的要求，即各债务国所欠俄罗斯的债务减免35%～80%，其余部分债务也都进行了重新安排，分20年还清。据估计，根据这项安排，与巴黎俱乐部有关系的发展中国家所欠俄罗斯的债务将由520亿美元减至120亿美元。但按照俄罗斯第一副总理丘拜斯的话说，“与其幻想那抽象的520亿美元，不如拥有实实在在的120亿美元”，对于当时资金极为短缺的俄罗斯来讲，每一张能拿到手的美元都相当宝贵。

（三）巴黎俱乐部的会议机制

1. 月度研讨（Tour d’Horizon）

巴黎俱乐部每月会举行债权人会议（Tour d’Horizon，2月和8月除外），利用一天的时间讨论各自债务国的债权情况，以及发展中国家债务的处理方法问题。有时也会对达到协商条件的某些债务国进行研讨。当债务国达到 IMF 所认可的该国无法履行外债偿付义务并且需要债务重组的时候，会被邀请与其债权国一起参加月度会议（通常由本国财政部带队出席）。巴黎俱乐部之所以与 IMF 建立这种联系是因为适当的经济评估和改革措施能够为债务国重建良好的宏观经济框架，并且降低将来违约的可能性。

与被邀请的债务国存在债权债务重组诉求的成员国都可以参加月度研讨，与该债务国没有债权债务关系的成员国则可作为观察员出席。其他官方双边债权人可能会以“临时参与者”（Ad hoc Participants）身份被邀请参会，但以常任成员国和债务国最终协议为准。

2. 谈判会议（Negotiation Meeting）

在月度研讨会议期间，巴黎俱乐部可能还会与达到谈判条件的一个或多个债务国展开谈论，召开谈判会议。会议流程如下：

巴黎俱乐部主席简短发言之后宣布会议开始。债务国代表首先声明表达现阶段有迫切进行债务重组的诉求。这项声明是基于 IMF 和世界银行，或其他出席的国际组织的评估之上的。然后债权国代表可以要求债务国代表澄清或提供关于债务国的其他相关和补充信息。对所有问题应答之后，债务国代表团退席直至整个谈判结束。然后债权国开始提出各自的债务重组方案，当所有债权人就重组方案达成一致，会议负责人将会告知债务国代表团。如果债务国不同意并要求修改该计划，负责人将向债务国询问修改需求后，再次组织债权人讨论，并形成新方案。这种讨价还价将持续几个回合直至双方达成一致。当双方就债务重组条款达成一致，则会使用英文和法文各生成一项正式“商定记录”（Agreed Minutes）。该文件由秘书处起草，随后由债权国和债务国确认，由债务国代表团、会议主席和参与债权国代表共同签署。在谈判会议结束后，巴黎俱乐部将在债务双方同意后发布新闻公告。

（四）巴黎俱乐部的重组规则

1. 四种重组条款

巴黎俱乐部的债务处理基于债务国的具体情况展开，在实践中根据不同国家设有相应适用条款，形成了一套特有的主权债务重组体系框架，具体包括：

（1）基础条款（Classic Terms）：标准处理方式；

（2）休斯敦条款（Houston Terms）：适用重债的中等收入以下国家；

（3）那不勒斯条款（Naples Terms）：适用重债穷国；

（4）科隆条款（Cologne Terms）：重债穷国倡议计划内的债务国。

这些条款有具体债务国适用的条件和安排，条款在套用时主要取决于巴黎俱乐部和 IMF 对债务国的跟踪记录，特别是人均收入、债务水平和偿债能力等指标。

基础条款是对进入巴黎俱乐部债务重组程序的债务国普遍适用的规则条款，目前已有 60 个国家在该条款下获益，债务会根据个案情况基于优惠利率进行重组。

休斯敦条款是巴黎俱乐部债权人在 1990 年针对中等收入以下国家新设立的条款，对基础条款进行了三方面强化：一是非官方发展援助（非 ODA）债务偿还期限延长至 15 年，ODA 债务延长至 20 年，较修改前最高延长了 10 年；二是 ODA 债务将在优惠利率下被重组；三是债务互换可以在双边自愿的基础上进行。目前已有 20 个国家按照休斯敦条款获益。只有达到以下三项基本要求的债务国才能适用休斯敦条款：一是低收入国家，人均 GDP 低于 2995 美元；二是高度负债，达到下面三项中的两项，包括债务与 GDP 之比超过 50%、债务与出口之比大于 275%、计划内债务重组占出口的比重超过 30%；三是拥有私人债务 1.5 倍的官方双边债务规模。

那不勒斯条款是巴黎俱乐部债权人在1994年12月针对最贫穷国家新设立的条款，该条款对于极度贫穷和高度负债国家，减免程度要求至少达到50%，对于非ODA债务可提高至67%。这项内容在1999年9月经债权人同意允许那不勒斯条款内的债务均能达到67%的减免。目前已有36个国家通过该条款获益。那不勒斯条款的适用要求是债务国存在巴黎俱乐部与IMF项下的跟踪记录表明其高负债水平和低收入水平。

科隆条款是1999年11月，巴黎俱乐部债权国同意在HIPC倡议框架内，提高对重债穷国的债务减免比例至90%，如有必要甚至更高。有39个国家符合HIPC倡议债务减免资格并将在科隆条款下获益，目前已有33个国家通过该条款获得债务减免。科隆条款也是基于个案情况具体处理，适用国家除了符合那不勒斯条款要求，还要符合下列条件：有良好的跟踪记录和强劲的可持续经济适应能力；IMF和世界银行已宣布该国参与HIPC倡议减免的资格通过。至于每个债权人的实际减免程度则取决于HIPC倡议框架内国际金融组织对整体债务净现值的相关披露与评估。巴黎俱乐部提供的以债务可持续为目的的减免要尽量确保其他所有债权人（公共、私人和多边）能够一致为债务可持续这一共同目标作出不懈努力。

2. 债务重组的六项原则

巴黎俱乐部对债务重组有六项基本原则，所有加入巴黎俱乐部的成员国必须承诺始终遵守这六项原则。

（1）一致性原则（Solidarity）：在债务重组过程中，巴黎俱乐部全体成员国同意作为具有共同利益的集体出现，并且时时关注本国债务重组对其他成员国债务处理的影响。

（2）共识原则（Consensus）：巴黎俱乐部的决议只有在债务涉及的全部债权国一致同意的基础上才能够生效和实施。

（3）信息共享原则（Information Sharing）：巴黎俱乐部是一个统一的信息分享平台。得益于IMF和世界银行的加入，成员国通常会在互惠的基础上彼此分享对债务国的看法和信息数据。为了确保分享效果，这些讨论是对外保密的。

（4）逐案处理原则（Case by Case）：为了针对每一个债务国不同情况为其量身定制债务重组方案，巴黎俱乐部会逐案处理作出决策。

（5）限制性原则（Conditionality）：巴黎俱乐部只与达到下列条件的债务国展开债务重组协商：迫切需要债务减免，债务国需要提供针对本国经济和金融情况的详细描述；已经完成或正在致力于实施重建经济和金融改革；在 IMF 有可被证实的执行改革的跟踪记录。这意味着债务国必须正在接受 IMF 的项目支持［比如备用安排①、中期贷款②、减贫与增长贷款（PRGF）③、政策支持工具（PSI）④］等，巴黎俱乐部的减债程度取决于 IMF 在这些项目中所认定的债务国融资缺口。当俱乐部选择对债务进行流处理（Flow Treatment）而非一次性重组时，债务重组的巩固期起始于 IMF 指出债务国需要减债处理的时间，如果流处理的时间超过 1 年，巴黎俱乐部的债务重组协议将分阶段执行，第一阶段到期的债务将在重组协议生效后尽快得到重组，后续阶段的重组将在商定记录（Agreed Minutes）中提到的条件满足时实施，这些条件一般包括非累计欠款和得到 IMF 对项目的肯定性评估。

（6）待遇可比性原则（Comparability of Treatment）：巴黎俱乐部对不

---

① IMF 备用安排（Stand-by Arrangement，SBA）于 1952 年 6 月创立，多次被用于帮助成员国解决国际收支问题，是 IMF 为新兴经济体和发达国家提供的有力的贷款工具。SBA 框架下的贷款会根据成员国实际外部融资需求作出具体安排，力求通过相对简易的限制条件和程序，尽快得到成效。

② IMF 中期贷款［又称扩展贷款（Extended Fund Facility）］是 IMF 通过中期贷款向成员国提供的确保一国能够提取一定数额以内的资金，通常在 3 ~4 年内提取，以帮助其解决导致严重国际收支缺陷的结构性经济问题。

③ IMF 减贫与增长贷款（Poverty Reduction and Growth Facility，PRGF）：IMF 为低收入国家提供的减贫与促进增长贷款，为了增加贷款的灵活性，更好地满足低收入国家的实际需求，该贷款从 2009 年开始，逐步被中期贷款（扩展贷款）所取代。

④ 政策支持工具（PSI）为不愿意或不需要基金融资支持手段来帮助解决困难的国家提供无借款安排的非金融性工具。这项工具是对减贫与增长信托（PRGT）借款方式的有效补充。

同债权国保有待遇可比性，即做到不存在债权国待遇差别。这意味着债务重组涉及的非俱乐部债权国（商业和双边重组条款）待遇不会高于俱乐部债权国的待遇，待遇可比将确保债务流动性平衡，保持所有债权国债务重组集体行动的积极性。

上述这些原则是针对不同利益相关主体制定的。

限制性原则主要针对债务人，要求债务国对债务重组有迫切的需要，并且有强烈的意愿通过改变经济状况得到债务减免或补偿。这个原则一方面客观上有助于提高债务人的支付能力，另一方面对IMF框架实现了集体行动上的激励，因为要想获得巴黎俱乐部债务减免则首先要获得IMF的援助。

待遇可比性原则、一致性原则和信息共享原则是针对债权人设定的规则。待遇可比性原则实际上确保了债权人的待遇公平，该原则使巴黎俱乐部所属的债务减免不会沦为非巴黎俱乐部债权国的流动性补贴，也抑制了那些集体行动以外的债权国想不合作而获利的情况。一致性原则和共识原则将债权人作为一个利益整体，各个债权人的利益都在原则内进行协调与谈判，在整个债务重组过程中，每个相关债权人应是一种共进退的利益集合体。信息共享原则进一步巩固了巴黎俱乐部集体行动的有效性，及时听取来自债权国、IMF与世界银行等组织针对债务国的状况分析，增加了债务重组的信息透明度，增强了全体债务人集体行动的有效性。

逐案处理原则主要关注债权人和债务人关系协调。为了提高债务重组的效率，根据债务国不同经济情况进行划分和逐一处理，使重组方案更富有针对性，也使重组过程更加灵活，同时可以在参与重组的债权人中间形成事先判断，形成处理架构并集中参与谈判，而且也降低了债务国的谈判成本。谈判内容和意见的形成往往先在巴黎俱乐部的组织下，在债权国之间形成一致意见之后，才与债务国展开谈判，这避免了不合作债权国对整个谈判进程的影响。

（五）巴黎俱乐部与IMF的关系

巴黎俱乐部与IMF从一开始就有紧密的联系。从第一次将阿根廷债务纳入IMF框架内处理开始，巴黎俱乐部的所有活动都与IMF紧密相关，“一方面，如果在IMF，债权国与债务国的谈判迟迟不能达成，便会由IMF转到巴黎俱乐部进行谈判。另一方面，巴黎俱乐部的债务安排往往以取得IMF限制性贷款为条件。”[①]

可以说，巴黎俱乐部是IMF所制定规则制度的有效补充。IMF擅长制定限制性规则，而巴黎俱乐部则更倾向于通过谈判与磋商解决制度框架以外的利益共享与权责共担，以及各方权利义务的谈判空间。

巴黎俱乐部的有效运作取决于IMF体制的稳固。一方面，IMF体制是债务纾困的主要来源；另一方面，IMF与巴黎俱乐部不具有天然的同荣辱共进退的关系。对于IMF而言，其所关注的是债务流动性的恢复，因此在解决其所面临的集体行动问题时，主要努力在于加强债务人对IMF的信任与依赖。对于巴黎俱乐部而言，主要参与国更加关注债务国对于债务在一个较长时期内能否清偿以实现自己债权权利，与IMF进行联动目的在于确保债务人的流动性与债务可持续。更重要的是，巴黎俱乐部的制度允许其就所有类型的债务进行谈判与重新安排，这保证了巴黎俱乐部在更广领域的普遍适用。当然，巴黎俱乐部的债务处理原则与执行规则并不是强制性的，也不涉及明确的惩罚机制，具备软法[②]的性质，由于软法本身的强制能力弱、地位不明确、内容固定性较弱等缺陷，巴黎俱乐部的规则约束也表现出相类似的弱点。

（六）巴黎俱乐部对重债穷国倡议的时点配合

在主权债务重组过程中，巴黎俱乐部在促成集体行动的同时，非常注

---

① 苏相中．主权债务危机治理中的集体行动规则［D］．北京交通大学，2015：37.

② 软法（Soft Law），是指那些不能运用国家强制力保证实施的法规范。软法是相对于硬法（Hard Law）而言的，后者是指那些能够依靠国家强制力保证实施的法规范。

意与 IMF 重债穷国倡议计划的时点配合。

初始阶段（Preliminary Period）。为了获得援助，债务国必须对 IMF 和世界银行援助项目实施调整和改革，同时建立跟踪记录。一旦债务国被认定具备参与倡议的资格，将会得到来自巴黎俱乐部债权国（那不勒斯重组条款）及其他官方和私人债权人的初步债务减免。

认证点（Decision Point）。初始阶段完成时，IMF 和世界银行会颁布债务可持续分析报告来反映债务国目前的外债状况。如果经过传统的债务减免机制，外债现值与出口比超过 150%，则获得倡议援助。对于高度开放经济体（出口占 GDP 的比重超过 30%）的高负债情况，要求其债务净现值在认证点达到财政收入的 250%。认证点内，多方国际组织将致力于提供充分有效的援助帮助债务国达到债务可持续的评估标准，以便债务重组顺利到达完成点。同时，来自国际组织或金融组织的帮助还取决于其他债权人对债务减免的确定性和积极程度。

过渡阶段（Interim Period）。按照逐案处理原则，巴黎俱乐部债权人可以为债务国提供过渡性减免，以便帮助债务国在 IMF 项下的认证点与完成点之间形成良好的经济表现，具体可通过前面提到过的流处理（Flow Treatment）的方法达到 90% 的商业债务减免（剩余 10% 仍执行后续重组计划）和 100% 的 ODA 债务减免（科隆条款），从而达到逐案处理的效果，或者通过直接减免之前巴黎俱乐部公布的债务。对于之前在里昂条款下获得债转股处置的国家，或基于前期巴黎俱乐部处置，按照科隆条款未能获得有效减免的，将不能获得过渡性减免。

完成点（Completion Point）。在认证点阶段剩余的债务减免将在这时获得减免，通过巴黎俱乐部所认定的合格债务减免，遵从负担均分原则，获得可比性债务减免（不低于其他债权人）。

（七）巴黎俱乐部范围内的债务减免情况

巴黎俱乐部成员国政府或官方出口信用机构手中掌握着大规模全球债

权。根据巴黎俱乐部官方公布的数据来看，2008 年金融危机之后，巴黎俱乐部主要债权人手中持有的全球债权均保持在 3000 亿美元以上（见图 1），在 2011 年达到峰值（4143 亿美元）。据统计，在 2011—2014 年这四年间，稳居巴黎俱乐部债权前十位的债务国分别是：希腊、印度尼西亚、古巴、印度、中国、越南、巴基斯坦、埃及、菲律宾和朝鲜。2014 年，巴黎俱乐部手中的古巴（从 35.163 亿美元降至 7.347 亿美元）和朝鲜（从 10.445 亿美元降至 2.526 亿美元）债权减少，使得长居第 11、第 12 名的伊拉克和土耳其进入前十。2011 年以来，希腊均以超出第二名一到两倍的债务规模位居榜首。巴黎俱乐部手中持有的中国债权在 2010 年达到 30.573 亿美元的最高值后呈现逐年下降的趋势。

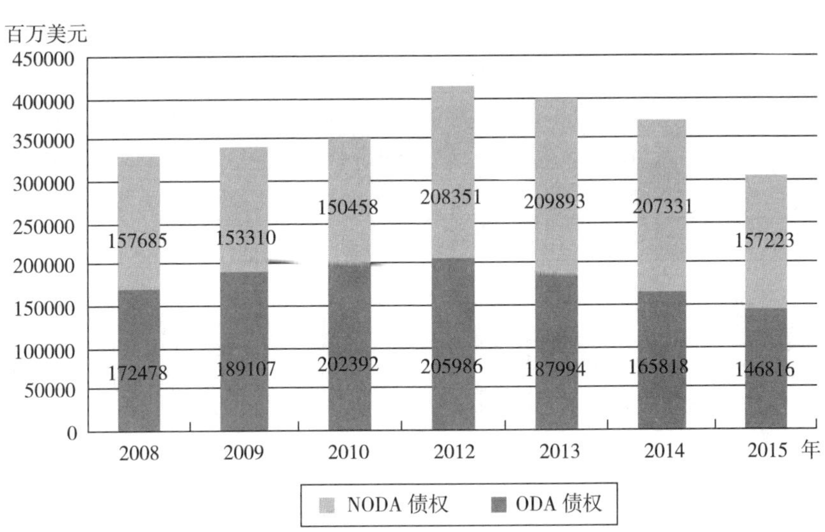

数据来源：巴黎俱乐部官方数据。

注：ODA（Official Development Assistance）指的是官方发展援助，

NODA（Non-official Development Assistance）指的是非官方发展援助。

图 1 巴黎俱乐部成员国持有债权规模（2008—2014 年）

巴黎俱乐部在重债穷国倡议框架内的债务减免情况是：截至 2015 年，巴黎俱乐部债权人承诺为达到认证点的 36 个重债穷国提供 214 亿美元的债务减免，多数债权人还积极承诺并实际提供了重债穷国倡议之外的额外债务减免。喀麦隆、科特迪瓦、海地、洪都拉斯和多哥累计接受了巴黎俱乐部债权人相当于承诺减免额400%以上的实际减免，后四个国家更是接受了承诺减免额近五倍的超额（beyond）债务减免（见表6）。

表6　　　　巴黎俱乐部官方双边债务国实际债务减免情况 单位：百万美元

债务国（36个）	重债穷国倡议承诺减免额	重债穷国倡议实际减免额	重债穷国倡议外额外减免	减免总额	实际减免额与承诺减免额之比
阿富汗	497.4	497.4	654.2	1151.6	231.5
贝宁	88.3	88.3	0	88.3	100.0
玻利维亚	557.6	557.6	0	557.6	100.0
布基纳法索	31.9	31.9	25.1	57.0	178.9
布隆迪	108.9	108.9	5.4	114.3	105.0
喀麦隆	1200.0	1200.0	3786.1	4986.1	415.5
中非共和国	39.3	39.3	7.2	46.6	118.4
乍得	19.5	19.5	41.3	60.8	312.1
刚果民主共和国	5265.0	5265.0	1438.4	6703.4	127.3
刚果共和国	1030.6	1030.6	1565.4	2596.0	251.9
科摩罗	9.1	9.1	0.5	9.7	105.7
科特迪瓦	1541.4	1541.4	5021.2	6562.6	425.8
埃塞俄比亚	684.9	684.9	230.2	915.0	133.6
冈比亚	6.6	6.6	0	6.6	100.0
几内亚	261.2	261.2	316.3	577.5	221.1
几内亚比绍	142.7	142.7	30.0	172.7	121.0
加纳	1120.7	1120.7	683.5	1804.1	161.0
圭亚那	254.8	254.8	42.6	297.4	116.7
海地	18.0	18.0	80.3	98.2	546.3
洪都拉斯	233.8	233.8	1073.0	1306.7	559.0
利比里亚	987.5	987.5	118.8	1106.3	112.0
马达加斯加	543.2	543.2	660.6	1203.8	221.6
马拉维	195.8	195.8	262.7	458.5	234.2
马里	157.7	157.7	0	157.7	100.0

续表

债务国（36 个）	重债穷国倡议承诺减免额	重债穷国倡议实际减免额	重债穷国倡议外额外减免	减免总额	实际减免额与承诺减免额之比
毛里塔尼亚	190.2	190.2	23.2	213.5	112.2
莫桑比克	1465.4	1465.4	0	1465.4	100.0
尼加拉瓜	1205.7	1205.7	182.7	1388.3	115.1
尼日尔	148.6	148.6	61.5	210.1	141.4
卢旺达	47.9	47.9	9.7	57.6	120.2
圣多美和普林西比	20.0	20.0	0.7	20.8	103.6
塞内加尔	174.8	174.8	430.9	605.7	346.5
塞拉利昂	268.3	268.3	26.6	294.8	109.9
坦桑尼亚	1103.8	1103.8	0	1103.8	100.0
多哥	116.3	116.3	454.0	570.3	490.3
乌干达	164.4	164.4	0	164.4	100.0
赞比亚	1511.1	1511.1	493.1	2004.2	132.6
总计	21412	21412	17725	39138	182.8

数据来源：重债穷国相关文件、债务国政府和 IMF。

除了在重债穷国倡议框架内的债务减免，巴黎俱乐部单独与很多债务国商谈债务减免。1983 年到 2014 年 5 月，巴黎俱乐部签署了 430 多项债务重组协议，覆盖 90 个债务国，重组金额超过 5830 亿美元。

四、债务减免对债务国的影响

主权债务减免对债务国来说，一方面能够达到减轻债务重担和重振经济的积极作用，另一方面也存在一些负面影响。

首先，纳入债务重组或多边组织减债计划会损害债务国声誉，历史上并非所有的债务国都会选择债务违约或重组，前文所述罗马尼亚政府在 20 世纪 80 年代债务危机期间，顶住国内外压力顽强渡过欠债时期，并最终利用几年时间还清全部债务。接受债务重组的国家多会遭到国际社会诟病，并始终留下无法抹去的信用违约历史。

其次，西方国家和多边组织在减债过程中有着双重角色，一方面掌握国际规则制定权和话语权的西方国家与其代言人——国际多边组织为贫穷落后和债务累累的国家提供了债务豁免的机会，尽管获得这些机会的资格审核规则也由他们制定，但那些贫弱的债务国仍然选择争取获得减债的“宝贵”机会；另一方面，以重债穷国倡议计划为例，从到达认证点之前开始，在认证点与完成点之间，以及达到完成点之后，IMF 和世界银行（包括巴黎俱乐部）都会监督和评定债务国经济改革政策、减贫战略文件质量和经济改革成效，尤其是达到完成点之后，如果债务国减债后效果不佳，这些组织会对债务国政策提出纠正建议，而债务国似乎也觉得受到这些组织的减债后监督是常理之中的事，但实际上，这些干预会造成极大的主权侵犯，这些政策纠正有时候对债务国而言是正确的，但同时也意味着债务国执政水平和政策制定能力的再次降低，比如世界银行指出赞比亚 2013 年开始实施的增值税退税政策相关要求不符合国际通行标准，且对经济增长效果不大，建议尽快着手解决。整个减债过程中，西方国家和多边组织的干预和监督很大程度上干涉了债务国主权和核心政策制定，影响了债务国经济政策制定的灵活性。

最后，没有从根本上提高债务国债务管理水平。对债务国主权和政策的干预实际上进一步降低了债务国政府提高经济发展水平和债务管理能力的意愿，长期听从安排的国家非但会变得没有争取话语权的魄力，也会丧失政策制定的能力。国际组织的监督始终没有帮助这些国家形成适用本国的政策体制，赞比亚就是典型的例子。

因此，在债务国获得债务减免之后，真正走出债务危机的途径只有自强，不靠外债，不靠外力监督，从国情出发，找到符合国内产业结构的经济增长点，形成自己的发展模式。

参考文献

[1] 钟实．打通“一带一路”金融大动脉［J］．经济，2017（Z2）：30－32.

[2] 赵萌．银行业累计向“一带一路”放贷款超过2000亿美元［N］．金融时报，2018－04－27.

[3] 王兆星．打造金融服务网络为“一带一路”建设铺路搭桥，2018中国发展高层论坛，2018－03－24.

[4] 唐宜红．加强经贸政策协调，推进中国与“一带一路”国家经贸互通［J］．国际贸易问题，2018（1）．

[5] 张本波．“一带一路”政策沟通，实现优势互补必将造福世界，光明网—理论频道，2017－05－15.

[6] 国家统计局．中华人民共和国2017年国民经济和社会发展统计公报，新华社，2018－02－28.

[7] 金鑫．“一带一路”民心相通报告［M］．北京：人民出版社，2018.

[8] 王义桅．如何看待“一带一路”建设的国际规则之争？［J］．FT中文网，2018－02－22.

[9] 姜跃春．中国的“一带一路”建设对世界经济的影响，中国国际问题基金会论文集文《国际问题纵论文集》，2015/2016，2016.

[10] 莫平凡．“一带一路”战略与环境保护问题的研究［J］．商情，

2017（18）.

［11］张中元.“一带一路”背景下构建我国“走出去”企业社会责任软实力［M］. 北京：社会科学文献出版社，2016.

［12］许德友.“一带一路”建设与全球治理中的中国话语［J］. 汕头大学学报（人文社会科学版），2018，34（1）.

［13］庄严. 浅析中国“一带一路”战略对国际政治经济关系的影响［J］. 环球人文地理·评论版，2016（10）.

［14］明浩.“一带一路”与“人类命运共同体”［J］. 中央民族大学学报（哲学社会科学版），2015（6）.

［15］柳思思. 差序格局理论视阈下的“一带一路”——从欧美思维到中国智慧［J］. 南亚研究，2018（1）：1－14＋156.

［16］梅冠群. 印度对“一带一路”的态度研究［J］. 亚太经济，2018（2）：78－86.

［17］王一栋.“一带一路”倡议下中国对外投融资担保现状、国际经验与政策建议［J］. 国际贸易，2018（2）：40－43＋52.

［18］李建军，李俊成.“一带一路”基础设施建设、经济发展与金融要素［J］. 国际金融研究，2018（2）：8－18.

［19］宋爽，王永中. 中国对“一带一路”建设金融支持的特征、挑战与对策［J］. 国际经济评论，2018（1）：108－123＋7.

［20］王培志，潘辛毅，张舒悦. 制度因素、双边投资协定与中国对外直接投资区位选择——基于“一带一路”沿线国家面板数据［J］. 经济与管理评论，2018，34（1）：5－17.

［21］徐奇渊，杨盼盼，肖立晟.“一带一路”投融资机制建设：中国如何更有效地参与［J］. 国际经济评论，2017（5）：134－148＋7.

［22］王一鸣. 创新“一带一路”投融资机制寻求更多合作机会［N］. 中国经济时报，2017－06－19（5）.

［23］周小川．共商共建“一带一路”投融资合作体系［J］．中国金融，2017（9）：6－8.

［24］张丽平．“一带一路”基础设施建设投融资需求及推进［N］．中国经济时报，2017－04－18（5）．

［25］鲁桂华，张静，刘保良．中国上市公司自愿性积极业绩预告：利公还是利私——基于大股东减持的经验证据［J］．南开管理评论，2017，20（2）：133－143.

［26］谢德仁，崔宸瑜，廖珂．上市公司“高送转”与内部人股票减持：“谋定后动”还是“顺水推舟”？［J］．金融研究，2016（11）：158－173.

［27］张亚斌．“一带一路”投资便利化与中国对外直接投资选择——基于跨国面板数据及投资引力模型的实证研究［J］．国际贸易问题，2016（9）：165－176.

［28］高燕，杨桐，郑甘甜，龙子午，杜为公．全流通背景下大股东减持现状及影响因素研究［J］．宏观经济研究，2016（8）：107－115.

［29］张茉楠．积极构建“一带一路”投融资框架及合作体系［N］．证券时报，2016－07－19（A03）．

［30］赵妍，崔永梅，赵立彬．IPO公司并购、股价操纵与大股东减持［J］．华南师范大学学报（社会科学版），2016（3）：133－139.

［31］袁佳．“一带一路”基础设施资金需求与投融资模式探究［J］．国际贸易，2016（5）：52－56.

［32］邱斌，周勤，刘修岩，陈健．“‘一带一路’背景下的国际产能合作：理论创新与政策研究”学术研讨会综述［J］．经济研究，2016，51（5）：188－192.

［33］田泽，许东梅．我国对“一带一路”沿线国家的投资效率与对策［J］．经济纵横，2016（5）：84－89.

［34］于津平，顾威．“一带一路”建设的利益、风险与策略［J］．南开学报（哲学社会科学版），2016（1）：65－70.

［35］白云真．“一带一路”倡议与中国对外援助转型［J］．世界经济与政治，2015（11）：53－71＋157－158.

［36］杨思灵．“一带一路”倡议下中国与沿线国家关系治理及挑战［J］．南亚研究，2015（2）：15－34＋154－155.

［37］王敏，柴青山，王勇，刘瑞娜，周巧云，贾钰哲，张莉莉．“一带一路”战略实施与国际金融支持战略构想［J］．国际贸易，2015（4）：35－44.

［38］吴智，钟韵漪．中外双边投资协定中的“一般例外”条款研究［J］．中南大学学报，2017（4）．

［39］卢进勇，王光，闫实强．双边投资协定与中国企业投资利益保护［J］．国际贸易，2018（3）．

［40］中债资信评估公司，中国社科院世界经济与政治研究所．中国对外直接投资与国家风险报告（2017）［M］．北京：社会科学文献出版社，2017.

［41］孙佑海．绿色“一带一路”环境法规制研究［J］．中国法学，2017（6）．

［42］李晓西，关成华，林永生．环保在我国“一带一路”战略中的定位与作用［J］．环境与可持续发展，2016（1）．

［43］叶琪．“一带一路”背景下的环境冲突与矛盾化解［J］．现代经济探讨，2015（5）．

［44］中国对外承包工程商会．CSR 最佳实践案例，2018.

［45］容润笙．企业社会责任和中国企业“走出去”，2013.

［46］万魏，陈康贤，陈小敏．“一带一路”框架下中国—东盟自由贸易区反洗钱监管合作研究［J］．区域金融研究，2015（12）．

[47] 牛艳，王华．中蒙两国建立反洗钱合作机制的思考［J］．北方金融，2016（9）．

[48] 陈素文．对加强国际税收管理的几点思考［J］．经济研究参考，2015（41）．

[49] 冈田实．中国反腐败国际合作的新扩展［J］．国外社会科学，2017（6）．

[50] 聂资鲁，刘汝鹏，廉洁．“一带一路”建设亟需推进政府采购领域反腐败立法［J］．中国行政管理，2017（12）．

[51] 刘岳川，胡伟．中国企业面临的海外反腐败执法风险及其应对［J］．探索与争鸣，2017（8）．

[52] 邵明朝．“一带一路”重大项目的腐败预防及治理对策［J］．宏观经济管理，2017（12）．

[53] 卢文超．“一带一路”企业海外投资腐败风险防控研究［J］．中国战略，2017（10）．

[54] 张佩玉．促进政策规则标准联通推进共商共建共享发展［J］．中国标准化，2017（6）．

[55] 陈捷等．“一带一路”中巴反洗钱金融情报机构合作的重要性［J］．北方金融，2017（9）．

[56] 朱青．如何深度参与税收国际合作［N］．中国财经报，2016-01-05（6）．

[57] 郭瑞轩．深度参与全球合作提升税收治理水平［N］．中国税务报，2015-11-10（A01）．

[58] 张原，刘丽．“一带一路”沿线国家劳动力市场比较及启示［J］．世界经济与国际比较，2017（6）．

[59] 冯翀等．“一带一路”国际劳工问题研究［J］．法制博览，2016（10）．

［60］丁芳，林小燕．“一带一路”我国劳务输出研究［J］．金陵科技学院学报，2016（1）．

［61］潘玥，陈璐莎．“一带一路”倡议下中国企业对外投资的劳工问题［J］．东南亚纵横，2018（1）．

［62］章雅荻．“一带一路”倡议与中国海外劳工保护［J］．国际展望，2016（3）．

［63］花勇．“一带一路”建设中海外劳工权益的法律保护［J］．江淮论坛，2016（4）．

［64］潘玥．“一带一路”背景下的印尼中国劳工问题［J］．东南亚研究，2017（3）．

［65］关符．企业“走出去”合规风险浅析［J］．国际工程与劳务，2018（4）．

［66］王福俭，李瑞民，陈向春．海外投资和对外承包工程业务融资策略及案例分析［M］．北京：中国出版集团，中译出版社，2018.

［67］Jin J. The true intent behind China's AIIB strategy［J］. Fujitsu Research Institute, 2015.

［68］Huang Y. Understanding China's Belt and Road Initiative：Motivation, framework andassessment［J］. China Economic Review, 2016, 40：314－321.

［69］Wang Y. Offensive for defensive：the belt and road initiative and China's new grandstrategy［J］. The Pacific Review, 2016, 29（3）：455－463.

［70］Cheng L. K. Three questions on China's“Belt and Road Initiative”［J］. China Economic Review, 2016, 40：309－313.

后　记

“一带一路”投融资体系研究课题组由肖钢、黄志强同志担任负责人，参与报告撰写的课题组成员，既有来自政策性金融机构核心部门的业务骨干，也有来自大型商业银行的研究人员。赵旸就职于中国信保国别风险研究中心，在国别风险研究领域经验丰富；李瑞民就职于中国信保产品管理部，关注金融产品、投资保护和债务违约及救助研究；王福俭就职于中国信保资信评估中心，一直从事企业海外经营风险及融资顾问服务；谢永佳是中国信保国别风险研究中心的博士后；王家强和廖淑萍就职于中国银行国际金融研究所，对金融创新、人民币国际化有深入的研究。课题组成员熟悉本机构的产品和服务，他们都从事与“一带一路”建设相关的投融资和风险管理的具体工作，有着丰富的投融资实践经验，更重要的是，课题研究写作的过程中，来自不同机构不同部门的成员互相帮助、密切协作，为课题的顺利开展提供了有力保障。

为了深入探究当前“一带一路”投融资面临问题的根源，课题组制定了全面的调研计划。在分析沿线国家资金缺口情况、金融机构服务现状和参与建设的企业的现实需求过程中，课题组先后组织前往葛洲坝国际、中国路桥、三峡国际、中铝股份、北方工业、电建海投、特变电工等企业，进出口银行、工商银行、丝路基金、中信银行等金融机构进行调研。同时，利用出访“一带一路”沿线国家的机会，深入建设项目进行实地调研。这些调研对于了解投融资支持政策、金融服务诉求与存在的问题有重要的参考价值，为课题研究提供了第一手素材。

课题研究报告写作历时近一年，在这期间，课题组组织了四次集体讨论，每次都是从早晨持续到傍晚，讨论中的思想碰撞，让研究的脉络更加清晰，分析更加透彻，建议也更加贴近实际。在报告形成过程中，更是几易其稿，做了比较大的调整。由于课题组成员均有本职工作，课题研究报告是利用一个个不眠的夜晚和周末时间完成的，只有参与其中的成员才能体会到这份辛苦。当那些饱含“一带一路”建设事业情感的一段段文字汇总成政策建议时，课题组成员的付出都是值得的。

“一带一路”建设进入新阶段，衷心希望此课题研究成果能够对政府部门、金融机构和企业的工作有所帮助。

“一带一路”投融资新体系研究课题组

2019 年 2 月